OEUVRES

DE

J. F. REGNARD.

TOME II.

A PARIS,

DE L'IMPRIMERIE DE CRAPELET.

1823.

OEUVRES

COMPLÈTES

DE J. F. REGNARD.

NOUVELLE ÉDITION

AVEC DES VARIANTES ET DES NOTES.

TOME SECOND.

A PARIS,

CHEZ J. L. J. BRIÈRE, LIBRAIRE,
RUE SAINT-ANDRÉ-DES-ARTS, N° 68.

M. DCCC. XXIII.

CATALOGUE

DES

COMÉDIES DE REGNARD,

JOUÉES AU THÉATRE FRANÇOIS ET AU THÉATRE ITALIEN, SUIVANT L'ORDRE CHRONOLOGIQUE, AVEC LES NOTES TIRÉES DES ANECDOTES DRAMATIQUES.

Le Divorce, comédie en trois actes et en prose, précédée d'un prologue; jouée, pour la première fois, en 1688, au Théâtre italien.

Cette pièce n'ayant pas réussi entre les mains du célèbre Dominique, elle avoit été rayée du catalogue des pièces que l'on reprenoit de temps en temps. Cependant Ghérardi la choisit pour son coup d'essai en 1689, et elle eut tant de bonheur entre ses mains, qu'elle plut généralement, et fut extraordinairement suivie.

La Descente de Mezzetin aux Enfers, comédie en trois actes et en prose, avec des scènes italiennes, donnée à l'ancien Théâtre italien en 1689.

La mort de Dominique fit qu'il n'y eut point de rôle d'Arlequin dans cette pièce, ce qui étoit une grande gêne pour un auteur de ce théâtre.

L'Homme a bonnes fortunes, comédie en trois actes et en prose, mêlée de scènes italiennes, et la critique de cette pièce en un acte; au Théâtre italien en 1690.

Regnard fit lui-même la critique de sa pièce dans

une comédie en un acte et en prose; jouée dans la même année.

Les Filles Errantes, comédie françoise et italienne, en trois actes et en prose; donnée à l'ancien Théâtre italien en 1690.

La Coquette, ou l'Académie des Dames, comédie en trois actes et en prose; donnée à l'ancien Théâtre italien en 1691.

On désireroit que les Éditeurs des OEuvres de ce poète comique y eussent inséré quelques scènes des pièces que cet auteur a données au Théâtre italien.

Les Chinois, comédie en quatre actes, précédée d'un prologue, en société avec Dufresny; donnée à l'ancien Théâtre italien en 1692.

On apprend, dans le dénoûment de cette pièce, que les comédiens ne prenoient encore que 15 sous pour entrer au parterre, dans le temps qu'ils la représentoient, et que l'usage de donner la comédie gratis, en réjouissance de quelque événement favorable, étoit déjà établi.

La Baguette de Vulcain, comédie en un acte en prose et en vers, avec un divertissement, suivie de l'*Augmentation de la Baguette*, en société avec Dufresny; donnée au Théâtre italien en 1693.

Le nommé Jacques Aymar, qui faisoit alors du bruit à Paris, par sa baguette, avec laquelle il prétendoit découvrir bien des choses, donna lieu à plusieurs dissertations physiques, et fournit l'idée de cette comédie. Elle eut un succès prodigieux dans sa nouveauté. Les auteurs ajoutèrent, pendant le cours des représentations, trois scènes nouvelles, sous le titre d'*Augmen-*

tation de la Baguette de Vulcain; et Roger, ou Arlequin, débitoit à cette occasion la fable d'un cabaretier, qui, pour perpétuer un muid de vin vieux que ses pratiques avoient trouvé de leur goût, le remplissoit à mesure de vin nouveau.

La Naissance d'Amadis, parodie d'Amadis de Gaule, en un acte; donnée à l'ancien Théâtre italien, le 10 février 1694.

Attendez-moi sous l'orme, comédie en un acte et en prose, avec un divertissement; donnée au Théâtre françois, le 19 mai 1694.

La Sérénade, comédie en un acte et en prose, avec un divertissement; donnée au Théâtre françois, le 3 juillet 1694.

Cette pièce, qui a toujours été attribuée à Regnard, est imprimée dans ses Œuvres, quoiqu'elle soit réellement de Dufresny, qui, se trouvant un jour manquer d'argent, l'avoit cédée à Regnard pour la somme de 300 livres. Il est étonnant que Regnard ait souffert que l'on ait fait imprimer sous son nom l'ouvrage d'un autre, et plus étonnant encore qu'il ait lui-même contribué à cette erreur, en s'appropriant cette pièce. Voilà ce que disent les auteurs du *Mercure*, année 1724, et ceux de l'*Histoire du Théâtre françois*. [1]

La Foire Saint-Germain, comédie en un acte et en prose, avec un divertissement, en société avec Dufresny; donnée au Théâtre italien en 1695.

On ajouta depuis à cette pièce la scène des carrosses.

---

[1] On croit avoir prouvé que cette pièce appartient réellement à Regnard. (Voyez à ce sujet l'Avertissement qui précède *Attendez-moi sous l'orme.*)

Ce qui y donna lieu, fut l'aventure de deux dames, qui, chacune dans un carrosse, s'étant rencontrées dans une rue de Paris trop étroite pour que deux voitures y pussent passer de front, ne voulurent reculer ni l'une ni l'autre, et ne cessèrent de tenir la rue, jusqu'à l'arrivée du commissaire, qui, pour les mettre d'accord, les fit reculer en même temps chacune de son côté.

Regnard et Dufresny ayant donné au Théâtre italien *la Foire Saint-Germain*, comédie qui eut beaucoup de succès, Dancourt en composa une d'un acte sous le même titre, qui tomba; et les Italiens, pour s'en moquer, ajoutèrent ces deux couplets à la leur:

MEZZETIN.

Deux troupes de marchands forains
    Vous vendent du comique;
Mais si pour les Italiens
    Votre bon goût s'explique,
Bientôt l'un de ces deux voisins
    Fermera sa boutique.

ARLEQUIN.

Quoique le pauvre Italien
    Ait eu plus d'une crise,
Les jaloux ne lui prennent rien
    De votre chalandise:
Le parterre se connoît bien
    En bonne marchandise.

LES MOMIES D'ÉGYPTE, comédie en un acte et en prose, avec un divertissement, en société avec Dufresny; donnée au Théâtre italien en 1696.

Cette pièce étoit en quelque sorte la suite de la comédie de *la Foire Saint-Germain* des mêmes auteurs;

la scène continuant d'être dans les boutiques de la Foire.

Le Bal, ou le Bourgeois de Falaise, comédie en un acte et en vers, avec un divertissement ; donnée au Théâtre françois en 1696.

Le Joueur, comédie en cinq actes et en vers ; donnée au Théâtre françois en 1696.

Dufresny, en société avec Regnard, composa durant plusieurs années pour le Théâtre italien ; cette liaison l'engageoit à faire part de ses idées à son ami. Il lui communiqua plusieurs sujets de comédie presque achevés, entre autres ceux du *Joueur* et d'*Attendez-moi sous l'orme*, dans le dessein d'y mettre ensemble la dernière main, et de les faire paroître sur la scène françoise ; mais Regnard, qui sentoit la valeur de la première de ces deux pièces, amusa son ami, fit quelques changements à l'ouvrage, et le donna sous son nom aux comédiens. Ce fait étoit connu de tous les amis de Dufresny, auxquels ce dernier l'a raconté plusieurs fois en se plaignant d'un larcin qui ne convient, disoit-il, qu'à un poète du plus bas étage. Pour n'en avoir pas le démenti, Dufresny donna un autre Joueur (*le Chevalier joueur*) en prose.

Les deux pièces ayant été représentées, celle de Regnard eut un grand succès, l'autre tomba.

Ce n'est point à tort que Dufresny revendiquoit le fond de cette comédie, qu'il prétendoit que Regnard lui avoit pris. Ce dernier abusa effectivement de la confiance que Dufresny lui témoigna ; et pour accélérer sa pièce, il se servit de Gacon, à qui il en fit faire la plus grande partie. Ce fut à Grillon où Regnard avoit une maison de campagne qu'il aimoit beaucoup. Il enfermoit Gacon dans une chambre, d'où ce dernier n'avoit la liberté de sortir qu'après avoir averti par la fenêtre combien il avoit fait de vers, sur la prose dont Regnard lui donnoit le canevas. C'est de Gacon lui-même que l'on tient cette anecdote.[1]

Le Distrait, comédie en cinq actes et en vers; donnée au Théâtre françois en 1697.

Cette comédie, qui n'eut que quatre représentations dans sa nouveauté, ne fut reprise qu'en 1731; mais elle le fut avec beaucoup de succès.

Le caractère du Distrait est copié d'après celui qui se trouve dans les *Caractères* de La Bruyère, qu'on vouloit être le portrait de M. le comte de Brancas.

Le Carnaval de Venise, opéra ou coméd, en quatre actes, musique de Campra; représenté sur le théâtre de l'Opéra en 1699.

Démocrite, comédie en cinq actes et en vers; donnée au Théâtre françois en 1700.

L'unité de lieu n'est pas observée dans cette pièce, la scène changeant au second acte. Ce défaut étoit pardonnable à Alexandre Hardi, mais non à un poète qui est venu après Molière; il auroit été fort aisé de réparer cette faute, en supprimant le premier acte, et ajoutant à l'exposition, qui ne se fait qu'au commencement du suivant, quelques vers qui auroient appris au spectateur par quelle aventure Criséis et Démocrite se trouvent à la cour d'Athènes; mais ce n'étoit pas

[1] Voyez l'Avertissement en tête du *Joueur*, où l'on réfute cette assertion, et où l'on prouve que Dufresny a eu moins de part qu'on ne se l'imagine au succès de cette comédie.

l'intention de l'auteur; il auroit fallu qu'il sacrifiât toutes les plaisanteries qu'il a placées dans ce premier acte, et cet acte lui étoit d'autant plus précieux qu'il n'auroit su comment y suppléer, attendu que la pièce est assez vide d'action, et ne se soutient que par le secours des scènes épisodiques. [1]

Le Retour imprévu, comédie en un acte et en prose; donnée au Théâtre françois en 1700.

Les Folies amoureuses, comédie en trois actes et en vers, avec un prologue et un divertissement intitulé *le Mariage de la Folie;* donnée au Théâtre françois en 1704.

Les Ménechmes, comédie en cinq actes et en vers, avec un prologue; donnée au Théâtre françois en 1705.

« Ce fut moi, dit M. de Losme de Montchesnai, « qui raccommodai Regnard, poëte comique, avec « M. Despréaux. Ils étoient près d'écrire l'un contre « l'autre, et Regnard étoit l'agresseur. Je lui fis en-« tendre qu'il ne lui convenoit pas de se jouer à son « maître; et depuis sa réconciliation, il lui dédia ses « *Ménechmes.* » Despréaux disoit de Regnard, qu'il n'étoit pas médiocrement plaisant.

Les Ménechmes, comédie de Rotrou, imitée de Plaute, représentée en 1632, n'ont pas été inutiles à Regnard pour la composition de ses *Ménechmes.* [2]

Le Légataire universel, comédie en cinq actes et en vers; donnée au Théâtre françois en 1708.

La fourberie de Crispin, qui dans cette pièce contre-

---

[1] Voyez l'Avertissement de *Démocrite,* où l'éditeur répond à cette critique.

[2] Voyez l'Avertissement qui précède *les Ménechmes.*

fait le moribond pour dicter un testament, est la copie d'un fait véritable, arrivé du temps de Regnard. On a néanmoins blâmé cet auteur d'en avoir fait usage dans sa comédie. Mais Regnard a peut-être pensé que les tours d'adresse étant les sûretés des fripons, ne pouvoient être trop divulgués. L'auteur fit lui-même la critique de son propre ouvrage, en une comédie en un acte en prose, qui fut jouée à la suite du *Légataire ;* mais elle réussit peu.

ATTENDEZ-MOI

SOUS L'ORME,

COMÉDIE EN UN ACTE,

AVEC UN DIVERTISSEMENT;

Représentée pour la première fois le mercredi
19 mai 1694.

AVERTISSEMENT

SUR

ATTENDEZ-MOI SOUS L'ORME.

Cette comédie a été représentée pour la première fois au Théâtre françois, le mercredi 19 mai 1694, précédée de *Tiridate*, tragédie en cinq actes, de Campistron.[1]

Nous laissons dans les OEuvres de Regnard cette comédie, que l'on a prétendu appartenir en entier à Dufresny, et que nous croyons l'ouvrage des deux poètes.

Elle a été composée dans le temps que Regnard et Dufresny, liés par l'amitié, et associés dans leurs travaux, se communiquoient réciproquement leurs idées. Il y a tout lieu de croire que cette pièce-ci appartenoit plus particulièrement à Regnard qu'à Dufresny, puisqu'elle a toujours

---

[1] On a varié sur la date de la première représentation de cette pièce. Les auteurs des *Recherches sur les Théâtres de France* la placent en 1700; l'auteur de la *Bibliothèque des Théâtres*, en 1695; l'éditeur des *OEuvres de Regnard*, édition de 1742, en 1706. Nous suivons la date donnée par MM. Parfait dans leur *Histoire du Théâtre françois*, tome XIII, page 378; date qu'ils disent rapporter d'après les registres de la Comédie françoise.

été imprimée dans les OEuvres de Regnard, et qu'elle ne l'a jamais été dans celles de Dufresny.

Jamais ce poète ne l'a réclamée hautement, même après la mort de Regnard, à qui il a survécu près de quatorze ans.

Ce n'est qu'après la mort de l'un et de l'autre qu'il s'est répandu un bruit peu vraisemblable, et que beaucoup de personnes ont cependant adopté [1]. Ce fait étrange a été imprimé pour la première fois dans le *Mercure de France*, en

---

[1] *Attendez-moi sous l'orme* a été imprimé dans le premier recueil des OEuvres de théâtre de Regnard, 2 vol. *in*-12, Paris, Ribou, 1714, et dans les éditions qui ont suivi. Regnard étoit mort lorsque cette édition parut, mais Dufresny vivoit encore. On n'a jamais compris cette pièce au nombre de celles de Dufresny; je ne connois aucune édition de ses OEuvres où elle ait été imprimée.

L'auteur des *Recherches sur les Théâtres* la met au nombre des pièces de Regnard. Il dit qu'elle fut représentée en 1700, et imprimée en 1715, sans nom de ville ni d'imprimeur. (Voyez les *Recherches sur les Théâtres*, part. II, 4ᵉ âge, page 283, édit. in-4°.) Cet auteur écrivoit en 1736; il ne fait point mention de cette pièce à l'article de Dufresny, et elle ne fut point insérée dans le premier recueil de ses OEuvres, imprimé en 6 volumes *in*-12, à Paris, chez Briasson, en 1731.

La *Bibliothèque des Théâtres*, vol. *in*-8° imprimé en 1733, article *Attendez-moi sous l'orme*, dit : « Nos deux théâtres ont chacun une « petite pièce en prose sous ce titre, qui y furent représentées « au commencement de l'année 1695. Le Théâtre françois joue « celle de M. Regnard, et l'Italien celle de M. Dufresny. » (Voyez la *Bibliothèque des Théâtres*, page 43.)

On est donc fondé à croire que ce sont MM. Parfait qui se sont plus à accréditer l'anecdote hasardée dans le *Mercure*, et à laquelle personne, avant eux, n'avoit paru faire attention.

octobre 1724, page 2264. On a dit que Regnard, abusant de la situation embarrassée de son ami, avoit acheté de lui cette comédie 300 livres, et l'avoit donnée sous son nom au théâtre.

Ce fait a été ensuite répété par plusieurs auteurs, notamment par MM. Parfait, dans leur *Histoire du Théâtre françois*. Nous leur avons déjà fait des reproches de la manière rigoureuse avec laquelle ils ont traité un poète estimable tel que Regnard; c'est surtout dans cette circonstance que l'on voit éclater leur partialité.

Ils se contredisent en plusieurs endroits : tantôt ils attribuent cette comédie en entier à Dufresny : « Nous avons dit que cette pièce, qui passe pour « être de M. Regnard, et qui est imprimée dans « tous les recueils de ses OEuvres, est très certai- « nement de M. Dufresny. » (*Histoire du Théâtre françois*, tome xv, page 409.) « Cette comédie « (*Attendez-moi sous l'orme*) se trouve dans « toutes les éditions des OEuvres de M. Regnard, « au nombre de ses pièces de théâtre. Jusqu'à « présent le public, trompé par le titre du re- « cueil, l'a crue de lui; cependant il est très cer- « tain qu'elle est de Dufresny. » (*Ibid.*, t. xiv, page 378.) « *Attendez-moi sous l'orme*, comédie « en un acte et en prose, de M. Dufresny.... « dans le recueil des OEuvres de M. Regnard, « à qui elle a été faussement attribuée. » (*Dic-*

*tionnaire des Théâtres de Paris*¹, tome 1ᵉʳ, page 323.)

Ailleurs ils conviennent que Regnard a eu part à cette comédie, et qu'elle est autant l'ouvrage de l'un que de l'autre. Ils disent, dans la Vie de Dufresny, que ce poète, « pour n'avoir aucun « démêlé avec Regnard, a souffert qu'il fît im- « primer dans le recueil de ses OEuvres la comédie « d'*Attendez-moi sous l'orme*, dans laquelle ce- « pendant il n'avoit qu'une très médiocre part. » (*Histoire du Théâtre françois*, tome xv, p. 406.) On lit quelques lignes plus haut : « Des liaisons « d'amitié qu'il (Dufresny) avoit avec Regnard « l'engageoient à lui faire part de ses idées. Il « lui communiqua plusieurs sujets de comédie « presque finis, entre autres ceux du *Joueur* et « d'*Attendez-moi sous l'orme*, dans le dessein de « les achever ensemble ; mais Regnard, qui sen- « toit la valeur de cette première pièce, amusa « son ami, fit quelques changements à ce qu'avoit « fait Dufresny, et la donna aux comédiens sous « son nom. » (*Ibid.* page 405.)

Tout ceci ne se concilie point avec le marché honteux que l'on prétend que Regnard a fait avec Dufresny. S'il a quelque part dans la comédie d'*Attendez-moi sous l'orme*, il est injuste de l'at-

---

¹ *Dictionnaire des Théâtres de Paris*, 7 vol. *in*-12, à Paris, chez Rosset, libraire, rue Saint-Severin, 1757, ouvrage de MM. Parfait.

tribuer tout entière à Dufresny. Il est vrai que l'on ajoute que cette part est très médiocre, mais il est bien difficile de l'évaluer. Nous ne croyons pas que l'on ait vu le canevas de Dufresny; nous ne connoissons personne qui ait lu la pièce *presque finie*, telle qu'elle a été communiquée à Regnard, et qui puisse la comparer à la pièce telle qu'elle est maintenant, avec les additions et corrections de celui-ci.

Si l'on juge de la part que Dufresny a dans cette pièce, par comparaison à celle du *Joueur*, il se trouvera que tout le mérite est du côté de Regnard, et que, d'une pièce très médiocre, il a su faire un charmant ouvrage. Dufresny nous a fourni ce parallèle en faisant imprimer *le Chevalier joueur* tel qu'il l'avoit composé [1]. Il est à croire que s'il eût produit de même *Attendez-moi sous l'orme* tel qu'il est sorti de ses mains, la comparaison ne lui seroit pas favorable.

Nous pensons donc qu'on ne nous saura pas mauvais gré de rejeter une fable ridicule, qui ne fait honneur ni à l'un ni à l'autre des deux poètes; fable invraisemblable, qu'on ne s'est permis de répandre qu'après la mort de celui qui avoit intérêt de la détruire, et qui s'est accréditée ensuite, on ne sait trop pourquoi.

Nous nous sommes un peu étendus sur cette

[1] Voyez l'Avertissement qui précède *le Joueur*.

discussion, parce que nous avons cru qu'il étoit convenable de restituer à Regnard une pièce que l'on s'étoit efforcé de lui enlever; et quoique aucun éditeur de ses OEuvres n'ait osé la retrancher, cependant on ne l'a admise dans les dernières éditions qu'avec des restrictions, et en adoptant l'opinion que cette pièce appartenoit à Dufresny.

Les rôles d'Agathe et de Colin sont ceux que Dufresny pourroit peut-être revendiquer, et nous sommes portés à croire que ce sont les seuls que Regnard ait conservés. Ces deux caractères ont un ton naïf et vrai qui nous paroît appartenir plutôt à Dufresny qu'à Regnard; mais il faut convenir qu'on reconnoît Regnard dans le surplus de la pièce. On sait qu'il entendoit très bien l'économie du théâtre, mais que son associé entendoit mieux à produire des scènes détachées qu'à bien conduire une intrigue; et la comédie d'*Attendez-moi sous l'orme* est bien intriguée, quoique le sujet en soit simple : le dialogue est vif, et d'un plaisant qui ne peut appartenir qu'à Regnard.

Quelque temps après la première représentation d'*Attendez-moi sous l'orme,* Dufresny donna au Théâtre italien une pièce sous le même titre, qui fut représentée pour la première fois le 30 janvier 1695.

Cette comédie n'a de commun avec celle de

Regnard que le titre ; cependant, comme elle est peu connue, plusieurs personnes l'ont confondue avec la première.

Dufresny est incontestablement l'auteur de la pièce italienne, qui a eu quelque succès sur l'ancien Théâtre italien, mais qui, depuis la suppression arrivée en 1697, a éprouvé le sort des pièces composées pour ce spectacle, et n'a paru que rarement sur la scène.

Cette comédie ignorée a contribué à entretenir l'erreur de quelques personnes sur l'*Attendez-moi sous l'orme* du Théâtre françois. On a attribué celle-ci à Dufresny, quoiqu'il ne fût l'auteur que de la pièce italienne.

Dans la liste des comédies de Dufresny données à l'ancien Théâtre italien, imprimée à la tête de ses OEuvres, on trouve, *Attendez-moi sous l'orme*, pièce en un acte, 1694, avec cette note : *Imprimée aussi dans les OEuvres de Regnard.*

L'éditeur, entraîné par l'opinion commune, a confondu la pièce italienne avec la pièce françoise. C'est cette dernière qui est imprimée dans les OEuvres de Regnard, et qui lui appartient, au moins pour la plus grande partie ; c'est aussi la pièce françoise qui a été représentée en 1694.

Quant à la pièce italienne, elle n'a jamais été

attribuée à Regnard, ni insérée dans ses OEuvres. Elle a été représentée en 1695, et non en 1694. C'est cette pièce qui est imprimée dans le recueil de Ghérardi, tome 5, page 401, édition de 1717.

Ces deux pièces n'ont de conformité que le titre. Celle de Regnard, comme nous l'avons dit, est agréablement intriguée; et la pièce de Dufresny n'est qu'une suite de scènes épisodiques, et que l'on appelle proverbialement scènes à tiroir.

Quoique la comédie de Dufresny ne soit pas dépourvue de mérite, elle ne peut néanmoins soutenir la comparaison avec celle de Regnard. La première a dû la plus grande partie de son succès au jeu des acteurs; la seconde est restée au théâtre, et se voit toujours avec plaisir.

Si Dufresny eût eu une part bien considérable dans la pièce françoise, il n'auroit pas manqué de reprendre ce qui lui appartenoit, et de le transporter dans la pièce italienne. C'étoit une bonne manière de se venger de l'infidélité de son ami, et de revendiquer ses usurpations.

Il a suivi cette route pour *le Joueur* : il a produit sur la scène sa comédie telle qu'il l'avoit composée, et a mis tout le monde à portée de prononcer entre lui et son adversaire : chacun a pu voir le parti que Regnard avoit tiré des idées de Dufresny ; on a reconnu ce qui appartenoit à l'un et à l'autre.

Dufresny ne s'est pas contenté de reprendre ses scènes dans cette pièce ; il les a employées de nouveau dans sa comédie de *la Joueuse*. Désespéré du peu de succès de la première pièce, il ne pouvoit concevoir que le public dédaignât des scènes auxquelles il attribuoit tout le succès de la comédie de Regnard.

Ce second essai a été encore infructueux. On a continué de se porter en foule au *Joueur* de Regnard, et l'on n'a pu goûter les deux pièces de Dufresny. Celui-ci n'a pas cependant perdu toute espérance ; il a cru que son rival devoit son triomphe à sa versification ; il a mis en vers la comédie de *la Joueuse*.

On ne sait quel auroit été le succès de cette nouvelle tentative. *La Joueuse*, mise en vers, n'a jamais été représentée, et est du nombre des pièces que Dufresny, en mourant, fit brûler sous ses yeux, et par le conseil de son confesseur.

Mais ces faits prouvent combien Dufresny étoit attaché à ses productions, et qu'il ne souffroit pas patiemment que d'autres adoptassent ses idées, et s'attribuassent le fruit de ses travaux.

On ne voit pas pourquoi il auroit eu plus d'indifférence pour *Attendez-moi sous l'orme*, qu'il n'en avoit eu pour *le Joueur*. L'infidélité de son ami devoit lui être aussi sensible pour l'une que pour l'autre pièce.

Nous nous croyons donc fondés à laisser à Regnard une propriété que nous ne pensons pas qu'il ait usurpée. Nous imprimons dans ses OEuvres la comédie d'*Attendez-moi sous l'orme*, non parce que cette pièce y a été insérée jusqu'à présent (nous n'aurions pas balancé à l'en retrancher, si nous eussions pu croire qu'elle appartînt à Dufresny), mais parce que nous croyons qu'il en est l'auteur.

Nous n'avons négligé aucun moyen d'éclaircir nos doutes, et toutes les recherches que nous avons pu faire n'ont servi qu'à nous confirmer dans notre opinion, et nous assurer que la comédie d'*Attendez-moi sous l'orme* est l'ouvrage de Regnard; que Dufresny y a quelque part, mais que cette part est si médiocre et si équivoque, qu'elle ne suffit pas pour disputer à Regnard sa propriété, et retrancher cette pièce du recueil de ses OEuvres.

On rapporte dans les *Anecdotes dramatiques* l'anecdote suivante, relative à *Attendez-moi sous l'orme*. Armand, cet excellent comique, saisissoit avec une présence d'esprit singulière tout ce qui pouvoit plaire au public, dont il étoit fort aimé. Jouant le rôle de Pasquin dans cette pièce, après ces mots : « Que dit-on d'intéressant ? Vous avez « reçu des nouvelles de Flandre; » il repliqua sur-le-champ : « Un bruit se répand que Port-Mahon est pris. » Le vainqueur de Mahon, le maréchal de Richelieu, étoit le parrain d'Armand.[1]

[1] Les recherches et la discussion auxquelles s'est livré l'auteur de cet Avertissement, ne peuvent laisser douter que la comédie *Attendez-moi sous l'orme* ne soit de Regnard ; et c'est pour cette raison que je l'ai replacée à son ordre chronologique, du mois de mai 1694; *la Sérénade* n'ayant été représentée qu'au mois de juillet de la même année. (G. A. C.)

PERSONNAGES.

DORANTE, officier réformé, revenant de sa garnison, qui devient amoureux d'Agathe.

AGATHE, fille d'un fermier, amoureuse de Dorante.

PASQUIN, valet de Dorante.

LISETTE, amie d'Agathe.

COLIN, jeune fermier, accordé avec Agathe.

NANETTE, bergère.

NICAISE, berger.

Plusieurs Bergers et Bergères, qui étoient priés pour la noce de Colin et d'Agathe.

La scène est dans un village de Poitou, sous l'Orme.

ATTENDEZ-MOI SOUS L'ORME,

COMÉDIE.

SCÈNE I.

DORANTE, PASQUIN.

PASQUIN.

Pour m'expliquer en termes plus clairs, j'ai avancé la dépense du voyage depuis notre garnison jusqu'à ce village-ci ; nous y avons déjà séjourné quinze jours sur mes crochets : je vous prie que nous comptions ensemble, et je vous demande mon congé.

DORANTE.

Oh, palsembleu ! tu prends bien ton temps.

PASQUIN.

Eh ! puis-je le mieux prendre, monsieur ? Vous venez d'être réformé ; il faut bien que vous réformiez votre train.

DORANTE.

Pasquin, quitter le service d'un officier, c'est se brouiller avec la fortune.

PASQUIN.

Ma foi, monsieur, je me suis brouillé avec elle

dès le jour que je suis entré chez vous : mais, Dieu merci, je suis au-dessus de la fortune ; je veux me retirer du monde.

DORANTE.

Le fat! ô le fat!

PASQUIN.

Oui, monsieur, j'ai fait depuis peu des réflexions morales sur la vanité des plaisirs mondains : je suis las d'être bien battu et mal nourri ; je suis las de passer la nuit à la porte d'un lansquenet, et le jour à vous détourner des grisettes ; je suis las enfin d'avoir de la condescendance pour vos débauches, et de m'enivrer au buffet, pendant que vous vous enivrez à table. Il faut faire une fin, monsieur. Je vais me rendre mari d'une certaine Lisette, qui est le bel esprit de ce village-ci. Les plus jolies filles de Poitou la consultent comme un oracle, parce qu'elle a fait ses études sous une coquette de Paris ; c'est là où elle est devenue amoureuse de moi.

DORANTE.

Hé! je n'ai point encore trouvé en mon chemin cette Lisette si aimable ; j'en sais mauvais gré à mon étoile.

PASQUIN.

Ce n'est pas votre étoile, monsieur ; c'est moi qui ai pris soin de vous cacher Lisette : je l'ai trouvée trop jolie pour vous la faire connoître. Mais cette digression vous fait oublier qu'il s'agit entre vous et moi d'une petite règle d'arithmétique. Il y a huit ans

SCENE I.

que je vous sers; à vingt-cinq écus de gages, somme totale, six cents livres; sur quoi j'ai reçu quelques coups de canne, coups de pied au cul; partant reste toujours six cents livres, que je vous prie de me donner présentement.

DORANTE, d'un ton de colère.

Quoi! j'ai eu la patience de garder huit ans un coquin comme toi!

PASQUIN.

Tout autant, monsieur.

DORANTE.

Un maraud!

PASQUIN.

Oui, monsieur.

DORANTE.

Huit ans, un valet à pendre!

PASQUIN.

Ah!

DORANTE.

A noyer, à écraser!

PASQUIN.

Il y a du malheur à mon affaire. Vous avez été jusqu'à présent très content de mon service, et vous cessez de l'être dans le moment que je vous demande mes gages.

DORANTE, se radoucissant.

Pasquin, ce n'est pas d'aujourd'hui que je suis la dupe de ma bonté. Va, mon cher, je veux bien encore ne te point chasser de chez moi.

PASQUIN.

Vraiment, monsieur, ce n'est pas vous qui me chassez; c'est moi qui vous demande mon congé, et les six cents livres.

DORANTE.

Non, mon cœur, tu ne me quitteras point. Tu ne sais ce qu'il te faut. La vie champêtre ne convient point à un intrigant, à un fourbe.

PASQUIN.

Je sais bien que j'ai tous les talents pour faire fortune à la ville; mais je borne mon ambition à Lisette, à qui j'apporte en mariage les six cents livres dont je vais vous donner quittance. (Il tire de sa poche un papier.)

DORANTE, lui arrêtant la main.

Peste soit du faquin! tu n'as que tes affaires en tête : parlons un peu des miennes. J'épouse demain la petite fermière Agathe. J'ai si bien fait, par mon manége, que le père est à présent aussi amoureux de moi que sa fille. Elle a dix mille écus, Pasquin.

PASQUIN.

Vous n'avez que vos affaires en tête; reparlons un peu des miennes.

DORANTE.

Agathe m'attend chez elle à quatre heures; et, avant que d'y aller, j'ai à régler certaines choses avec le notaire.

PASQUIN.

Monsieur, il n'y a que deux mots à mon affaire.

DORANTE.

Le notaire m'attend, Pasquin.

SCENE I.

PASQUIN.

Mon congé et mes gages.

DORANTE.

Oh! puisque tu veux absolument que nous finissions d'affaire ensemble....

PASQUIN.

Si ce n'étoit pas pour une occasion aussi pressante....

DORANTE.

Il faut faire un effort....

PASQUIN.

Je ne vous importunerois pas.

DORANTE.

Quelque peine que cela me fasse....

PASQUIN.

Voici la quittance.

DORANTE, prenant la quittance et embrassant Pasquin.

Va, je te donne ton congé.

PASQUIN.

Et mes gages, monsieur?

DORANTE.

Tu m'attendris, Pasquin ; je ne veux pas te voir davantage.

SCÈNE II.

PASQUIN, seul.

Le scélérat! je n'ai plus rien à ménager avec cet homme-là. Lisette me sollicite de rompre son mariage avec Agathe. Allons voir ce qui en sera.

SCÈNE III.

PASQUIN, LISETTE.

PASQUIN.

Ah! te voilà!

LISETTE.

Il y a une heure que je te cherche. Es-tu d'accord avec ton maître?

PASQUIN.

Peu s'en faut. Il ne s'agissoit entre lui et moi que de deux articles. Je lui demandois mon congé et mes gages : il a partagé le différend par moitié; il m'a donné mon congé, et me retient mes gages.

LISETTE.

Et tu gardes des mesures avec cet homme-là! Te feras-tu encore tirer l'oreille pour m'aider à rompre son mariage, en faveur de mon pauvre frère Colin, à qui Agathe étoit promise? Il ne tient qu'à toi de rendre la joie à tout le village. Ce n'étoit que fêtes, danses et chansons préparées pour les noces de Colin et d'Agathe; et depuis que ton officier réformé est venu nous enlever le cœur de cette jolie fermière, toute notre galanterie poitevine est en deuil.

PASQUIN.

Je ne manque pas de bonne volonté; mais je considère....

LISETTE.

Et moi, je ne considère plus rien. Je suis bien sotte

SCENE III.

de prier quand j'ai droit de commander. Colin est mon frère, et s'il n'épouse point Agathe par ton moyen, Lisette n'épousera point Pasquin.

PASQUIN.

Ouais ! tu me mets bien librement le marché à la main !

LISETTE.

C'est que je ne suis pas comme la plupart de celles qui font de pareils marchés. Je ne t'ai point donné d'arrhes, et je romprai, si....

PASQUIN.

Doucement. Çà, que faut-il donc faire pour ce petit frère Colin ? As-tu pris des mesures avec lui ?

LISETTE.

Des mesures avec Colin ? Bon ! c'est un jeune amant à la franquette, qui n'est capable que de se trémousser à contre-temps. Il va, il vient, il piétine, il peste contre son infidèle, et a toujours quelque raisonnement d'enfant qu'il veut qu'on écoute ; enfin, c'est un petit obstiné que j'ai été contrainte d'enfermer, afin qu'il me laissât en paix travailler à ses affaires. Je crois que le voilà encore.

SCÈNE IV.

COLIN, LISETTE, PASQUIN.

LISETTE, à Colin.

Quoi! petit lutin, tu seras toujours sur mes talons?

COLIN, à Lisette.

J'ai sauté par la fenêtre de la salle où tu m'avois enfermé, pour te venir dire que tout le tripotage de veuve que tu veux faire pour attraper ce Dorante, par-ci, par-là, tant y a que tout ça ne vaut rien.

LISETTE.

Mort de ma vie! si tu....

PASQUIN.

Laissez opiner Colin; il me paroît homme de tête.

COLIN.

Assurément. J'ai trouvé un secret pour qu'Agathe me r'aime, et j'ai commencé à imaginer....

LISETTE.

Et va-t'en achever d'imaginer; laisse-moi exécuter.

COLIN.

Oh! y faut que ce soit moi qui....

LISETTE.

Oh! ce ne sera pas toi qui....

COLIN.

Je te dis que....

LISETTE.

Je te dis que tu te taises.

SCENE IV.

COLIN.

Oh! c'est moi qui suis l'amoureux, une fois; je veux parler tout mon soûl.

LISETTE.

Oh! le petit mutin d'amoureux!

COLIN.

Tenez, si Pasquin me dit que je n'ai pas pus d'esprit que toi, pour ce qui est d'Agathe, je veux bien m'en retourner dans la salle.

LISETTE.

Écoutons, à cette condition.

COLIN.

C'est que j'ai eune ruse pour faire venir Agathe dans eun endroit où je vous cacherai tous deux.

PASQUIN.

Fort bien!

COLIN.

Et pis, quand a sera là, je li dirai : Çà, gnia personne qui nous écoute; n'est-y pas vrai, Agathe, qu'ou m'avez dit cent fois qu'ou m'aimiez? A dira, Oui, Colin; car ça est vrai. N'est-y pas vrai, li redirai-je, que quand vous me dites ça, je dis, moi, que les paroles étoient belles et bonnes, mais que ça ne tient guère, à moins qui n'y ait quelque chose, là, qui signifie qu'ou n'oseriez pus prendre d'autre mari que moi? Agathe dira : Oui, Colin. N'est-y pas vrai, ce li ferai-je encore, qu'un certain jour que l'épingle de votre collet étoit défaite, je le soulevis tout doucement, tout doucement?...

LISETTE.

Oh! va donc plus vite; j'aime l'expédition.

PASQUIN.

Ce récit promet beaucoup au moins. Et nous serons cachés pour entendre tout cela?

COLIN.

Assurément. Je ne barguignerai point à li faire tout dire; car si a m'épouse, l'épousaille couvre tout; et sinon, je sis bien aise qu'on sache que la récolte appartient à sti qui a défriché la terre. Oh! donc, je dirai à Agathe : N'est-y pas vrai, quand j'eu entr'ouvart votre collet, que je pris dessous un papier dans votre sein, et que sur ce papier vous m'aviez fagotté en lacs d'amour votre nom parmi le mien, pour montrer ce que je devions être l'un à l'autre?

PASQUIN.

Et a dira : Oui, Colin.

COLIN.

Oh! a dira peut-être que c'est qu'a dormoit; mais je sais bien qu'a ne faisoit que semblant; car a se réveillit tout juste quand....

LISETTE.

Hé bien, enfin! quand elle aura tout dit....

COLIN.

Vous sortirez tous deux de votre cache, et vous li direz : Agathe, faut qu'ou vous mariez rien qu'avec Colin tout seul, ou nous allons dire partout qu'ous aimez deux hommes à la fois. Oh! a ne voudra pas.

SCENE IV.

LISETTE.

O que si, a voudra. Les femmes en font gloire.

COLIN.

Faire gloire d'aimer un autre que sti avec qui on se marie! Non, gnia point de femme comme ça dans tout le monde.

PASQUIN.

Colin n'a pas voyagé. Çà, je juge que M. Colin imagine mieux que nous, mais nous exécuterons mieux que Colin. Partant, condamné à retourner dans la salle jusqu'à ce que nous ayons besoin de lui.

COLIN.

Oh! ne vlà-t-il pas qu'il dit comme Lisette, à cause que.... hé! la la.

LISETTE.

Oh! va donc, ou je ne me mêle plus de tes affaires.

COLIN.

J'y vas, mais j'enrage.

SCÈNE V.

LISETTE, PASQUIN.

LISETTE.

Oh! nous voilà délivrés de lui. Çà, il s'agit de guérir Agathe de l'entêtement où elle est pour ton maître.

PASQUIN.

Hom! quand l'amour s'est une fois emparé d'un cœur aussi simple que celui d'Agathe, il est difficile de l'en chasser; il se trouve mieux logé là que chez une coquette.

LISETTE.

J'avoue que les grands airs de ton maître ont saisi la superficie de son imagination; mais le fond du cœur est encore pour Colin. Finissons. Il faut empêcher Agathe de sortir de chez elle, afin qu'elle ne vienne point rompre les mesures que nous avons prises. Comment nous y prendrons-nous?

PASQUIN.

Hom! attendez. Nous lui avons fait venir des habits de Paris. Si j'allois lui dire que mon maître veut qu'elle les mette.... la coiffure seule suffit pour amuser une femme toute la journée.

LISETTE.

La voici qui vient; songe à la renvoyer chez elle.

SCÈNE VI.

AGATHE, LISETTE, PASQUIN.

AGATHE.

Où est donc ton maître, Pasquin? Il y a deux heures que je l'attends chez moi.

PASQUIN.

Vous vous trompez, madame, mon maître est trop amoureux pour vous faire attendre.

LISETTE, à Agathe.

Je vous avois bien dit que ses empressements ne dureroient pas.

SCENE VI.

AGATHE.

Oh! c'est tout le contraire, Lisette. Dorante doit être aujourd'hui amoureux de moi à la folie; car il m'a promis que son amour augmenteroit tous les jours, et il m'aimoit déjà bien hier.

LISETTE.

En une nuit, il arrive de grandes révolutions dans le cœur d'un François.

PASQUIN.

Oui, sur la fin de ce siècle-ci, les amants et les saisons se sont bien déréglés; le chaud et le froid n'y dominent plus que par caprice.

LISETTE.

Oh! en Poitou nous avons une règle certaine; c'est que le jour des noces, le thermomètre de la tendresse est à son plus haut degré; mais le lendemain il descend bien bas.

AGATHE.

Vous voulez me persuader tous deux que Dorante sera inconstant; mais il faudroit que je fusse folle pour craindre qu'il change. Quoi! quand Colin me disoit tout simplement qu'il me seroit fidèle, je le croyois; et je ne croirois pas Dorante, qui est gentilhomme, et qui fait des serments horribles qu'il m'aimera toujours?

PASQUIN.

En amour, les serments d'un courtisan ne prouvent rien; c'est le langage du pays.

LISETTE, à Agathe.

Si vous vouliez m'écouter une fois en votre vie, je vous ferois voir que Dorante....

AGATHE.

Parlons d'autre chose, Lisette.

PASQUIN, à Lisette.

Elle a raison. (à Agathe.) Parlons des beaux habits que mon maître vous a fait venir.

AGATHE.

Ah, Pasquin! j'en suis charmée.

PASQUIN.

A propos, mon maître vouloit vous voir aujourd'hui parée.

AGATHE.

Je voudrois bien l'être aussi; mais je ne sais pas lequel je dois mettre des deux habits. Dis-moi, Pasquin, lequel aimera-t-il mieux de l'innocente ou de la gourgandine?[1]

PASQUIN.

La gourgandine a toujours été du goût de mon maître.

AGATHE.

Il faut que les femmes de Paris aient bien de l'esprit pour inventer de si jolis noms.

PASQUIN.

Malepeste! leur imagination travaille beaucoup. Elles n'inventent point de modes qui ne servent à cacher quelque défaut. Falbala par haut pour celles

[1] Deux noms d'habillements à la mode en 1694.

SCENE VI.

qui n'ont point de hanches; celles qui en ont trop le portent plus bas. Le col long et les gorges creuses ont donné lieu à la steinkerque; et ainsi du reste.

AGATHE.

Ce qui m'embarrasse le plus, c'est la coiffure. Je ne pourrai jamais venir à bout d'arranger tant de machines sur ma tête; il n'y a pas de place pour en mettre seulement la moitié.

PASQUIN.

Oh! quand il s'agit de placer des fadaises, la tête d'une femme a plus d'étendue qu'on ne pense. Mais vous me faites souvenir que j'ai ici le livre instructif que la coiffeuse a envoyé de Paris. Il s'intitule : « Les « Éléments de la toilette, ou le Système harmonique « de la coiffure d'une femme. »

AGATHE.

Ah! que ce livre doit être joli!

LISETTE.

Et savant!

PASQUIN, tirant un livre de sa poche.

Voici le second tome. Pour le premier, il ne contient qu'une table alphabétique des principales pièces qui entrent dans la composition d'une commode, comme :

« La duchesse, le solitaire,
« La fontange, le chou,
« Le tête-à-tête, la culbute,
« Le mousquetaire, le croissant,
« Le firmament, le dixième ciel,
« La palissade et la souris. »

AGATHE.

Ah, Pasquin! cherche-moi l'endroit où le livre dit que se met la souris. J'ai un nœud de ruban qui s'appelle comme cela.

PASQUIN.

C'est ici quelque part; attendez....

« Coiffure pour raccourcir le visage. »

Ce n'est pas cela.

« Petits tours blonds à boucles fringantes pour
« les fronts étroits et les nez longs. »

Je n'y suis pas.

« Suppléments ingénieux qui donnent du relief
« aux joues plates. »

Ouais!

« Cornettes fuyantes pour faire sortir les yeux
« en avant. »

Ah! voici ce que vous demandez.

« La souris est un petit nœud de nompareille
« qui se place dans le bois. *Nota* qu'on ap-
« pelle petit bois un paquet de cheveux hé-
« rissés, qui garnissent le pied de la futaie
« bouclée. »

Mais vous lirez cela à loisir. Allez vite arranger votre toilette; je vous enverrai mon maître sitôt qu'il aura fini une petite affaire.

AGATHE.

Qu'il ne me fasse pas attendre au moins. Adieu, Lisette.

LISETTE.

Adieu, Agathe.

SCÈNE VII.

LISETTE, PASQUIN.

LISETTE.

On vient à bout de tout en ce monde, quand on sait prendre chacun par son foible; les hommes par les femmes, les femmes par les habits. Çà, il faut à présent nous assurer de ton maître.

PASQUIN.

Il est chez le notaire; il faut qu'il repasse par ici pour aller chez Agathe, et je l'arrêterai pendant que tu iras te déguiser en veuve.

LISETTE.

Récapitulons un peu ce déguisement. Tu es bien sûr que ton maître n'a jamais vu la veuve?

PASQUIN.

Assurément. Sur la réputation qu'elle a dans Poitiers d'être fort riche, mon fanfaron s'est vanté qu'elle étoit amoureuse de lui. Pour se venger, elle a pris plaisir à se trouver masquée à deux ou trois assemblées où il étoit, de faire la passionnée; en un mot, de se moquer de lui, trouvant toujours des excuses pour ne se point démasquer. C'est une gaillarde qui fait mille plaisanteries de cette nature pour égayer son veuvage.

LISETTE.

Puisque cela est ainsi, je contreferai la veuve comme si je l'étois.

PASQUIN.

Tant pis; car on ne sauroit bien contrefaire la veuve, qu'on n'ait contrefait la femme mariée. L'habit est-il prêt?

LISETTE.

Oui.

PASQUIN.

Voilà mon maître qui vient.

LISETTE.

Amuse-le pendant que je me déguiserai; et après, tu iras avertir Agathe qu'elle vienne nous surprendre; tu la feras écouter notre conversation. Laisse-moi faire.

SCÈNE VIII.

PASQUIN, seul.

Comment lui tournerai-je la chose? Mais il ne faut pas tant de façon avec mon maître. Un homme qui se croit aimé de toutes les femmes en est aisément la dupe.

SCÈNE IX.

DORANTE, PASQUIN.

PASQUIN.

Monsieur! monsieur!

DORANTE.

Ne m'arrête point; Agathe m'attend.

SCENE IX.

PASQUIN.

Ce n'est plus de mes affaires que je veux vous parler à présent.

DORANTE.

Je meurs d'impatience de la voir. L'amour, Pasquin, l'amour! Ah! quand on a le cœur pris....

PASQUIN.

Fait comme vous êtes, monsieur, je n'eusse jamais deviné que l'amour vous feroit perdre votre fortune.

DORANTE.

Que veux-tu dire par là?

PASQUIN.

Que votre amour pour Agathe vous fait manquer cette veuve de cinquante mille écus.

DORANTE.

Eh! ne t'ai-je pas dit que la sotte est devenue invisible à Poitiers?

PASQUIN.

Apparemment elle vouloit éprouver votre constance. L'heureux moment est venu; elle est ici, monsieur.

DORANTE.

Est-il possible?

PASQUIN.

Il n'y a rien de plus vrai; et depuis que vous m'avez quitté.... Mais n'en parlons plus, vous avez le cœur pris pour Agathe.

DORANTE.

Achève, Pasquin, achève.

PASQUIN.

Amoureux comme vous êtes, vous ne voudriez pas rompre un mariage d'inclination pour vingt mille écus plus ou moins.

DORANTE.

Il faudra se faire violence. Avec vingt mille écus on achète un régiment, on est utile au prince; tu sais qu'un gentilhomme doit se sacrifier pour les besoins de l'état.

PASQUIN.

Entre nous, l'état n'a pas grand besoin de vous, puisqu'il vous a remercié de vos services à la tête de votre compagnie.

DORANTE.

Parlons de la veuve, Pasquin.

PASQUIN.

La veuve est venue ce matin de Poitiers pour vos beaux yeux; et depuis que vous m'avez quitté, on vient de m'offrir de sa part cent pistoles, si je puis livrer votre cœur.

DORANTE.

Je serai ravi de te faire gagner cent pistoles. J'aime à m'acquitter, Pasquin.

PASQUIN.

En rabattant sur les gages.

DORANTE.

Çà, que faut-il faire, mon cher cœur?

PASQUIN.

On est convenu avec moi que le hasard amèneroit la veuve sous cet orme dans un quart d'heure.

SCENE IX.

DORANTE.

Bon!

PASQUIN.

J'ai promis que le même hasard vous y conduiroit aussi.

DORANTE.

Fort bien!

PASQUIN.

Il faut que vous vous promeniez, sans faire semblant de rien. Elle va venir, sans faire semblant de rien. Pour lors vous l'aborderez, vous, en faisant semblant de rien; elle vous écoutera en faisant semblant de rien. Voilà comment se font les mariages des Tuileries.

DORANTE.

Parbleu, tu es un homme adorable!

PASQUIN.

Çà, préparez-vous à aborder la veuve en petit maître. Cachez-vous un œil avec votre chapeau, la main dans la ceinture, le coude en avant, le corps d'un côté, et la tête de l'autre; surtout, gardez-vous bien de vous promener sur une ligne droite, cela est trop bourgeois.

DORANTE.

Ce maraud-là en sait presque autant que moi.

PASQUIN.

Voici l'occasion, monsieur, de faire profiter les talents que vous avez pour le grand art de la minauderie. Ah! si vous pouviez vous souvenir de cette mine que vous fîtes l'autre jour à la comédie, là, une certaine mine qui perdit de réputation cette femme à qui vous n'aviez jamais parlé.

DORANTE.

Que tu es badin !

SCÈNE X.

LISETTE, en veuve; DORANTE, PASQUIN.

PASQUIN, bas, à Dorante.

Voici la veuve, monsieur; faites semblant de rien; hem, semblant de rien. (haut, à Dorante, en faisant signe à Lisette.) N'y a-t-il rien de nouveau en Catalogne? Que dit-on de l'Allemagne? Vous avez reçu des lettres de Flandre. La promenade est bien déserte aujourd'hui. De quel côté vient le vent? Mon Dieu! la belle journée!

DORANTE, bas, à Pasquin.

Pasquin, la veuve soupire.

PASQUIN, bas, à Dorante.

Apparemment, c'est pour le défunt.

DORANTE, bas, à Pasquin.

Il faut un peu la laisser ronger son frein. Elle est sensible aux bons airs. Je me sers de mes avantages.

PASQUIN, bas, à Dorante.

Vous avez raison; votre geste est tout plein de mérite, et vous avez encore plus d'esprit de loin que de près. Si elle vous entendoit chanter, elle seroit

SCENE X.

charmée, monsieur. Ne savez-vous point par cœur quelque impromptu de l'opéra nouveau?

DORANTE, haut, à Pasquin.

Je vais chanter, pour me désennuyer, un petit air que je fis à Poitiers pour cette charmante veuve. Hem.

(Il chante.)

Palsambleu, l'Amour est un fat,
L'Amour est un fat;
Sans égard pour ma naissance,
Il me fait soupirer, gémir, sentir l'absence
Comme un amant du tiers-état.
Palsambleu, l'Amour, etc.

Il n'est point de belle en France
Que je n'aie soumise à ce petit ingrat;
Et, pour toute récompense,
Il m'enchaîne comme un forçat.
Palsambleu, l'Amour, etc.

PASQUIN, après que Dorante a chanté.

Vous êtes l'Amour, monsieur!

DORANTE, bas, à Pasquin.

C'est assez la faire languir. Ciel! quelle aventure, Pasquin! Je crois que voilà mon aimable invisible dont je te parlois.

PASQUIN.

C'est elle-même.

DORANTE, abordant la veuve.

Par quel bonheur, madame, vous trouve-t-on dans ce village?

LISETTE.

J'y venois chercher la solitude, et pleurer en liberté.

PASQUIN.

Retirons-nous donc, monsieur: il est dangereux d'interrompre les larmes d'une veuve. La vue d'un joli homme fait rentrer la douleur en dedans.

DORANTE.

Je vous l'ai dit cent fois, charmante spirituelle, je suis le cavalier de France le plus spécifique pour la consolation des dames.

LISETTE.

Un cavalier fait comme vous ne sauroit en consoler une, qu'il n'en afflige mille autres.

DORANTE.

Périssent de jalousie toutes les femmes du monde, pourvu que vous vouliez bien....

LISETTE.

Ah! n'achevez pas, monsieur; je crains que vous ne me fassiez des propositions que je ne pourrois entendre sans horreur; car, enfin, il n'y a encore que huit ans que mon mari est mort.

PASQUIN.

Ah, monsieur! vous allez rouvrir une plaie qui n'est pas encore bien refermée.

DORANTE.

Ah, Pasquin! je sens que mon feu se rallume.

LISETTE.

Hélas! le pauvre défunt m'aimoit tant!

SCENE X.

PASQUIN, bas, à Dorante.

Elle parle du défunt; vos affaires vont bien.

LISETTE.

Il m'a fait promettre, en mourant (en baissant la voix) que je ne me remarierois point.

PASQUIN, bas, à Dorante.

Profitez du moment, monsieur : elle est femme; et puisque sa parole baisse, il faut qu'elle soit bien foible.

LISETTE, bégayant.

Je tiendrai.... ma promesse.... ou bien....

PASQUIN, bas, à Dorante.

Elle bégaie, il est temps que je me retire.

DORANTE, bas, à Pasquin.

Va-t'en.

SCÈNE XI.

DORANTE, LISETTE.

DORANTE.

Nous sommes seuls, madame; accordez-moi donc enfin ce que vous m'avez tant de fois refusé à Poitiers; levez ce voile cruel....

LISETTE.

Monsieur, l'affliction m'a si fort changée....

DORANTE.

Eh! je vous conjure....

LISETTE, d'un ton de précieuse.

Je ne dors point; la fatigue du carrosse, la chaleur,

la poussière, le grand jour.... vous me trouverez laide à faire peur.

DORANTE.

Je vous trouverai charmante.

LISETTE.

Vous le voulez? (Elle lève sa coiffe.)

DORANTE.

Que vois-je?

LISETTE.

Puisqu'il faut vous l'avouer, dès la seconde fois que je vous vis, je formai le dessein de faire votre fortune; mais je voulois vous éprouver. Ah, cruel! falloit-il si tôt vous rebuter?

DORANTE.

Eh! vous avois-je vue, madame?

SCÈNE XI.

DORANTE, LISETTE, AGATHE, PASQUIN.

(Pasquin amène Agathe pour écouter.)

AGATHE, à part, à Pasquin.

C'est donc pour cela qu'il me faisoit tant attendre?

PASQUIN, à part, à Agathe.

Écoutez.... (Il sort.)

SCÈNE XIII.

DORANTE, LISETTE, AGATHE, à part.

DORANTE, à Lisette.

Je l'avoue franchement ; à votre refus, j'avois baissé les yeux sur une petite fermière, parce que je trouvois une somme d'argent pour nettoyer de gros biens que j'ai en direction : mais d'honneur [1], je ne l'ai jamais regardée que comme un enfant, une poupée avec quoi on se joue ; et depuis les charmantes conversations de Poitiers, vous n'avez point désemparé mon cœur.

AGATHE, à part.

Le traître !

LISETTE.

Apparemment que je vous crois, puisque je veux bien vous donner ma main. Mais, avant toutes choses, il faut que vous disiez à Agathe, en ma présence, que vous ne l'avez jamais aimée.

DORANTE.

En votre présence ?

LISETTE.

Quoi ! vous hésitez ?

---

[1] On lit dans l'édition originale *d'honneur en honneur*, sans ponctuation entre les deux mots. Il est trop évident que cette répétition est une faute typographique pour la reproduire dans le texte. Ces deux mots ont été admis par l'éditeur de 1820. Les éditions de 1714 et 1731 n'ont conservé que *d'honneur*. (G. A. C.)

DORANTE.

Nullement. Mais enfin, dire en face à une femme que je ne l'aime point, c'est l'assassiner : le coup est mortel, madame ; et je dois avoir des ménagements pour une pauvre petite créature, qui....

LISETTE.

Qui....

DORANTE.

Qui, puisqu'il faut vous faire la confidence, a eu pour moi certaines foiblesses. Je suis galant homme.

AGATHE, à part.

Comme il ment !

DORANTE.

Mais, madame, je quitte tout pour vous suivre. Je me laisse enlever, je vous épouse : faut-il d'autres marques de mon amour ?

LISETTE.

Au moins, je vous ordonne d'aller tout présentement rompre l'engagement que vous avez avec le père.

DORANTE.

Oh ! pour cela, volontiers.

LISETTE.

Allez promptement, et revenez dans une demi-heure m'attendre sous cet orme.

DORANTE.

Je vais vous satisfaire.

LISETTE.

Sous l'orme, au moins.

SCÈNE XIV.

AGATHE, LISETTE.

AGATHE, à part, n'osant aborder la veuve.

Il faut que je sache d'elle.... Mais me ferai-je connoître après ce qu'on lui vient de dire de moi ?

LISETTE.

Mon Dieu! la jolie mignonne! Qu'elle est aimable! Me voulez-vous parler?

AGATHE, n'osant l'aborder.

Non.

LISETTE.

Mais je crois vous avoir vue quelque part. N'êtes-vous pas la belle Agathe ?

AGATHE.

Je ne sais pas.

LISETTE.

Ne craignez rien, ma bouchonne. Vous m'aviez enlevé mon amant; mais je suis déjà vengée, puisqu'il vous a sacrifiée à moi.

AGATHE.

Le traître !

LISETTE.

Vous êtes bien fâchée, n'est-ce pas, de perdre un si joli petit homme ?

AGATHE.

Je ne suis fâchée que de ce qu'il vous vient de dire des faussetés de moi. Il dit que j'ai eu des foiblesses pour lui : ah! ne le croyez pas au moins, madame; c'est un méchant qui en dira tout autant de vous.

LISETTE rit.

Ha, ha!

AGATHE.

Vous riez! Est-ce que vous me soupçonnez de ce que ce menteur-là vous a dit?

LISETTE.

Dorante ne sauroit mentir; il est gentilhomme.

AGATHE.

Que je suis malheureuse! Quoi! vous croyez....

LISETTE, se dévoilant.

Oui, je crois....

AGATHE.

C'est Lisette!

LISETTE.

Je crois, comme je l'ai toujours cru, que vous êtes fort sage, et que Dorante est le plus grand scélérat; mais je suis contente, vous avez tout entendu. Ce n'est pas sa faute, comme vous voyez, si je ne suis qu'une fausse veuve. Hé bien, que vous dit le cœur présentement?

AGATHE.

Hélas! j'ai trahi Colin! Colin m'aime-t-il encore?

LISETTE.

Il fera tout comme s'il vous aimoit; et sitôt que vous lui aurez dit un mot, il ne songera plus qu'à se venger de Dorante.

SCENE XIV.

AGATHE.

Ah ! qu'il ne s'y joue pas : Dorante m'a dit qu'il étoit bien méchant.

LISETTE.

Il s'agit d'une vengeance qui servira de divertissement à toute notre petite société galante. Il sera berné.... qu'il ne manquera rien.

SCÈNE XV.

COLIN, AGATHE, LISETTE.

COLIN, à part, sans apercevoir Agathe.

Pasquin me vient de dire que tout alloit bien, pourvu que je patientisse ; mais, quand je devrois tout gâter, je ne saurois plus me tenir en place ; je sis trop amoureux.

AGATHE, à Colin, fâchée de l'avoir trahi.

Ah, Colin ! Colin !

COLIN, à Agathe, qu'il aperçoit.

Ce n'est pas de vous au moins que je dis que je sis amoureux : il feroit beau var que j'aimisse encore eune.... ingrate !

AGATHE.

Il est vrai.

COLIN.

Eune.... infidèle.

AGATHE.

Oui, Colin.

COLIN.

Eune.... changeuse!

AGATHE.

Hélas! je n'aime pas trop à changer; mais c'est que cela me vint malgré moi tout d'un coup, parce que je n'avois jamais vu d'homme fait comme Dorante.

COLIN.

Oui, vous êtes une traîtresse.

AGATHE.

Oh! pour traîtresse, non.... Ne vous avois-je pas averti que je voulois aimer Dorante?

COLIN, étouffant de colère et d'amour.

Eune.... aouf! gnia pu moyen de retenir mon naturel. Baille-moi ta main.

AGATHE.

Ah, Colin! que je suis fâchée!

COLIN.

Ah! que je sis aise, moi!

LISETTE.

Vous allez user toute votre tendresse; gardez-en un peu pour quand vous serez mariés, vous en aurez besoin. Çà, Dorante va venir m'attendre sous l'orme; nous avons résolu de nous moquer de lui. Pierrot, Nanette et Licas nous doivent aider; ils sont là tout prêts. Les voici.

SCÈNE XVI.

LISETTE, COLIN, AGATHE, NANETTE,
DEUX BERGERS.

LISETTE, à Nanette et aux Bergers.

Qui vous a donc avertis qu'il étoit temps ?

NANETTE, à Lisette.

Nous avons vu de loin qu'elle se laissoit baiser la main par Colin ; nous avons jugé....

COLIN, à Nanette.

C'est signe qu'al' a retrouvé l'esprit qu'al' avoit pardu.

AGATHE.

Que je suis honteuse, Nanette, d'avoir été trompée par un homme !

NANETTE.

Hélas ! à qui est-ce de nous autres que cela n'arrive point ? Mais nous allons faire voir à ce petit coquet de Dorante qu'il ne sait pas son métier, puisqu'il donne le temps à une fille de faire des réflexions.

LISETTE.

Tous vos petits rôles de raillerie sont-ils prêts?

NANETTE.

Bon ! notre Licas et notre Pierrot feroient un opéra en deux heures.

LISETTE.

Oui, je vais vous donner votre rôle.

NANETTE.

Voici Dorante. Retirez-vous; c'est à moi à commencer. (Ils sortent.)

SCÈNE XVII.

DORANTE, seul, venant au rendez-vous que lui a donné la veuve.

Voici à peu près l'heure du rendez-vous. J'ai bien fait de ne point voir ni le père ni la fille : si la veuve m'alloit manquer, je serois bien aise de retrouver Agathe. J'entends des villageois qui chantent ; laissons-les passer.

SCÈNE XVIII.

DORANTE, NANETTE, NICAISE.

(Nicaise finit une chanson à une paysanne qui le fuit.)

NANETTE.

Mon pauvre Nicaise, tu perds ton temps et ta chanson. Il est vrai que je t'ai aimé ; mais c'est justement pour cela que je ne t'aime plus. Ce sont là nos règles.

NICAISE chante.

Lorsque tu me promis, sous cet orme fatal,
Que je triompherois bientôt de mon rival,
Tu m'en voulus donner une preuve certaine.
Ah ! que n'en ai-je profité !
Je ne serois plus à la peine
De te reprocher ton infidélité.

SCENE XVIII.

NANETTE chante.

Il est vrai que ma franchise
Fut surprise
Par tes discours trompeurs et par ton air charmant;
Mais j'ai passé l'écueil du dangereux moment.
J'ai pensé faire la sottise :
Tu ne m'as pas prise au mot ;
Tu seras le sot.
Tu seras le sot.
Tu seras le sot.

SCÈNE XIX.

DORANTE, seul.

Ces Poitevines sont galantes naturellement. Mais la veuve tarde beaucoup.

SCÈNE XX.

DORANTE, PASQUIN.

PASQUIN.

Ah, monsieur! nous jouons de malheur.

DORANTE.

Qu'y a-t-il donc?

PASQUIN.

La veuve est partie, monsieur ; une de ses tantes est venue l'enlever à ma barbe. Tout ce que la pauvrette a pu faire, c'est de sortir la tête par la portière du carrosse, et de me faire signe de loin qu'elle ne laisseroit pas de vous aimer toujours.

DORANTE.

Se seroit-elle moquée de moi?

PASQUIN.

Monsieur, j'ai sellé votre anglois; le voilà attaché à la porte : si vous voulez suivre le carrosse, il n'est pas encore bien loin.

DORANTE.

Pasquin, il faut aller au plus certain. Je vais trouver Agathe, et conclure avec elle. La voici justement.

SCÈNE XXI.

DORANTE, AGATHE, PASQUIN.

AGATHE, à part.

Je vais bien me moquer de lui. (haut, à Dorante.) Ah! vous voilà, monsieur; il faudra donc que je vous cherche toute la journée?

DORANTE.

Ah! pardon, ma charmante; j'ai eu une affaire indispensable.

AGATHE.

N'est-ce point plutôt que vous m'auriez fait quelque infidélité?

DORANTE.

Que dites-vous là, cruelle, injuste, ingrate? J'atteste le ciel....

AGATHE.

Hé! la la, ne jurez point. Je sais bien comme vous m'aimez.

SCENE XXI.

DORANTE.

Mais vous, qui parlez, est-ce aimer, que de pouvoir attendre jusqu'à demain ?

AGATHE.

Hé bien, marions-nous tout à l'heure.

DORANTE.

Dites donc au papa qu'il abrége les formalités : ces articles, ce contrat, me désespèrent.

PASQUIN.

La sotte coutume pour les amants qui sont bien pressés !

AGATHE.

Nous irons dans un moment trouver mon père ; et, s'il nous fait trop attendre, nous nous marierons tous deux tout seuls.

SCÈNE XXII.

Les mêmes ; Chœur de Bergers et de Bergères.

Le Chœur chante derrière le théâtre :

Attendez-moi sous l'orme,
Vous m'attendrez long-temps.

SCÈNE XXIII.

DORANTE, AGATHE, PASQUIN.

DORANTE.

Qu'entends-je ?

AGATHE.

C'est la noce d'un nommé Colin. Vous ne le connoissez pas ?

PASQUIN, *faisant un saut, va joindre la noce.*

Une noce ! ma foi, je m'en vais danser.

SCÈNE XXIV.

DORANTE, AGATHE, PASQUIN, PLUSIEURS BERGERS ET BERGÈRES, *priés pour la noce de Colin et d'Agathe.*

DORANTE, *à Agathe.*

Ils s'avancent, cédons-leur la place.

AGATHE.

Oh ! il faut que je sois de cette noce-là.

DORANTE.

Quoi ! vous pouvez différer un moment ?

AGATHE.

Sitôt que la nôce sera faite, nous nous marierons.

LE CHOEUR *chante*:

Attendez-moi sous l'orme,
Vous m'attendrez long-temps.

SCENE XXIV.

DORANTE.

Pasquin, voici bien des circonstances.

PASQUIN.

C'est le hasard, monsieur.

DORANTE.

En tout cas, il faut faire bonne contenance. (Il se mêle avec les villageois.) Fort bien, mes enfants. Vive la Poitevine! Menuet de Poitou. Courage, Pasquin.

(On chante.)

Prenez la fillette
Au premier mouvement;
Car elle est sujette
Au changement:
Souvent la plus tendre
Qu'on fait trop attendre,
Se moque de vous
Au rendez-vous.

PASQUIN, se moquant de Dorante.

Nous sommes trahis; on nous berne, monsieur.

DORANTE.

Ceci me confond.

LISETTE chante à Dorante.

Vous qui pour héritage
N'avez que vos appas,
L'argent ni l'équipage
Ne vous manqueront pas:
Malgré votre réforme,
La veuve y pourvoira;
Attendez-la sous l'orme,
Peut-être elle viendra.

AGATHE chante à Dorante.

La fille de village
Ne donne à l'officier
Qu'un amour de passage ;
C'est le droit du guerrier :
Mais le contrat en forme,
C'est le lot du fermier :
Attendez-moi sous l'orme,
Monsieur l'aventurier.

COLIN chante.

Un jour notre goulu de chat
Tenoit la souris sous la pate ;
Mais al' étoit pour li trop délicate,
Il la lâchit pour prendre un rat.

PASQUIN, à Dorante.

Voilà de mauvais plaisants, monsieur. Votre cheval est sellé.

(Dorante veut tirer son épée.)

PIERROT, arrêtant Dorante.

Tout bellement, ou nous ferons sonner le tocsin sur vous.

DORANTE.

Je viendrai saccager ce village-ci avec un régiment que j'achèterai exprès.

LISETTE.

Ce sera des deniers de la veuve ? (Dorante s'en va.)

(Le village poursuit Dorante, en dansant et chantant :)

Attendez-moi sous l'orme,
Vous m'attendrez long-temps.

FIN DE ATTENDEZ-MOI SOUS L'ORME.

LA SÉRÉNADE,

COMÉDIE EN UN ACTE,

AVEC UN DIVERTISSEMENT;

Représentée pour la première fois le samedi
3 juillet 1694.

PERSONNAGES.

M. GRIFON, père de Valère.
VALÈRE, amant de Léonore.
Mme ARGANTE, mère de Léonore.
LÉONORE.
M. MATHIEU.
SCAPIN, valet de Valère.
MARINE, servante de madame Argante.
CHAMPAGNE, valet de M. Mathieu.
MUSICIENS ET DANSEURS.

La scène est à Paris.

AVERTISSEMENT
SUR LA SÉRÉNADE.

Cette comédie a été représentée pour la première fois le samedi 3 juillet 1694.

Voici la première pièce que Regnard a donnée au Théâtre françois[1] ; il avoit travaillé jusqu'alors pour le Théâtre italien.

Un barbon amoureux et avare se trouve le rival de son fils, et devient la dupe des fourberies d'un valet intrigant et rusé : telle est la principale intrigue de cette comédie, intrigue qui n'offre rien de neuf : aussi tout le mérite de *la Sérénade* consiste-t-il dans la vivacité du dialogue, et dans la manière dont les scènes sont liées. Cet ouvrage prouve que le sujet le plus ingrat est susceptible

---

[1] Puisqu'il est maintenant reconnu que Regnard est l'auteur de la comédie *Attendez-moi sous l'orme*, représentée au Théâtre françois (voyez plus haut l'Avertissement de cette pièce), *la Sérénade* ne peut plus être regardée comme la première qu'il ait donnée à ce théâtre. Cette contradiction devient d'autant plus apparente ici, que les deux pièces se trouvent plus près l'une de l'autre ; tandis que dans les éditions anciennes, comme dans les modernes, l'incertitude de l'époque de sa représentation l'avoit fait placer tantôt après *le Distrait*, tantôt après *le Retour imprévu*, en 1700.

(G. A. C.)

de plaire, lorsqu'il est traité par une main de maître.

Nous avons dit que Regnard n'avoit travaillé jusqu'alors que pour le Théâtre italien. C'est sur cette scène qu'il a fait l'essai de ses talents; et nous croyons qu'il lui doit cette gaîté qui caractérise principalement les ouvrages de ce comique. On prétend que *la Sérénade* étoit originairement destinée au Théâtre italien, mais que des circonstances ayant déterminé Regnard à hasarder sa pièce sur la scène françoise, il se contenta d'y faire de légers changements.

Les rôles qu'il a le plus retouchés sont ceux de Champagne, de l'usurier Mathieu, et de madame Argante, qui n'existoient pas dans la pièce italienne : il a conservé les autres personnages, et n'a presque pas touché au dialogue; il a changé son Arlequin en Scapin; il a appelé Colombine, Marine; Isabelle, Léonore, etc.

On remarque en effet beaucoup de rapport entre les caractères de ces personnages et ceux des acteurs italiens qu'ils ont remplacés.

Le travestissement de Scapin en un fripier borgne et boiteux est une caricature italienne qui doit avoir été originairement destinée à ce théâtre, quoiqu'elle ait plu, et n'ait pas paru déplacée sur une scène plus noble.

Le dénoûment se ressent encore davantage de la manière italienne : c'étoit ainsi à peu près que finissoient la plupart des pièces de l'ancien théâtre italien. On sacrifioit la raison, et quelquefois le goût, à un jeu de théâtre plaisant et d'un comique chargé.

Les auteurs de l'*Histoire du Théâtre françois* ont traité cette pièce avec rigueur. L'intrigue, disent-ils, en est misérable, et les personnages n'ont pas le sens commun ; le plan de la pièce est foible, et l'idée des plus communes : les moyens dont on se sert pour conduire l'intrigue à sa fin sont très mal imaginés, et le dénoûment est du dernier ridicule. Ils ajoutent qu'on est forcé d'avouer que toutes les situations, les plaisanteries et le comique de cette pièce choquent également le naturel et la vraisemblance.

Ce jugement contient, à ce qu'il nous semble, une critique un peu trop sévère d'un ouvrage agréable, et auquel le public rend tous les jours la justice qu'il mérite, en le voyant avec plaisir. Ce n'est pas que nous ne soyons obligés de convenir que cette critique est juste à bien des égards ; mais il auroit été à désirer que les auteurs que nous citons eussent également applaudi à ce qui méritoit de l'être. Nous aurons occasion de remarquer plus d'une fois qu'ils n'aimoient pas Regnard, que ce n'est qu'avec peine qu'ils lui donnent les éloges qu'ils ne peuvent lui refuser, et qu'ils s'en dédommagent bien vite par des critiques outrées, qui manifestent leur prévention contre ce poète.

Quoi qu'il en soit, *la Sérénade* a été très bien reçue dans sa nouveauté, et a eu dix-sept représentations de suite. Depuis elle a été remise au théâtre très souvent, et a toujours été vue avec un nouveau plaisir. Maintenant cette comédie est une de celles qu'on voit le plus souvent, et dont le public se lasse le moins, chose qui vaut mieux que tous les éloges, et qui répond à toutes les critiques.[1]

[1] En 1818, *la Sérénade* a été transformée en opéra-comique par madame Gay, et madame Sophie Gail pour la musique. Mais on peut encore attribuer à Regnard la meilleure part du succès de cette pièce, qui est presque en tout point conforme à son modèle.

(G. A. C.)

LA SÉRÉNADE,

COMÉDIE.

SCÈNE I.

M. MATHIEU, MARINE.

MARINE.

Je vous dis, encore une fois, que madame n'est pas au logis, et qu'il faut que vous reveniez, si vous voulez lui parler.

M. MATHIEU.

A la bonne heure, je reviendrai. Cependant, Marine, dis-lui que j'ai vendu un collier à la personne qui doit épouser mademoiselle sa fille.

MARINE.

Je voudrois, monsieur Mathieu, que vous fussiez étranglé par votre gorge, avec votre diantre de collier. C'est donc vous qui vous êtes mêlé de cette affaire? Ne devriez-vous pas songer que les mariages légitimes ne sont point de votre compétence? Un courtier d'usure, comme vous, ne doit s'intriguer que d'affaires de contrebande, et laisser les honnêtes filles en repos.

M. MATHIEU.

A Dieu ne plaise, ma pauvre Marine, qu'on voie

jamais aucun vrai mariage de ma façon! Je ne fais point faire de marché à vie; c'est un métier trop périlleux. Une fille est une marchandise qu'on ne sauroit garantir, et l'on n'en a pas plus tôt fait l'emplette qu'on voudroit en être défait à moitié perte.

MARINE.

Oui: mais ceux qui font des mariages ne s'embarrassent guère du succès; et quand ils ont reçu leur pot-de-vin, et que le poisson est dans la nasse, sauve qui peut. Vous connoissez du moins l'homme qu'on lui destine, puisque vous lui avez vendu un collier?

M. MATHIEU.

Je vais le lui livrer, et en recevoir de l'argent.

MARINE.

Ce n'est pas là ce que je demande. Quel homme est-ce?

M. MATHIEU.

C'est un fort honnête homme, fort riche, fort vieux, et fort goutteux.

MARINE.

Que la peste te crève!

M. MATHIEU.

Sa figure n'est peut-être pas des plus ragoûtantes; mais, comme vous savez, entre l'utile et l'agréable il n'y a pas à balancer.

MARINE.

Oui, pour des ladres comme vous, qui ne connoissent d'autre bonheur que celui d'amasser du bien, et de faire travailler leur argent à gros et très gros intérêt : mais pour une jeune personne comme Léonore, qui cherche à passer ses jours dans le plaisir, vous trouverez bon, s'il vous plaît, vous et madame sa mère, qu'elle préfère l'agréable à l'utile; et que moi, de mon côté, je fasse tout mon possible pour rompre un mariage aussi biscornu que celui-là.

M. MATHIEU.

Hélas! ma pauvre enfant, romps, casse le mariage en mille pièces, je m'en soucie comme de cela. Je t'aiderai même, en cas de besoin, pourvu que tu me fasses payer de mes peines un peu grassement.

MARINE.

Un peu grassement! Eh, mort de ma vie! n'êtes-vous pas déjà assez gras? Allez, vous devriez mourir de honte d'avoir une face qui a pour le moins deux aunes de tour.

M. MATHIEU.

Marine est toujours railleuse. Mais je ne songe pas que mon homme m'attend : il veut donner tantôt une sérénade à sa maîtresse. Musiciens et filles de chambre ont volontiers commerce ensemble; n'y en a-t-il point quelqu'un de tes amis à qui tu voulusses faire gagner cet argent-là?

MARINE.

Qu'il aille au diable, avec sa sérénade! Je vais songer à lui donner l'aubade, moi.

M. MATHIEU.

Ce mariage te met de mauvaise humeur. Je voudrois bien rester plus long-temps avec toi, je ne m'y ennuie jamais.

MARINE.

Et moi, je m'y ennuie toujours.

M. MATHIEU.

Adieu.

SCÈNE II.

MARINE, seule.

Je prie le ciel qu'il te conduise, et que tu te puisses casser le cou. Il n'y auroit pas grand mal quand tous ces maquignons de mariages-là seroient au fond de la rivière avec une bonne pierre au cou. Que je plains le pauvre Valère! il ne sait pas son malheur. J'ai une lettre à lui rendre de ma maîtresse. Voici son valet à propos.

SCÈNE III.

SCAPIN, MARINE.

SCAPIN.

Bonjour, ma charmante.

MARINE.

Bonjour, mon adorable

SCAPIN.

Comment se porte ta maîtresse?

MARINE.

Mal.

SCENE III.

SCAPIN.

Il y a toujours quelque chose à refaire aux filles.

MARINE.

Et ton maître ?

SCAPIN.

Il se porteroit assez bien, s'il avoit un peu plus d'argent.

MARINE.

Je n'ai jamais connu un gentilhomme plus gueux que celui-là.

SCAPIN.

Monsieur Grifon son père est bien riche, mais il est bien ladre.

MARINE.

Nous nous en apercevons.

SCAPIN.

Tel que tu me vois, je sers mon maître sans gages, et *incognito*.

MARINE.

Comment, *incognito ?*

SCAPIN.

Oui : monsieur Grifon ne sait pas que son fils a l'honneur d'être à moi ; il ne me connoît pas même. Je loge en ville, et je vis d'emprunt.

MARINE.

Tu fais souvent mauvaise chère.

SCAPIN.

Assez. Cela n'empêche pas que je ne nourrisse quelquefois mon maître quand il est mal avec son père.

MARINE.

Voilà un beau ménage !

SCAPIN.

Hé ! dis-moi un peu....

MARINE.

Je n'ai rien à te dire. Tiens, rends cette lettre-là à ton maître.

SCAPIN.

Comme tu fais, Marine ! Regarde-moi un peu.

MARINE.

Hé bien, que me veux-tu ?

SCAPIN.

Vous plairoit-il seulement, ô beauté léoparde ! me dire le contenu de cette lettre ?

MARINE.

Je n'ai pas le temps.

SCAPIN.

Tu me romps si souvent la tête de ton babil, quand je te prie de ne dire mot.

MARINE.

J'aime à faire le contraire de ce qu'on souhaite.

SCAPIN.

Le beau naturel ! Je te prie donc de te taire, Marine : c'est le moyen de te faire parler.

MARINE.

Je parlerai, s'il me plaît.

SCAPIN.

Et tant qu'il te plaira.

SCENE III.

MARINE.

Et me tairai, si je veux.

SCAPIN.

Dis si tu peux, mon enfant; cela est difficile.

MARINE.

Mais voyez cet animal, qui veut m'empêcher de parler!

SCAPIN.

Je n'ai garde.

MARINE.

Voilà encore un plaisant visage, pour fermer la bouche à une femme!

SCAPIN.

Fort bien.

MARINE.

Ni toi, ni ton père, ni ta mère, ni toute ta peste de génération ne me feroit pas rabattre une syllabe.

SCAPIN.

Qu'elle est agréable!

MARINE.

Quand on parle bien, on ne parle jamais trop.

SCAPIN.

Tu ne devrois pas parler souvent.

MARINE.

Va, va, quand je serai morte, je me tairai assez.

SCAPIN.

Jamais tant que tu auras parlé.

MARINE.

Tu voudrois donc savoir le contenu de la lettre?

SCAPIN.

Moi? point du tout; je ne veux rien savoir.

MARINE et SCAPIN, ensemble.

MARINE.

Oh! tu sauras pourtant, malgré que tu en aies, que ma maîtresse se marie aujourd'hui avec un homme qu'elle n'a jamais vu; que sa mère a terminé l'affaire; qu'elle prie Valère.... Que la peste te crève! Adieu.

SCAPIN.

Oh! tu auras menti, et il ne sera pas dit que tu me feras entendre malgré moi. Je ne veux rien savoir; laisse-moi en repos; garde tes nouvelles pour un autre. Le diable puisse t'étrangler! Adieu.

SCÈNE IV.

SCAPIN, seul.

Par ma foi, c'est une charmante chose qu'une femme! Quelle docilité d'esprit! quelle complaisance! Voilà une des plus raisonnables que je connoisse. Mais je m'amuse ici, et je dois aller promptement porter cette lettre à mon maître; car il est diablement amoureux. Qui dit amoureux, dit impatient; et qui dit impatient, suppose un homme qui a plus tôt donné un coup de pied au cul que le bonjour. Mais le voilà.

SCÈNE V.

VALÈRE, SCAPIN.

VALÈRE.

Hé bien, Scapin! apprends-moi des nouvelles de Léonore; l'as-tu vue? que t'a dit Marine?

SCAPIN.

Marine? rien du tout. C'est une fille dont on ne sauroit tirer une parole.

VALÈRE.

Marine ne t'a rien dit, elle qui parle tant?

SCAPIN.

C'est justement ce qui fait qu'elle ne dit rien; mais tout ce que j'ai pu comprendre de la volubilité de son discours, c'est qu'il faut renoncer à Léonore; et le pis que j'y trouve, c'est que nous n'avons pas un sou pour nous en consoler.

VALÈRE.

Quoi? que dis-tu? parle, explique-toi. Renoncer à Léonore?

SCAPIN.

Oui, monsieur.

VALÈRE.

Et Marine ne t'a point dit la cause de son refroidissement?

SCAPIN.

Non, monsieur.

VALÈRE.

Quoi! tu n'as pu pénétrer....

SCAPIN.

Oh, monsieur! Marine est une fille impénétrable.

VALÈRE.

Que je suis malheureux!

SCAPIN.

Elle m'a seulement donné une petite lettre qui vous expliquera peut-être mieux la chose.

VALÈRE.

Eh! donne donc, maraud, donne donc.

(Il lit.)

« Si vous m'aimez autant que je vous aime, nous
« sommes les plus malheureuses personnes du monde.
« Ma mère prétend me marier à un homme que je ne
« connois point. Détournez le malheur qui nous me-
« nace, et soyez certain que je choisirai plutôt la
« mort que d'être jamais à d'autre qu'à vous. »
Scapin!

SCAPIN.

Monsieur?

VALÈRE.

Que dis-tu de cette lettre-là?

SCAPIN.

Je dis, monsieur, que ce n'est pas là une lettre de change.

VALÈRE.

Et je me laisserai enlever Léonore! Non, non, Scapin; à quelque prix que ce soit, il faut empêcher...

SCENE V.

SCAPIN.

Monsieur, le ciel m'a donné des talents merveilleux pour faire des mariages ; et je puis dire, sans vanité, qu'il n'y a guère de jour qu'il ne m'en passe quelqu'un par les mains. J'en ai même ébauché plus de mille en ma vie qui n'ont jamais été achevés ; mais j'aime trop la propagation de l'espèce, pour avoir le courage d'en rompre aucun.

VALÈRE.

Que tu fais mal à propos le mauvais plaisant ! Il faut....

SCÈNE VI.

M. GRIFON, M. MATHIEU, VALÈRE, SCAPIN.

SCAPIN, bas.

Paix ! voici votre père. Le vilain usurier qui nous vendit si cher l'argent l'année passée est avec lui.

VALÈRE, bas.

Vient-il lui demander ce que je lui dois ?

SCAPIN, bas.

Il seroit mal adressé. Écoutons.

(Valère et Scapin se retirent au fond du théâtre.)

M. GRIFON, à M. Mathieu.

Je vous donnai, il y a huit jours, un sac de mille francs à faire valoir, dont j'ai votre billet, monsieur Mathieu.

M. MATHIEU.

Cela est vrai, monsieur Grifon.

SCAPIN, bas, à Valère.

Le bon homme négocie avec les usuriers aussi-bien que nous; mais ce n'est pas de la même manière.

M. GRIFON.

Nous sommes convenus à trois mille huit cents livres; ce sont encore deux cents louis qu'il faut vous donner pour le collier, monsieur Mathieu.

M. MATHIEU.

Oui, monsieur Grifon.

SCAPIN, bas, à Valère.

Cela nous accommoderoit bien.

VALÈRE, bas.

Paix! tais-toi.

M. GRIFON.

Passez tantôt chez moi, ou envoyez-y quelqu'un de votre part, avec un billet de votre main; cela suffira : c'est de l'argent comptant, monsieur Mathieu.

M. MATHIEU.

Je n'en suis point en peine, et je vous laisse le collier, monsieur Grifon.

SCAPIN, à part.

Un collier de trois mille huit cents livres! Le friand morceau!

(M. Mathieu sort.)

SCÈNE VII.

M. GRIFON, VALÈRE, SCAPIN.

M. GRIFON.

Ah! vous voilà, mon fils. Que faites-vous là? Y a-t-il long-temps que vous y êtes?

VALÈRE.

Je ne fais que d'arriver.

M. GRIFON, montrant Scapin.

Qui est cet homme-là?

VALÈRE.

C'est, mon père....

M. GRIFON.

Quoi? c'est....

VALÈRE.

Un musicien de l'Opéra.

M. GRIFON.

Mauvaise connoissance qu'un musicien de l'Opéra! ils mènent les gens au cabaret, et il faut toujours payer pour eux.

SCAPIN, bas, à Valère.

De quoi diantre vous avisez-vous de me faire musicien? J'aimerois mieux être toute autre chose.

VALÈRE, bas, à Scapin.

Tais-toi.

M. GRIFON.

Oh çà, mon fils, j'ai une nouvelle à vous apprendre; la présence du musicien ne gâtera rien, et peut-être pourra-t-il nous être utile.

SCAPIN, bas, à Valère.

Votre imagination m'a fait musicien par hasard; vous verrez qu'il faudra que je le devienne par nécessité.

M. GRIFON.

Je vais me marier.

VALÈRE.

Vous marier! vous, mon père?

M. GRIFON.

Moi-même, en propre personne.

SCAPIN, à part.

Je ne m'attendois pas à celui-là.

M. GRIFON.

Que dit monsieur le musicien?

SCAPIN.

Je ne puis que vous louer, monsieur, de former une entreprise si hardie. Vous avez eu le bonheur d'enterrer une première femme, vous hasardez d'en prendre une seconde; le péril ne vous rebute point: cela est fier, cela est grand, cela est héroïque; et, pour ma part, je n'ai garde de manquer d'applaudir à une résolution aussi généreuse que la vôtre.

M. GRIFON.

Voilà un joli garçon.

VALÈRE.

Ce que j'en ai dit mon père, n'est que par l'intérêt que je prends à votre santé.

SCENE VII.

M. GRIFON.

Ne t'en mets point en peine ; ce sont mes affaires.

SCAPIN, à Valère.

Oui, monsieur, que monsieur votre père vous donne seulement une belle-mère bien faite, belle, jeune, et laissez-le faire ; vous serez ravi qu'il se soit remarié, sur ma parole.

M. GRIFON.

Oh! je suis sûr qu'il en sera content. C'est une fille à qui il ne manque rien. Ce que je voudrois de vous maintenant, monsieur de l'Opéra, ce seroit que vous m'aidassiez à donner une petite sérénade à ma maîtresse.

SCAPIN.

Une sérénade, dites-vous? Vous ne pouvez mieux vous adresser qu'à moi. Musique italienne, françoise ; je suis un homme à deux mains.

M. GRIFON.

Tout de bon?

SCAPIN.

Demandez à monsieur votre fils. Je suis le premier homme du monde pour les sérénades : il m'en doit encore deux ou trois.

VALÈRE.

Oui, mon père.

SCAPIN.

Ce n'est pas pour me vanter, mais en cas de chanteurs, symphonistes, violistes, téorbistes, clavecinistes, opéra, opérateurs, opératrices, madelonistes, catinistes, margotistes, si difficiles qu'elles soient, j'ai tout cela dans ma manche.

M. GRIFON.

Je voudrois une sérénade à bon marché.

SCAPIN.

Je ménagerai votre bourse; ne vous mettez pas en peine. Il ne nous faudra que trente-six violons, vingt hautbois, douze basses, six trompettes, vingt-quatre tambours, cinq orgues, et un flageolet.

M. GRIFON.

Eh, fi donc! voilà pour donner une sérénade à tout un royaume.

SCAPIN.

Pour les voix, nous prendrons seulement douze basses, huit concordants, six basses-tailles, autant de quintes, quatre hautes-contre, huit faussets, et douze dessus, moitié entiers et moitié hongres.

M. GRIFON.

Vous nommez là de quoi faire un régiment de musique.

SCAPIN.

Il ne faut pas moins de voix pour accompagner tous les instruments. Laissez-nous faire. Je veux qu'il y ait dans cette musique-là une espèce de petit charivari qui conviendra merveilleusement bien au sujet. Nous allons, monsieur votre fils et moi, donner maintenant les ordres pour....

M. GRIFON.

Attendez. On doit m'amener ma maîtresse ; je suis

bien aise que vous la voyiez, et que vous m'en disiez votre sentiment l'un et l'autre.

SCAPIN.

Prenez-la belle et jeune, au moins, surtout d'humeur complaisante; tous vos amis vous conseilleront la même chose.

VALÈRE, bas, à Scapin.

Allons-nous-en; je me meurs d'inquiétude.

SCÈNE VIII.

M. GRIFON, VALÈRE, SCAPIN, Mme ARGANTE, LÉONORE, MARINE.

M. GRIFON.

Ne vous avois-je pas bien dit qu'on devoit l'amener? voilà la mère et la fille de chambre.

VALÈRE, bas, à Scapin.

Que vois-je, Scapin? C'est Léonore.

SCAPIN, à part.

Autre incident.

Mme ARGANTE.

Allons, ma fille, approchez, et saluez le mari que je vous ai destiné. (Elle entend parler de M. Grifon.)

LÉONORE, croyant que c'est Valère.

Quoi, madame! voilà la personne....

Mme ARGANTE.

Qu'avez-vous donc, mademoiselle? est-ce que monsieur ne vous plaît pas?

LÉONORE.

Je ne dis pas cela, madame, et je n'aurai jamais d'autres volontés que les vôtres.

VALÈRE, bas, à Scapin.

Scapin, elle obéit à sa mère, je suis perdu.

MARINE, à part.

Il y a de l'erreur de calcul.

Mme ARGANTE.

Je suis ravie, ma fille, de vous voir des sentiments raisonnables, et j'ai toujours bien jugé que vous ne voudriez pas me désobéir.

LÉONORE.

Vous désobéir! moi? j'aimerois mieux mourir que de faire quelque chose qui vous déplût.

M. GRIFON, à Scapin.

Voilà une fille bien née, n'est-il pas vrai?

SCAPIN, à part.

Il y a ici du *quiproquo*, sur ma parole.

LÉONORE.

Tout ce que j'ai à me reprocher, madame, c'est que mon obéissance ait si peu de mérite en cette occasion, et les choses sont dans un état à me permettre d'avouer, sans honte, que votre choix et mon inclination ont un parfait rapport ensemble.

M. GRIFON, à part.

Comme elle m'aime déjà! cela n'est pas croyable!

LÉONORE.

Mais j'ai lieu de me plaindre. Est-ce à moi de par-

SCENE VIII.

ler comme je fais, quand vous êtes si peu sensible, Valère, aux bontés que ma mère a pour nous?

Mme ARGANTE.

Comment donc Valère? A qui en avez-vous?

M. GRIFON.

Qu'est-ce que cela signifie?

SCAPIN, à part.

Nous approchons du dénoûment.

Mme ARGANTE.

Que voulez-vous dire avec votre Valère?

LÉONORE.

Ne m'avez-vous pas dit, madame, que vous aviez conclu mon mariage?

Mme ARGANTE.

Qu'a de commun Valère avec votre mariage? C'est à monsieur Grifon, que voilà, que je vous marie.

M. GRIFON, à Léonore.

Oui, mignonne, c'est moi qui aurai l'honneur que de....

LÉONORE.

Vous, monsieur?

Mme ARGANTE.

Je voudrois bien, pour voir, que vous ne le trouvassiez pas bon!

M. GRIFON.

Monsieur mon fils, par quelle aventure est-il mention de vous dans tout ceci?

VALÈRE.

Par une aventure fort naturelle, mon père.

M. GRIFON.

Comment! une aventure fort naturelle?

MARINE.

Oui, monsieur; mademoiselle est fille, monsieur est garçon; elle est aimable, il est joli homme; ils ont fait connoissance, ils s'aiment, ils sont dans le goût de s'épouser : y a-t-il rien là que de fort naturel?

SCAPIN.

Il n'est point question de la nature là-dedans; c'est la raison et l'intérêt qui font aujourd'hui les mariages. Monsieur est le père, madame est la mère; la raison est de leur côté; la nature est une sotte, et vous aussi, ma mie.

Mme ARGANTE.

Il a raison.

LÉONORE.

Quoi! à l'âge que j'ai, ma mère, vous voudriez me faire épouser un homme comme monsieur? Vous n'y songez pas.

VALÈRE.

Quoi! à l'âge que vous avez, mon père, vous voudriez vous marier à une fille comme mademoiselle? Je crois que vous rêvez.

LÉONORE.

En vérité, ma mère, vous êtes trop raisonnable pour exiger de moi une chose aussi éloignée de bon sens.

VALÈRE.

Sérieusement parlant, mon père, vous n'êtes point d'âge encore à radoter.

SCENE VIII.

Mme ARGANTE.

Ouais! Et où sommes-nous donc? Allons, petite ridicule, qu'on donne tout à l'heure la main à monsieur.

VALÈRE.

Non pas, madame, s'il vous plaît.

M. GRIFON.

Qu'est-ce à dire ?

VALÈRE.

Avec votre permission, mon père, cela ne sera pas, je vous assure.

M. GRIFON.

Cela ne sera pas! Que dites-vous à cela, monsieur le musicien ?

SCAPIN.

Vous avez là un grand garçon bien mal morigéné, monsieur.

M. GRIFON, à Valère.

Pendard !

VALÈRE.

Que diroit-on dans le monde, si, en ma présence, je vous laissois faire une action aussi extravagante que celle-là ?

M. GRIFON.

Quoi donc, extravagante ? Comment donc ? A ton père, malheureux !

MARINE.

A votre père !

SCAPIN.

A votre propre père !

VALÈRE.

Quand il seroit mon père cent fois plus qu'il ne l'est encore, je ne souffrirai point que l'amour lui fasse tourner la cervelle jusqu'à ce point-là.

M. GRIFON.

Mais quelle comédie jouons-nous donc ici ? Je vous demande pardon pour mon fils, madame.

Mme ARGANTE.

Cela n'est rien; j'ai bien des excuses à vous faire pour ma fille, monsieur.

MARINE.

Voilà des enfants bien obstinés; mais aussi pourquoi vous exposer à vous marier, sans savoir si monsieur votre fils le voudra bien ?

M. GRIFON.

S'il le voudra bien ?

SCAPIN.

Monsieur, avec trois ou quatre cents pistoles ne pourrions-nous point le mettre à la raison ?

M. GRIFON.

Je l'y mettrai bien sans cela.

Mme ARGANTE.

Et moi, je vous réponds de cette petite impertinente-là; elle vous épousera, ou je la mettrai dans un lieu d'où elle ne sortira de long-temps.

LÉONORE.

J'y demeurerai plutôt toute ma vie que d'épouser un homme que je n'aime point.

SCÈNE IX.

Mme ARGANTE, M. GRIFON, VALÈRE, SCAPIN.

M. GRIFON.
Elle s'en va, madame.

Mme ARGANTE.
Ne vous mettez pas en peine ; je saurai la réduire ; elle sera votre femme aujourd'hui, ou vous mourrez de mort subite.

SCÈNE X.

M. GRIFON, VALÈRE, SCAPIN.

M. GRIFON.
De mort subite ! Voilà à quoi vous m'exposez, monsieur le coquin. Laisse-moi faire, je veux l'épouser à ta barbe ; je m'en vais dépenser tout mon bien pour m'en faire aimer ; je lui donnerai des présents, des bijoux, des maisons, des contrats, des cadeaux, des festins, des sérénades ; des sérénades, monsieur le musicien, et je lui ferai des enfants pour te faire enrager.

SCAPIN, à part.
Oh ! pour celui-là, on vous en défie.

SCÈNE XI.

VALÈRE, SCAPIN.

VALÈRE.

Non, Scapin, il n'y a point d'extrémité où je ne me porte pour empêcher ce mariage.

SCAPIN.

Doucement, monsieur; nous abaisserons ses fumées d'amour. Il ne la tient pas encore. J'ai pris le soin d'une sérénade : il vient de négocier un collier : laissez-moi faire. Mais le diable est que nous n'avons point d'argent.

VALÈRE.

Ah, mon pauvre Scapin! cherche, imagine, invente des moyens pour en trouver; engage tout, vends tout, donne tout.

SCAPIN.

Eh! que diable engager? que vendre? Pour tout meuble et immeuble, vous n'avez que votre habit et le mien; encore le tailleur n'est-il pas payé.

VALÈRE.

Quoi! tu ne peux trouver....

SCAPIN.

Depuis que je travaille pour vous, les ressorts de mon esprit emprunteur sont diablement usés....

VALÈRE.

Mais quoi!....

SCENE XI.

SCAPIN.

Laissez-moi un peu rêver tout seul. J'ai ma sérénade en tête ; si je pouvois avoir seulement de quoi payer les musiciens dont je me veux servir....

VALÈRE.

A quoi bon....

SCAPIN.

J'ai besoin de me recueillir, vous dis-je ; laissez-moi en repos, et allez fortifier Léonore dans le dessein de ne point épouser votre père.

VALÈRE, à part.

Il faut vouloir tout ce qu'il veut, j'ai besoin de lui.

SCÈNE XII.

SCAPIN, seul.

Ce n'est pas une petite affaire, pour un valet d'honneur, d'avoir à soutenir les intérêts d'un maître qui n'a point d'argent. On s'accoquine à servir ces gredins-là, je ne sais pourquoi ; ils ne paient point de gages, ils querellent, ils rossent quelquefois ; on a plus d'esprit qu'eux, on les fait vivre, il faut avoir la peine d'inventer mille fourberies, dont ils ne sont tout au plus que de moitié ; et avec tout cela nous sommes les valets, et ils sont les maîtres. Cela n'est pas juste. Je prétends, à l'avenir, travailler pour mon compte ; ceci fini, je veux devenir maître à mon tour.

SCÈNE XIII.

CHAMPAGNE, SCAPIN.

SCAPIN.

Mais, que vois-je ?

CHAMPAGNE.

Eh ! c'est toi, mon pauvre Scapin !

SCAPIN.

Le beau Champagne en ce pays-ci !

CHAMPAGNE.

Il y a six mois que je suis revenu, mais je ne me montre que depuis quinze jours.

SCAPIN.

Pourquoi donc ?

CHAMPAGNE.

Par une espèce de scrupule. Une lettre de cachet du Châtelet m'avoit défendu de paroître à la ville, elle me prescrivoit un temps pour voyager ; mes voyages sont finis, je reparois sur nouveaux frais.

SCAPIN.

Et que fais-tu à présent ? Je t'ai vu autrefois le plus adroit grison, et, soit dit entre nous, le plus hardi coquin qu'il y eût en France.

CHAMPAGNE.

J'ai quitté tout cela, mon ami. La justice aujourd'hui a l'esprit si mal tourné ; il n'y a plus rien à faire dans le commerce : elle prend toujours les choses du

SCENE XIII.

mauvais côté. J'ai renoncé aux vanités du monde, et je me suis jeté dans la réforme.

SCAPIN.

Toi, dans la réforme?

CHAMPAGNE.

Oui, mon enfant. Il faut faire une fin. Je me suis retiré ; je prête sur gages.

SCAPIN.

La retraite est méritoire!

CHAMPAGNE.

Ma foi, il n'y a plus que ce métier-là pour faire quelque chose ; il n'y a rien de tel, quand on a de l'argent, d'en aider des particuliers dans leurs nécessités pressantes.

SCAPIN.

Voilà un motif fort charitable!

CHAMPAGNE.

Je me suis associé d'un fort honnête homme, qui est, je pense, lui associé d'un autre fort honnête homme chez qui il m'envoie prendre deux mille huit cents livres.

SCAPIN, à part.

Deux mille huit cents livres! Serions-nous assez heureux!... Cela seroit admirable. (haut.) Tu es associé avec monsieur Mathieu?

CHAMPAGNE.

Avec monsieur Mathieu : mais je suis un peu subalterne, à la vérité. Nous demeurons ensemble ; il me loge fort haut, me meuble modestement, m'habille chaudement pour l'été, fraîchement pour l'hiver, me nourrit sobrement, ne me donne point de gages; mais ce que je prends, c'est pour moi.

SCAPIN.

Voilà une bonne condition ! Et, dis-moi, es-tu toujours aussi ivrogne qu'avant ta lettre de cachet?

CHAMPAGNE.

Je bois beaucoup de vin, mais je ne l'aime pas.

SCAPIN.

Tu vas donc recevoir deux mille huit cents livres?

CHAMPAGNE.

Deux mille huit cents livres.

SCAPIN.

Chez monsieur Grifon?

CHAMPAGNE.

C'est le nom de notre associé. Qui te l'a dit?

SCAPIN.

Pour le surplus d'un collier que monsieur Mathieu lui a vendu?

CHAMPAGNE.

Je l'ai ouï dire ainsi.

SCAPIN.

Et tu as un billet de monsieur Mathieu, pour marque que tu ne viens pas à faux?

CHAMPAGNE.

Cela est comme tu le dis. Voilà le billet. Et d'où diantre sais-tu tout cela?

SCAPIN.

Je suis l'associé du fils de monsieur Grifon, moi

SCENE XIII.

CHAMPAGNE.

Quoi ! tu te mêles aussi....

SCAPIN.

Nous ne sommes associés que pour emprunter, nous autres. Le connois-tu, monsieur Grifon ?

CHAMPAGNE.

Non.

SCAPIN.

Te connoît-il ?

CHAMPAGNE.

Je ne crois pas.

SCAPIN, à part.

Tant mieux. (haut.) Monsieur Grifon n'est pas au logis : et, en attendant qu'il vienne, nous pouvons aller renouveler connoissance au cabaret.

CHAMPAGNE.

De tout mon cœur : je ne refuse point des parties d'honneur.

SCAPIN.

Morbleu ! j'enrage. Voilà un homme à qui j'ai affaire, mais ce ne sera que pour un moment. Va-t'en m'attendre ici près, aux Barreaux verts, et faire tirer bouteille.

SCÈNE XIV.

SCAPIN, seul.

Voilà un fripon que je friponnerai, sur ma parole, si je puis seulement attraper le billet.

SCÈNE XV.

M. GRIFON, MARINE, SCAPIN.

MARINE, à M. Grifon.

Je vous dis, monsieur, que vous aurez plus de peine que vous ne pensez à réduire cet esprit-là.

SCAPIN.

Ah, monsieur! je vous cherchois pour vous dire que dans peu votre sérénade sera en état.

M. GRIFON.

Bon. Voilà ma maison, et voilà celle de ma maîtresse.

SCAPIN, à part.

Tant mieux; cela est fort commode pour mon dessein.

SCÈNE XVI.

M. GRIFON, MARINE.

M. GRIFON.

Tu dis donc, Marine, que tu viens de la part de Léonore?

MARINE.

Oui, monsieur, pour vous faire des excuses de ce qui s'est passé à votre entrevue.

M. GRIFON.

Elle revient à elle, j'en suis bien aise.

SCENE XVI.

MARINE.

Elle est au désespoir de n'avoir pu se contraindre devant madame sa mère : mais elle dit qu'elle vous hait trop pour se faire la moindre violence.

M. GRIFON.

Voilà un fort sot compliment. Je n'ai que faire de ces excuses-là.

MARINE.

Elle sait trop bien vivre pour manquer à la civilité. Elle m'a chargée de vous prier de ne point presser madame sa mère sur votre mariage, et de lui donner du temps pour s'accoutumer à une figure aussi extraordinaire que la vôtre.

M. GRIFON.

Vous êtes une impertinente, ma mie; et je ne sais....

MARINE.

Je vous demande pardon, monsieur; je vous respecte trop pour vous rien dire de mon chef qui vous déplaise. Ce sont les sentiments de ma maîtresse que je vous explique le plus clairement et le plus succinctement qu'il m'est possible.

M. GRIFON.

Je ne veux point savoir ses sentiments, tant qu'elle en aura d'aussi ridicules.

MARINE.

Il ne tiendra pas à moi qu'elle ne change; et, quelque aversion qu'elle ait pour vous, elle ne laissera pas de vous épouser, si elle m'en veut croire. Vous n'avez que votre âge, votre air et votre visage contre vous : dans le fond, je gagerois que vous avez les meilleures manières du monde.

M. GRIFON, à part.

Voilà une insolente qui, à mon nez, me vient chanter pouille.

MARINE.

C'est votre physionomie lugubre qui l'a d'abord effarouchée : elle en reviendra peut-être, et vous aimera à la folie; que sait-on? Vous ne seriez pas le premier magot qui auroit épousé une jolie fille.

M. GRIFON, à part.

Malgré tout ce qu'elle me dit, je ne veux point me fâcher; elle peut me rendre service. (haut.) Tu me parois d'agréable humeur.

MARINE.

Je suis assez franche, comme vous voyez.

M. GRIFON.

C'est ce qui me semble. Je veux être de tes amis; et, si le mariage se fait, ne te mets pas en peine. Dis-moi un peu, en confidence, quelle sorte de caractère est-ce que Léonore, et que faudroit-il que je fisse pour lui plaire ?

MARINE.

Vous n'avez qu'à mourir, monsieur; c'est le plus grand plaisir que vous lui puissiez faire.

M. GRIFON.

Ce n'est pas là ce que je te demande. De quelle humeur est-elle ?

SCENE XVI.

MARINE.

Ah! de l'humeur du monde la plus douce. Je ne lui connois qu'un petit défaut.

M. GRIFON.

Quel est-il?

MARINE.

C'est, monsieur, que quand elle s'est mis quelque chose en tête, et qu'on s'avise de la contredire, elle crie, elle peste, elle jure, elle bat, elle mord, elle égratigne, elle estropie même en cas de besoin; mais, dans le fond, c'est une bonne enfant.

M. GRIFON.

Voilà une humeur bien douce vraiment! Et avec cela n'a-t-elle point quelque passion dominante?

MARINE.

Non, monsieur, rien ne la domine. Elle a du goût pour toutes les belles manières; elle vend, pour jouer, tout ce qu'elle a; elle met ses nippes en gage pour aller à l'Opéra et à la Comédie; elle court le bal sept fois la semaine seulement; elle fesse son vin de Champagne à merveille, et sur la fin du repas elle devient fort tendre.

M. GRIFON.

Tu crois donc qu'elle pourra m'aimer?

MARINE.

Oui, monsieur, sur la fin d'un repas; et je vais lui faire entendre que, pour un mari, vous valez cent fois mieux qu'un autre.

M. GRIFON.

Cela est vrai, au moins.

MARINE.

Assurément. Dans ce siècle-ci, quand un mari laisse faire à sa femme tout ce qu'elle veut, c'est un homme adorable; on ne peut pas lui demander autre chose.

M. GRIFON.

Ah, mon enfant! tu peux l'assurer de ma part que, si jamais elle est ma femme, je ne la contraindrai jamais en la moindre bagatelle.

MARINE.

Commencez donc par ne point trop presser les affaires. Je vais lui proposer vos conventions; et comme il n'y a rien dans ces articles-là qui répugne à la coutume, je ne doute point qu'elle ne les accepte.

SCÈNE XVII.

M. GRIFON, seul.

Cette fille-là a quelque chose de bon dans ses manières.

SCÈNE XVIII.

M. GRIFON, SCAPIN, déguisé, ayant un emplâtre sur l'œil.

M. GRIFON.

Ah, ah! voilà une plaisante figure d'homme!

SCAPIN.

Ne pourriez-vous point, monsieur, me faire le

SCÈNE XVIII.

plaisir et l'honneur de m'enseigner le logis de monsieur Grifon ?

M. GRIFON.

Que lui voulez-vous à monsieur Grifon ?

SCAPIN.

Avoir l'avantage de lui rendre un petit billet que monsieur Mathieu m'a fait l'honneur de me donner, afin que ledit sieur Grifon me fasse la grâce de me compter deux mille huit cents livres, restant à payer pour un collier que ledit sieur Grifon a acheté dudit sieur Mathieu.

M. GRIFON.

C'est moi qui suis monsieur Grifon. Et où est le billet ?

SCAPIN.

Le voilà, monsieur ; je ne viens qu'à bonnes enseignes. Vous aurez, s'il vous plaît, la bonté de m'expédier.

M. GRIFON.

Oui, voilà l'écriture de monsieur Mathieu ; mais je ne vous connois pas pour être à lui.

SCAPIN.

C'est une gloire que je ne mérite pas, monsieur : je suis seulement son compère, Isaac-Jérôme-Boisme Rousselet, maître marchand fripier ordinaire privilégié suivant la cour : si l'on peut vous y rendre quelque service, vous n'avez qu'à disposer de votre petit serviteur.

M. GRIFON.

Je vous suis obligé.

SCAPIN.

J'ai des amis en ce pays-là : mon frère est apprenti partisan chez le commis du secrétaire de l'intendant d'un homme d'affaires, et mon oncle est le sous-portier de l'hôtel des Fermes.

M. GRIFON.

Ces amis-là sont quelquefois plus utiles que d'autres.

SCAPIN.

Il est vrai, monsieur. J'ai autrefois, par leur moyen, tiré mon parrain des galères, et je sauvai l'année passée une amende honorable à monsieur Mathieu ; c'est ce qui fait qu'il a beaucoup de confiance en moi.

M. GRIFON, à part.

Voilà un garçon bien ingénu ; c'est dommage qu'il lui manque un œil. .

SCAPIN.

J'abuse de votre loisir, monsieur ; mais ce n'est pas ma faute ; avec deux mille huit cents livres, vous serez débarrassé de mes importunités, et je prendrai congé de vous quand il vous plaira.

M. GRIFON, à part.

Quel original ! (haut.) Oui, oui, je vais vous apporter de l'argent, vous n'avez qu'à attendre.

SCÈNE XIX.

SCAPIN, seul.

Par ma foi, voilà qui ne va pas mal.

SCÈNE XX.

SCAPIN, VALÈRE, LÉONORE, MARINE.

SCAPIN.

Mais voici mon maître avec sa maîtresse : il ne me reconnoîtra pas.

LÉONORE.

Comptez, Valère, que rien ne me peut faire changer.

VALÈRE.

Ah, charmante Léonore ! que vous devez me paroître adorable avec de pareils sentiments !

SCAPIN.

Monsieur, je vous donne le bonjour. Y a-t-il long-temps que vous êtes en cette ville ? Vos affaires vont-elles bien ? Comment gouvernez-vous la joie avec cette aimable enfant ?

VALÈRE.

Que me veut cet ivrogne-là ? Qui êtes-vous, mon ami ?

SCAPIN.

Je suis un honnête garçon, qui connois vos besoins, et qui viens vous offrir deux cents pistoles que me va donner monsieur votre père. (Il ôte son emplâtre.)

VALÈRE.

C'est toi, Scapin? Qui t'auroit reconnu?

SCAPIN.

Vous voyez, monsieur, ce qu'on fait pour vous.

MARINE.

Par ma foi, voilà un méchant borgne.

VALÈRE.

Et tu as trouvé le moyen de tirer deux cents pistoles de mon père?

SCAPIN.

Il va me les livrer. J'ai encore un collier à escamoter; mais j'aurois besoin tout à l'heure de quelques gens de main.

VALÈRE.

Tout à l'heure? Et où veux-tu que je les cherche à présent?

MARINE.

Monsieur, je suis à votre service. Pour la main, je l'ai aussi bonne que la langue.

SCAPIN.

Toi? mais serois-tu fille à travailler de nuit?

MARINE.

Pourquoi non? c'est dans ce temps-là que je triomphe. J'ai deux ou trois filles de mes amies qui ne m'abandonneront pas dans le besoin.

SCAPIN.

Bon, bon; il ne me faut pas de plus vaillants champions pour mon dessein. Mais j'entends monsieur Grifon. Allez m'attendre au prochain détour; je vous dirai dans un moment ce qu'il faudra faire.[1]

SCÈNE XXI.

M. GRIFON, SCAPIN, qui, voyant arriver M. Grifon, remet son emplâtre sur l'autre œil.

M. GRIFON.

Il y a deux cents louis neufs dans cette bourse. Voyons si je ne me suis point trompé.

SCAPIN, prenant la bourse.

Vous êtes trop exact, et vous savez trop bien compter.

M. GRIFON.

Il n'importe, monsieur; pour plus grande sûreté....

SCAPIN.

Je ne regarderai point après vous, monsieur; le compère Mathieu me l'a défendu.

---

[1] C'est ici que finit cette scène dans les éditions faites du vivant de l'auteur. On a ajouté depuis à la représentation, et dans plusieurs éditions :

VALÈRE.
Cependant si tu me disois de quelle manière....
SCAPIN.
Allez-vous-en.
VALÈRE.
Je pourrois peut-être....
SCAPIN.
Oh! retirez-vous.

M. GRIFON.

Vous êtes le maître. Serviteur.

SCAPIN, à part.

Voilà de quoi payer la sérénade.

SCÈNE XXII.

M. GRIFON, seul.

[1] Monsieur Mathieu ne laisse point moisir l'argent entre les mains de ceux qui lui doivent. Je lui devois, me voilà quitte. Je ne sais ce que cela signifie ; mais je n'ai point bonne opinion de mon mariage. Moi, qui n'ai jamais rien aimé, je m'avise de devenir amoureux à mon âge. O amour! amour! La nuit devient obscure, et le musicien devroit être ici.

SCÈNE XXIII.

M. GRIFON, CHAMPAGNE, ivre.

CHAMPAGNE chante.

Lera, lera, lera.

M. GRIFON.

J'entends quelqu'un qui chante : seroit-ce lui ?

---

[1] Dans les éditions modernes, cette scène commence par cette phrase, qui n'est point de Regnard : *Il me semble que mon borgne a changé son œil de l'autre côté.* Cette locution d'abord est vicieuse, et il est invraisemblable qu'un homme aussi soupçonneux puisse donner son argent, après qu'il s'est aperçu du déplacement de l'emplâtre du faux borgne.

SCENE XXIII.

CHAMPAGNE.

Palsembleu, je suis bien nourri. Ce monsieur Scapin fait bien les choses, oui.

M. GRIFON.

Qui va là? Est-ce vous, monsieur le musicien?

CHAMPAGNE.

Oui, à peu près, c'est un ivrogne.

M. GRIFON.

Passez votre chemin, mon ami.

CHAMPAGNE.

Que je passe mon chemin?

M. GRIFON.

Oui.

CHAMPAGNE.

Oui, qui le pourroit.

M. GRIFON.

Quel maraud est-ce ici?

CHAMPAGNE.

Maraud! Voilà quelqu'un qui me connoît. Je suis plus pesant que de coutume, et je ne sais si mes jambes pourront porter au logis tout le vin que j'ai bu.

M. GRIFON, à part.

Ne seroit-ce point quelque émissaire de mon coquin de fils, qui viendroit ici pour troubler la fête? Je veux m'en éclaircir.

CHAMPAGNE.

Holà, l'ami, qui parlez tout seul, suis-je loin de chez moi, par parenthèse?

M. GRIFON.

Où loges-tu?

CHAMPAGNE.

Hé! palsembleu, si je le savois, je ne le demanderois pas.

M. GRIFON.

Que cherches-tu dans ce quartier?

CHAMPAGNE.

Je ne sais, je ne m'en souviens pas. Je suis pourtant venu pour quelque chose. Ah!... monsieur Grifon, le connoissez-vous?

M. GRIFON, à part.

Je ne me trompois pas, c'est un fripon.

CHAMPAGNE.

Justement, un fripon, un vilain, un fesse-mathieu.

M. GRIFON.

A qui penses-tu parler? C'est moi qui suis monsieur Grifon.

CHAMPAGNE.

Le diable emporte si je l'aurois deviné. Or donc, pour revenir à nos moutons, monsieur Mathieu, cet autre vilain, ce ladre....

M. GRIFON.

Ce pendard-là me fera perdre patience.

CHAMPAGNE.

Patience, oui, c'est bien dit; allons doucement. Ce monsieur Mathieu donc, comme de vilain à vilain il n'y a que la main, il est arrivé que, par la

SCENE XXIII.

concomitance d'un collier...., enfin je ne me souviens pas bien de tout cela.

M. GRIFON.

Tu as oublié la leçon qu'on t'a faite. Combien te donne-t-on pour jouer le personnage que tu fais ?

CHAMPAGNE.

Comme monsieur Mathieu est un vilain, je ne gagne pas grand'chose ; mais je suis sobre.

M. GRIFON.

Il y paroît.

CHAMPAGNE.

Venons à l'explication. Vous êtes monsieur Grifon, je suis monsieur Champagne : donnez-moi de l'argent au plus vite; car j'ai hâte.

M. GRIFON.

Que je te donne de l'argent ?

CHAMPAGNE.

Oui, parbleu, de l'argent ; je ne perds point le jugement, j'ai beau boire. Il me faut huit cent deux mille et quelques livres : j'ai le billet de monsieur Mathieu : vous allez voir ; car je n'y vois goutte.

M. GRIFON, à part.

Voilà justement l'enclouure. (haut.) Tu viens un peu trop tard pour m'attraper, mon pauvre ami : si tu as le billet de monsieur Mathieu, je t'en donnerai.

CHAMPAGNE.

Cela est fort judicieux et fort raisonnable ; j'aime les gens d'esprit. Je ne le trouve point, ce diable de billet.

M. GRIFON.

Cherche bien.

CHAMPAGNE.

Je ne trouve rien, la peste m'étouffe. Je l'avois pourtant avant que d'aller au cabaret.

M. GRIFON.

Trouve-le donc.

CHAMPAGNE.

Oh ! vous en demandez trop. Quand on a bu, on ne peut pas retrouver sa maison ; vous voulez que je retrouve un billet : il n'y a pas de raison à cela.

M. GRIFON.

Tu en as beaucoup, toi.

CHAMPAGNE.

Écoutez, ne nous brouillons point. J'étois de sang froid quand je l'ai perdu, je le retrouverai quand je serai de sang froid, cela est infaillible. Jusqu'au revoir.

M. GRIFON.

Il n'est pas si ivre qu'il paroît.

SCÈNE XXIV.

M. GRIFON, seul.

Monsieur mon fils choisit mal ses gens. Il est plus malaisé de m'attraper qu'on ne s'imagine. Quelque nuit qu'il fasse, je connois les fourbes d'une lieue.

SCÈNE XXV.

SCAPIN, M. GRIFON.

SCAPIN.

Allons, monsieur, de la joie. Vive l'amour et la musique ! Je vous amène ici tout un opéra.

M. GRIFON.

Que voulez-vous faire de ces flambeaux ?

SCAPIN.

Pour nous éclairer, monsieur : ma musique est une musique de conséquence; il faut voir clair à ce qu'on fait. Allons, messieurs de la symphonie.

SÉRÉNADE.[1]

M. GRIFON, SCAPIN, plusieurs Symphonistes, Danseurs, et Musiciens.

UN VÉNITIEN chante.
Or che più belle
Splendon le stelle,
Il sonno sbandite, amanti;
Con suoni, con canti,
La cruda svegliate :

[1] Il est dit dans une note du tome XIII de l'*Histoire du Théâtre françois*, à l'article de *la Sérénade*, que Regnard a fourni les airs du divertissement, et qu'il les a fait retoucher par M. Gilliers.
(G. A. C.)

Fate, fate
Che veda suoi rigori,
E miei dolori.

UNE VÉNITIENNE.

Forse ch' il lungo piangere,
Potrà frangere
Sua crudeltà,
E un dì mercè
La tua fè ritroverà.

UN VÉNITIEN.

Amanti
Costanti
Soffrite le pene,
Portate catene,
Sperate mercè;
Fra dogli e martiri,
Fra pianti e sospiri,
Si prova la fè.
Amanti
Costanti,
Sperate mercè.

UNE VÉNITIENNE.

Spero, spero ch' un dì l' amor
Darà pace al dolor:
Il mio fedel ardor
Può ben far
Trionfar
Questo misero cuor.

SCAPIN.

Peut-être que l'italien ne vous plaît pas? Il faut vous servir à la françoise..

(Il va chercher six femmes déguisées avec des manteaux rouges,

SCENE XXV.

qui viennent en dansant, et font un spectacle. Léonore et Marine sont du nombre.)

SCAPIN.

Amis, tenez-vous tout prêts;
La bête est dans nos filets.
Lorsqu'un vieux fou s'échappe
D'être amoureux sur ses vieux ans,
Il faut qu'il mette la nappe,
Et qu'on boive à ses dépens.

CHOEUR.

Il faut qu'il mette la nappe,
Et qu'on boive à ses dépens.

AIR.

Vive la jeunesse!
Vive le printemps!
C'est le temps
De la tendresse.
Fuyez d'ici, sombre vieillesse,
Car en amour les vieillards ne sont bons
Qu'à payer les violons.

UNE MUSICIENNE.

Un jour un vieux hibou
Se mit dans la cervelle
D'épouser une hirondelle
Jeune et belle,
Dont l'amour l'avoit rendu fou.
Il pria les oiseaux de chanter à la fête:
Tout s'enfuit en voyant une si laide bête;
Il n'y resta que le coucou.

M. GRIFON.

Monsieur le musicien, voilà de vilaines paroles.

SCAPIN.

Pardonnez-moi, monsieur, ce sont des paroles nouvelles qui furent faites à la noce de Vénus et de Vulcain. Mais allons au fait.

(Les violons jouent un air sur lequel les femmes de la sérénade dansent, et en dansant elles mettent le pistolet sous le nez de M. Grifon et de Scapin.)

M. GRIFON.

Miséricorde! des pistolets, monsieur le musicien!

SCAPIN.

Paix, paix! ne faisons point de bruit; nous ne sommes pas les plus forts.

M. GRIFON.

Ils prennent mon chapeau, monsieur le musicien.

SCAPIN.

Hé, paix, paix! ils prennent le mien, et je ne dis mot.

M. GRIFON.

Ils me déshabillent, monsieur le musicien.

SCAPIN.

Hé! comme vous criez! faut-il faire tant de bruit pour un méchant justaucorps?

M. GRIFON.

Ils fouillent dans mes poches, monsieur le musicien, et prennent ma bourse.

SCAPIN.

Ils fouillent aussi dans les miennes; mais il n'y a rien; ils seront bien attrapés.

SCENE XXV.

M. GRIFON.

Ils me prennent un collier de quatre cents pistoles, monsieur le musicien. (*Léonore et Marine se retirent.*)

SCAPIN.

Bon, bon, ils ne tueront personne.

M. GRIFON.

Ah! la maudite sérénade!

SCÈNE XXVI.

VALÈRE, SCAPIN, M. GRIFON, LÉONORE, MARINE, Danseurs.

VALÈRE.

Ah, mon père! comme vous voilà! et d'où venez-vous?

SCAPIN.

Nous venons de donner une sérénade.

M. GRIFON.

Ah, Valère! je suis mort : on vient de me voler un collier de quatre cents pistoles.

VALÈRE.

Ne vous alarmez point, mon père; je vous amène vos voleurs.

(*Léonore et Marine jettent leurs manteaux.*)

M. GRIFON.

Miséricorde! Léonore! Marine!

MARINE.

Oui, monsieur, c'est nous qui avons fait le coup.

SCAPIN.

Ah, coquine ! tu iras aux galères.

VALÈRE, à M. Grifon.

Si vous voulez consentir que j'épouse Léonore, je vous montrerai votre collier.

M. GRIFON.

Mon collier ? Ah ! je te promets que, si je le retrouve, je consens à tout.

VALÈRE, tirant le collier de sa poche.

Je n'irai pas loin.

M. GRIFON, voulant prendre le collier.

Ah, mon cher collier !

VALÈRE.

Ah ! tout beau, s'il vous plaît, mon père : je vous ai dit que je vous le ferois voir, mais je ne vous ai pas dit que je vous le rendrois. Quand une fille se marie, elle a besoin d'un collier. En voilà un tout trouvé. (à Léonore.) Je vous prie, mademoiselle, de l'accepter pour l'amour de moi.

M. GRIFON.

Comment donc !

SCAPIN.

Vous voulez bien, monsieur, que je vous fasse aussi mes petites excuses, et que je vous dise que le borgne à qui vous avez tantôt donné deux cents louis, c'étoit moi ; et que je ne suis qu'une façon de musicien.

M. GRIFON.

Double pendard ! Ah ! je suis assassiné ! Quelle

maudite journée! Non, je ne veux jamais entendre parler ni de fils, ni de maîtresse, ni d'amour, ni de mariage, et je vous donne tous à tous les diables.

(Il sort.)

MARINE.

Tant mieux : voilà peut-être la première chose qu'il ait donnée de sa vie.

SCAPIN *chante, et le Chœur répète.*

J'offre ici mon savoir-faire
A tous ceux qui n'ont point d'argent;
Je crois que le nombre en est grand,
Et je n'aurai pas peu d'affaire.

Malgré toute ma ressource,
Gardez-vous d'un sexe enchanteur :
Non content de prendre le cœur,
Il en veut encore à la bourse.

FIN DE LA SÉRÉNADE.

LE BAL,

COMÉDIE EN UN ACTE,

AVEC UN DIVERTISSEMENT;

Représentée pour la première fois le jeudi 14 juin 1696.

AVERTISSEMENT

SUR LE BAL.

Cette comédie a été représentée pour la première fois le jeudi 14 juin 1696, sous le titre du *Bourgeois de Falaise*. Elle a été imprimée sous ce même titre dans la première édition qui a été faite de cette pièce dans sa nouveauté. Depuis, l'auteur l'a nommée *le Bal*. C'est sous ce dernier titre qu'elle a reparu au théâtre, et qu'elle se trouve imprimée dans toutes les éditions des OEuvres de Regnard.

Le personnage de Sotencour est celui que l'auteur avoit regardé comme le principal de sa pièce, et qui avoit donné lieu à sa première dénomination; mais ce bourgeois ridicule n'étoit qu'une mauvaise copie de Pourceaugnac; et comme la pièce n'avoit réussi qu'à l'aide de deux personnages subalternes, *Mathieu Crochet* et le *Gascon Fijac*, le poète a cru devoir supprimer le premier titre, et a intitulé sa pièce *le Bal*.

On peut en effet justement reprocher à Regnard l'invraisemblance et la foiblesse de l'intrigue de cette pièce. Ces défauts ne sont pas rachetés par un comique soutenu; et s'il y a quelques scènes plaisantes, il y en a plusieurs autres qui sont froides et inutiles.

Sotencour, comme nous l'avons remarqué, n'a rien de saillant, et ne présente point un caractère d'un comique décidé. Il arrive du fond de la Normandie pour faire une description ridicule des appas de sa maîtresse, qu'il n'a jamais vue. On ne dit point que ce soit la fortune du beau-père qui le décide à ce mariage, de sorte qu'on ne sait ce qui l'a déterminé à venir de sa province chercher femme à Paris.

Le stratagème qu'on emploie pour le dégoûter de sa belle ne peut pas s'appeler un artifice; et quoiqu'il soit l'ouvrage de trois fourbes adroits, on n'y voit qu'une ruse grossière dont on est étonné que le beau-père et le gendre futurs soient les dupes.

La première supercherie du Gascon est tout-à-fait inutile, et ne sert en rien au dénoûment. Il étoit indifférent de prévenir Géronte contre Sotencour, et de le faire passer pour un joueur abîmé de dettes, puisqu'on se proposoit d'enlever Léonore; et dans le fait, cet enlèvement fait seul le dénoûment, et détermine seul Sotencour à renoncer à Léonore, et Géronte à la donner à Valère.

Malgré ces défauts, on reconnoît dans cette pièce le génie de Regnard. Il y a, comme nous l'avons remarqué, quelques scènes plaisantes, telles que celle de l'entrevue de Sotencour avec sa maîtresse, le bavardage ridicule de l'un et le silence méprisant de l'autre, que notre campagnard prend pour de la stupidité.

Cette situation comique, et qui a dû produire beaucoup d'effet au théâtre, a été imitée par Destouches, dans sa comédie du *Dépôt*.

Un marquis d'Esbignac, amoureux de la fille de Géronte, sans l'avoir vue, ou plutôt amoureux de sa fortune, dit au père, en présence de sa fille :

> Mais votre fille est belle,
> Si j'en crois le portrait que son frère fait d'elle.

GÉRONTE, *lui faisant apercevoir sa fille.*

Vous en pouvez juger.

LE MARQUIS.

> C'est là l'original
Du portrait ?

GÉRONTE.

Oui vraiment.

LE MARQUIS.

> Elle n'est pas trop mal.

Et après une tirade de gasconnades extravagantes, auxquelles Angélique ne répond que par un silence méprisant, le Marquis se retourne du côté du père, et lui dit :

Est-ce que cette enfant ne parle pas encore?

GÉRONTE, en souriant.

Oh! que pardonnez-moi.

LE MARQUIS.

Jusqu'ici je l'ignore ;
On la croiroit muette.

GÉRONTE.

Elle vous parlera
Quand il en sera temps.

LE MARQUIS.

Oh! quand il lui plaira ;
Je ne suis point pressé.

La scène dans Regnard est plus originale. La bêtise de Sotencour et son bavardage contrastent mieux avec le silence de Léonore : elle ne répond point à une question sotte et malhonnête que lui fait le provincial ; et celui-ci, au lieu de s'apercevoir de sa sottise, impute à stupidité le silence de sa maîtresse.

Nous avons remarqué aussi dans cette pièce le rôle du Gascon, qui, quoique inutile, est très plaisant. La scène où il demande à Sotencour ce qu'il prétend lui avoir gagné au jeu, quoique semblable à plusieurs autres scènes déjà au théâtre, entre autres à celle du marchand flamand de *Pourceaugnac*, est vivement dialoguée et d'un très bon comique.

Cette pièce est la seule des comédies de Regnard que l'on ne joue plus; cependant elle a eu douze représentations dans sa nouveauté, et nous croyons que, malgré ses défauts, on la verroit encore avec plaisir sur notre scène.

PERSONNAGES.

GÉRONTE, père de Léonore.
LÉONORE.
VALÈRE, amant de Léonore.
M. DE SOTENCOUR, bourgeois de Falaise.
LISETTE, servante de Léonore.
MERLIN, valet de Valère.
FIJAC, Gascon, sous le nom du baron d'Aubignac.
MATHIEU CROCHET, cousin de Sotencour.
M. GRASSET, rôtisseur.
M. LA MONTAGNE, marchand de vin.
GILLETTE.
Troupe de Masques.

La scène est à Charonne.

LE BAL,
COMÉDIE.

SCÈNE I.

MERLIN, seul.

Me voici dans Charonne, et voilà le logis
Où l'amour nous conduit : gardons d'être surpris,
Il fait, ma foi, bien chaud, j'ai bien eu de la peine,
Je suis venu sans boire. Ouf! je suis hors d'haleine.
Je risque dans ce lieu bien plus qu'au cabaret.
Monsieur Géronte a l'air d'un petit indiscret ;
S'il me voit, ce vieillard m'éconduira peut-être
Fort incivilement. D'ailleurs aussi mon maître
Est un autre brutal qui n'entend point raison,
Et veut être introduit ce soir dans la maison.
Entre ces deux écueils, je le donne au plus sage
A pouvoir se sauver ici de quelque orage.
Qu'on est fou! pour un autre aller risquer son dos !
Ah! qu'un grand philosophe a dit bien à propos
Qu'un bon valet étoit une pièce bien rare !
On dit que pour la noce ici tout se prépare.
Je veux, en tapinois, faire la guerre à l'œil.
Déjà la nuit commence à s'habiller de deuil.
Lisette dans ces lieux m'a promis de se rendre

Pour savoir quel parti mon maître pourra prendre.
Mais j'entrevois quelqu'un.

SCÈNE II.

MERLIN, M. GRASSET, tenant un plat de rôt;
M. LA MONTAGNE, tenant un panier de bouteilles.

M. GRASSET, à Merlin.
    Monsieur, voilà le rôt.
M. LA MONTAGNE, à Merlin.
Monsieur, voilà le vin.
MERLIN.
    Vous venez à propos.
(à part.)
Ils me prennent sans doute ici pour l'économe :
Profitons de l'erreur, faisons le majordome.
M. GRASSET.
Voilà douze poulets à la pâte nourris ;
Autant de pigeons gras, dont les culs sont farcis ;
Poules de Caux, pluviers, une demi-douzaine
De râles de genêt, six lapins de garenne ;
Deux jeunes marcassins, avec quatre faisans :
Le tout est couronné de soixante ortolans ;
Et des perdrix, morbleu ! d'un fumet admirable.
Sentez plutôt. Quel baume !
MERLIN.
    Oui, je me donne au diable,
Ce gibier est charmant ; et je le garantis

SCENE II.

Bourgeois, et né natif en plaine Saint-Denis.

M. GRASSET.

Monsieur !

MERLIN.

Oh ! je connois vos tours. Qu'il vous souvienne
Qu'un jour, étant chez vous, par malheur la garenne
S'ouvrit, et qu'aussitôt on vit tous vos garçons
S'armer habilement de broches, de bâtons,
Et qu'ils eurent grand'peine, avec cet air si brave,
A faire rembucher au fond de votre cave,
Et dans votre grenier, tous les lapins fuyards,
Qu'on voyoit dans la rue abondamment épars.

M. GRASSET.

Je ne mérite pas, monsieur, un tel reproche.

MERLIN prend deux perdrix, qu'il met dans sa poche.

Donnez-moi deux perdrix : allez coucher en broche,
Et souvenez-vous bien, vous et vos galopins,
De mieux, à l'avenir, enfermer vos lapins :

(à M. La Montagne)

Entrez. Pour vous, monsieur, qui portez la vendange,
Vous ne valez pas mieux ; on ne perd rien au change.
C'est là tout mon vin ?

M. LA MONTAGNE.

Tout ; on n'est pas un fripon.
Il faut être en ce monde, ou marchand, ou larron.

MERLIN, tirant une bouteille.

On est bien tous les deux. Voyons. Sans vous déplaire,
Cette bouteille-ci me paroît bien légère.—
Vous êtes un fripon, un scélérat.

M. LA MONTAGNE.
                        Monsieur,
Vous me rendez confus.
MERLIN.
            Un arabe, un voleur.
M. LA MONTAGNE.
Vous avez des bontés!
MERLIN.
               Sans parler de la colle,
Ni des ingrédients dont votre art nous désole,
Je vous y tiens : voilà, monsieur le gargotier,
Des bouteilles qui sont faites d'un triple osier.
Ah, monsieur le pendard!
    (Il défait une bouteille couverte de trois ou quatre osiers,
        en sorte qu'il n'en demeure qu'un fort petit.)
M. LA MONTAGNE.
                  Mais ce n'est pas ma faute.
Le marchand....
MERLIN.
             Se peut-il volerie aussi haute?
De l'or et des grandeurs, je n'en demande pas :
Juste ciel! seulement fais qu'avant mon trépas
Je puisse de mes yeux voir trois de ces corsaires,
Ornant superbement trois bois patibulaires,
Pour prix de leurs larcins, en public élevés,
Danser la sarabande à deux pieds des pavés!
Voilà les vœux ardents que fait pour votre avance
Le plus sincère ami que vous ayez en France.
Adieu.... Laissez-m'en deux, comme un échantillon,

SCÈNE II.

Pour montrer qu'à bon droit vous passez pour fripon.

(Il les met dans ses poches, et en prend une troisième.)

M. LA MONTAGNE.

Vous avez pris mon vin !

M. GRASSET.

Qui me paîra ma viande ?

MERLIN.

Je l'ai fait à dessein. Hippocrate commande,
Et dit en quelque endroit que, pour se bien porter,
Il se faut quelquefois dérober un souper.

SCÈNE III.

MERLIN, seul.

Si toute cette troupe, et celui qui l'envoie,
Étoit au fond de l'eau, que j'en aurois de joie !
Voilà la noce en branle.

(Il boit.)

SCÈNE IV.

LISETTE, MERLIN.

LISETTE.

Ah, Merlin ! te voilà
La bouteille à la main ! que diantre fais-tu là ?

MERLIN. (Il boit.)

En t'attendant, tu vois que je me désennuie.

LISETTE.

Tout est perdu, Merlin ; Léonor se marie.

Monsieur de Sotencour, pour nous faire enrager,
De Falaise à Paris vient par le messager :
Il arrive aujourd'hui[1] ; et, pour lui faire fête,
Hors ma maîtresse et moi, tout le monde s'apprête.

MERLIN. (Il boit.)

Que j'en ai de chagrin!

LISETTE.

Pour faire un plein régal,
Ce soir, avant la noce, on donne ici le bal.

MERLIN, vidant sa bouteille.

On donne ici le bal? L'affaire est donc finie?

LISETTE.

Autant vaut, mon enfant.

MERLIN.

Morbleu! j'entre en furie,
En songeant qu'un morceau si tendre et si friand
Doit tomber sous la main d'un maudit Bas-Normand,
Et de Falaise encor. Dis-moi : monsieur Géronte,
Père de Léonor, ne meurt-il point de honte?

LISETTE.

Ce Normand a, dit-il, plus de cent mille écus;
Et, pour faire un mari, c'est autant de vertus.

MERLIN.

Et que dit ta maîtresse?

LISETTE.

Elle se désespère,

---

[1] On lit dans toutes les éditions autres que celle originale, *il arrive en ce jour,* que l'on a substitué au mot *aujourd'hui,* pour éviter l'hiatus. Voyez à ce sujet la note ci-après, dans *le Distrait,* à la fin de la scène VII, acte IV. (G. A. C.)

SCENE IV.

S'arrache les cheveux.

MERLIN.

Autant en fait Valère.
A table, aux Entonnoirs, dans un grand embarras,
Le pauvre diable attend sa vie ou son trépas.

LISETTE.

Il peut donc maintenant, puisque l'affaire est faite,
Mourir quand il voudra.

MERLIN.

Quoi! ma pauvre Lisette,
Laisserons-nous crever un pauvre agonisant?

LISETTE.

N'as-tu point de remède à ce mal si pressant?
Quelque élixir heureux, quelque once d'émétique?

MERLIN.

Mais toi, ne peux-tu rien tirer de ta boutique?
J'ai fait le diable à quatre.

LISETTE.

Et j'ai fait le dragon,
Moi. J'attends même encore un mien parent Gascon,
A qui j'ai fait le bec, et qui, ce soir, s'engage
A venir traverser ce maudit mariage.

MERLIN.

Et quel est ce Gascon que tu mets dans l'emploi?

LISETTE.

C'est un fourbe, un fripon, à peu près comme toi.

MERLIN.

Comme moi, des fripons! Fijac seul me ressemble.

LISETTE.

C'est lui.

MERLIN.

Je le verrai, nous agirons ensemble.
Si Valère pouvoit seulement se montrer....

LISETTE.

Bon ! cela ne se peut. Comment pouvoir entrer ?
Tout le monde au logis vous connoît l'un et l'autre.

MERLIN.

Ne sais-tu pas encor quelle adresse est la nôtre ?
On m'a dit que ce soir on doit danser, chanter.

LISETTE.

On me l'a dit ainsi.

MERLIN.

J'en saurai profiter.
Aide-nous seulement.

LISETTE.

Je suis prête à tout faire.

MERLIN.

Et moi je te promets que si, dans cette affaire,
Mon maître, plus heureux, épouse *incognito*,
Je pourrai t'épouser de même *ex abrupto*.

LISETTE.

Depuis que mon mari, par grâce singulière,
D'un surtout de sapin, que l'on appelle bière,
Dont on sort rarement, a voulu se munir,
J'ai fait vœu d'être veuve, et je le veux tenir.

MERLIN.

Oui-dà, l'état de veuve est une douce chose :
On a plusieurs amants, sans que personne en glose ;
Et l'on fait justement, du soir jusqu'au matin,

SCÈNE IV.

Comme ces fins gourmets qui vont goûter le vin.
Sans acheter d'aucun, à chaque pièce on tâte :
On laisse celui-ci de peur qu'il ne se gâte ;
On ne veut pas de l'un, parce qu'il est trop vert,
Celui-ci trop paillet, cet autre trop couvert ;
D'un tel vin la couleur est malade et bizarre ;
Cet autre, dans le chaud, peut tourner à la barre ;
L'un est trop plat au goût, l'autre trop pétillant ;
Et ce dernier enfin a trop peu de montant.
Ainsi, sans rien choisir, de tout on fait épreuve :
Et voilà justement comme fait une veuve.

LISETTE.

Une veuve a raison. J'aime mieux, prix pour prix,
Deux amants comme il faut, que cinquante maris.
Un époux est un vin difficile à revendre ;
On peut en essayer, mais il n'en faut point prendre.

MERLIN.

Si tu voulois de moi faire un petit essai,
J'ai du montant de reste, et le vin assez gai.
Mais je m'arrête trop, et je laisse mon maître
Se distiller en pleurs, et s'enivrer peut-être.
Je te quitte, et je vais arrêter ses transports.
Si Lisette est pour nous, nous sommes assez forts.

SCÈNE V.

LISETTE, seule.

Je veux à les servir m'employer tout entière :
Ce monsieur Bas-Normand me choque la visière.

SCÈNE VI.

GILLETTE, LISETTE.

GILLETTE.
De la joie ! Ah, Lisette ! à la fin, dans la cour,
Arrive avec fracas monsieur de Sotencour :
Monsieur de Sotencour !

LISETTE.
              Au diantre la bégueule,
Avec son Sotencour : voyez comme elle gueule !

GILLETTE.
Je l'ai vu de mes yeux descendre de cheval :
Il amène un cousin, un grand original,
Qu'on avoit mis en croupe ainsi qu'une valise.
Mais les voici tous deux.

LISETTE.
              L'affaire est dans sa crise.

SCÈNE VII.

SOTENCOUR, MATHIEU CROCHET, en guêtres; UN VALET, qui porte une lanterne et un sac.

SOTENCOUR.
Trop heureuse maison, et vous, murs trop épais,
Qui cachez à mes yeux le plus beau des objets,
Qui, dans vos noirs détours, recélez Léonore,
Faites de votre pis, cachez-la mieux encore :
Mais bientôt, malgré vous, je verrai ses appas

SCÈNE VII.

Cap à cap, sans réserve, et du haut jusqu'en bas.
Je verrai son nez.... son.... Mais j'aperçois Lisette.
Maîtresse subalterne, adorable soubrette,
Tu me vois en ces lieux, en propre original,
Pour serrer le doux nœud du lien conjugal.

LISETTE, à part.

Le bourreau t'en fasse un qui te serre la gorge,
Maudit provincial!

SOTENCOUR.

De plaisir je regorge,
En songeant.... Ah, cousin! qu'elle a le nez joli,
Le minois égrillard, le cuir fin et poli!
Sur son blanc estomac deux globes se soutiennent,
Qui pourtant, à l'envi, sans cesse vont et viennent,
Et qui font que d'amour je suis presque enragé.
Pour le reste, cousin, quel heureux préjugé!
L'eau m'en vient à la bouche.

MATHIEU CROCHET, en Normand.

Est-elle brune ou blonde?

SOTENCOUR.

Oh! non, elle est bai-clair; ses cheveux sont en onde,
Et fort négligemment flottent à gros bouillons
Sur sa gorge d'albâtre et vont jusqu'aux talons.
Son teint est.... tricolore : elle est, ma foi, charmante.

(à Lisette.)

La belle de me voir est bien impatiente?
Comment se porte-t-elle?

LISETTE.

Assez mal : elle dit

Qu'elle ne fait la nuit que tourner dans son lit.

SOTENCOUR.

Dans peu nous calmerons le tourment qu'elle endure,
Et nous l'empêcherons de tourner, je te jure.

LISETTE.

Sans cesse elle soupire.

SOTENCOUR.

Hé bien, cousin, tu voi :
Ai-je tort, quand je dis qu'elle est folle de moi ?

LISETTE.

Tout est feinte, monsieur, souvent dans une fille :
Ne vous y fiez pas. L'une paroît gentille,
Pour savoir se servir d'une beauté d'emprunt,
Mettre un visage blanc sur un visage brun ;
L'autre, de faux cheveux compose sa coiffure ;
Cette autre de ses dents bâtit l'architecture ;
Celle-ci doit sa taille à son patin trompeur,
Et l'autre ses tétons à l'art de son tailleur.
Des charmes apparents on est souvent la dupe,
Et rien n'est si trompeur qu'animal porte-jupe.

SOTENCOUR.

Léonore auroit-elle aucun de ces défauts ?

LISETTE.

Je ne dis pas cela ; mais le monde est si faux !
Une fille toujours a quelque fer qui loche.

MATHIEU CROCHET.

Oh ! cousin, n'allez pas acheter chat en poche.
Pour savoir si la belle est droite ou de travers,
Faites-la visiter avant par des experts.

SCÈNE VII.

SOTENCOUR.

Bon, bon : va, s'il falloit que cette marchandise
Fût sujette à visite avant que d'être prise,
Malgré tant d'acheteurs, je te jure, cousin,
Qu'elle demeureroit long-temps au magasin.
Mais je la vois paroître.

SCÈNE VIII.

GÉRONTE, LÉONORE, SOTENCOUR, MATHIEU CROCHET, LISETTE.

GÉRONTE, à Sotencour.

Ah! serviteur, mon gendre :
Soyez le bien venu. Vous vous faites attendre :
Votre retardement alloit m'inquiéter,
Et ma fille étoit prête à s'impatienter.

SOTENCOUR.

J'en suis persuadé. Mais vous aussi, madame,
D'impatients transports vous bourrelez mon âme :
Mon cœur, tout pantelant comme un cerf aux abois,
Par avance à vos pieds vient apporter son bois.
Vos beaux yeux désormais sont le nord ou le pôle
Où de tous mes désirs tournera la boussole :
Vos appas, vos attraits.... qui vous font tant d'honneur....
Vous ne répondez rien, doux objet de mon cœur?

GÉRONTE.

La joie et le plaisir....

SOTENCOUR.

Je vous entends, beau-père ;

Le plaisir de me voir la gonfle de manière
Qu'elle ne peut parler.

GÉRONTE.
Justement.

SOTENCOUR.
Dans ce jour
Nous ne ferons plus qu'un, vous et moi Sotencour.

LISETTE, à part.
Ah, la belle union !

SOTENCOUR.
Moi bien fait, vous gentille,
Nous allons mettre au monde une belle famille.
Beau-père, on dit bien vrai ; quant à moi, j'y souscris :
On a beau faire, il faut prendre femme à Paris,
L'on y taille en plein drap. Nos femmes de province
Ont l'abord repoussant, la mine plate et mince,
L'esprit sec et bouché, le regard de hibou,
L'entretien discourtois, et l'accueil loup-garou :
Mais le sexe, à Paris, a la mine jolie,
L'air attractif, surtout la croupe rebondie ;
Mais il est diablement sujet à caution.

MATHIEU CROCHET.
On dit qu'à forligner il a propension.

SOTENCOUR.
Je veux croire pourtant, malgré la destinée,
Que je pourrai toujours aller tête levée ;
Que, malgré votre nez, et cet air égrillard,
Mon front, entre vos mains, ne court point de hasard.
Voudriez-vous, mignonne, à la fleur de mon âge,

SCENE VIII.

Mettre inhumainement mon honneur au pillage ?
Me réserveriez-vous pour un tel accident ?
Hem ! vous ne dites mot ?

LISETTE, à part.

Qui ne dit mot, consent.

SOTENCOUR.

Beau-père, jusqu'ici, s'il faut que je le dise,
La future n'a point encor dit de sottise ;
Peut-être qu'elle en pense : en tout cas, j'avertis
Qu'elle a l'entretien maigre, et le discours concis.

GÉRONTE.

Tant mieux pour une femme.

SOTENCOUR.

Oui, quand par retenue
Elle caquette peu : mais si c'est une grue....
Dans ma famille, au moins, on ne voit point de sots.
Lui, par exemple, il a plus d'esprit qu'il n'est gros.

MATHIEU CROCHET.

Le cousin me connoît. Oh ! je ne suis pas cruche,
Tel que vous me voyez.

SOTENCOUR.

Lui.... c'est la coqueluche
Des filles de Falaise. Il étudie en droit,
Et sait tout son Cujas sur le bout de son doigt.

MATHIEU CROCHET.

Oh ! quand on a du code acquis quelque teinture,
Près des femmes de reste on sait la procédure :
Nous autres du barreau, nous sommes des gaillards.

LISETTE.

Vous êtes avocat ?

MATHIEU CROCHET.
             Et de plus, maître ès-arts.
      SOTENCOUR.
Très altéré, beau-père, au moins ne vous deplaise :
On a soif volontiers, quand on vient de Falaise.
Allons tâter du vin.
            GÉRONTE.
             Allons, c'est fort bien dit.
      SOTENCOUR.
Je me sens là-dedans un terrible appétit.
      MATHIEU CROCHET.
Depuis trois jours je jeûne, afin d'être capable
De pouvoir dignement faire figure à table.
          LISETTE.
Monsieur est prévoyant.
          SOTENCOUR.
                  Vraiment, c'est fort bien fait,
Allons, suivez-moi donc, cousin Mathieu Crochet.
Bientôt nous reviendrons, ô beauté, mon idole !
Voir si vous n'avez point retrouvé la parole.

SCÈNE IX.

LÉONORE, LISETTE, regardant partir Mathieu Crochet.

          LISETTE.
Voilà ce qui s'appelle un garçon fait au tour !
          LÉONORE.
Lisette, que dis-tu de monsieur Sotencour ?

SCÈNE IX.

LISETTE.

Et de Mathieu Crochet, qu'en dites-vous, madame?

LÉONORE.

De monsieur Sotencour je deviendrois la femme!
A ne t'en point mentir, je suis au désespoir.

LISETTE.

Oh! qu'il ne vous tient pas encore en son pouvoir!
Valère n'est pas homme à quitter la partie;
Il faut qu'il vous épouse, où j'y perdrai la vie.

SCÈNE X.

LÉONORE, LISETTE, MERLIN, en maître de musique, avec des porteurs d'instruments dans l'un desquels est Valère.

MERLIN chante.

Pour attraper un rossignol,
    Ré mi fa sol,
Je disois un jour à Nanette :
Il faut aller au bois; mais chut!
    Mi fa sol ut.
Je me trouvai dans sa cachette;
Le rossignol y vint aussi,
    Mi ré ut si;
Et sitôt qu'il fut sur la branche,
Prêt à chanter de son bon gré,
    Sol fa mi ré,
Elle le prit de sa main blanche,
Et puis dans sa cage le mit,
    La sol fa mi.

LISETTE.

Que cherchez-vous, monsieur, avec cet équipage?

MERLIN.

Vous voyez un Breton prêt à vous rendre hommage.
Depuis plus de vingt ans je rôde l'univers,
Où je fais admirer l'effet de mes concerts.

LISETTE.

Tant mieux pour vous, monsieur, j'en ai l'âme ravie;
Mais nous ne sommes point en goût de symphonie:
Laissez-nous, s'il vous plaît, avec tous nos ennuis.

MERLIN.

Quand vous me connoîtrez.... vous saurez qui je suis.

LISETTE.

Je le crois bien.

MERLIN.

Je suis un musicien rare,
Charmé de mon savoir, gueux, ivrogne et bizarre.

LISETTE.

Pour la profession, voilà de grands talents!

MERLIN, à Léonore.

Voudriez-vous m'entendre?

LÉONORE.

Oh! je n'ai pas le temps.
De chagrins trop cuisants j'ai l'âme pénétrée.

MERLIN.

Tant mieux : je vous voudrois encor désespérée.

LISETTE.

Elle n'en est pas loin.

MERLIN.

C'est comme je la veux,
Pour donner à mon art un exercice heureux.

SCÈNE X.

LÉONORE.

Pour des Bretons, monsieur, gardez votre science.

MERLIN.

J'ai tout ce qu'il vous faut, autant qu'homme de France.
Tout Breton que je suis, je sais votre besoin.

LISETTE, à Léonore.

Ne le renvoyons pas, puisqu'il vient de si loin.

MERLIN.

Dans un concert d'hymen, lorsque quelqu'un discorde,
Je sais juste baisser ou hausser une corde ;
Nul ne sait de l'amour mieux le diapason,
Ni mettre, comme moi, deux cœurs à l'unisson.

LISETTE.

Oh! vous aurez grand'peine, avec votre industrie,
A faire ici chanter deux amants en partie.

MERLIN.

J'ai dans cet étui-là, madame, un instrument
Qui calmeroit bientôt vos maux, assurément :
Il est doux, amoureux, insinuant et tendre,
Et qui va droit au cœur.

LISETTE.

        Ne peut-on point l'entendre ?

LÉONORE.

Ah! laisse-moi, Lisette, en proie à mon malheur.

LISETTE.

Madame, un air ou deux calment bien la douleur.

MERLIN.

Écoutez-le, de grâce, un seul moment sans peine ;
Et, s'il ne vous plaît pas, soudain je le rengaîne.

(Il ouvre l'étui dans lequel est Valère.)

Cet instrument, madame, est-il de votre goût?

LÉONORE.

Que vois-je? c'est Valère!

LISETTE.
Et Merlin!

MERLIN.
Point du tout.
Je suis un Bas-Breton.

VALÈRE.
Non, belle Léonore,
Je n'ai pu résister au feu qui me dévore;
Et puisqu'on rompt les nœuds qui nous avoient liés,
Je viens, dans ce moment, expirer à vos pieds.

LÉONORE.

A quoi m'exposez-vous?

VALÈRE.
Pardonnez à mon zèle.

LÉONORE.

Mon père va venir.

LISETTE.
Je ferai sentinelle.

LÉONORE.

Mais que prétendez-vous?

VALÈRE.
Vous prouver mon amour.
Pour détourner l'hymen qu'on veut faire en ce jour,
Souffrez que cet amour soit en droit de tout faire.

LISETTE.
Gare! tout est perdu, j'aperçois votre père.

SCENE X.

MERLIN, à Valère.

Rentrez vite.

(Valère rentre dans l'étui.)

LISETTE.

Non, non, ce n'est pas encor lui.

MERLIN.

Maugrebleu de la masque ! Allons rouvrir l'étui.
C'est Lisette, monsieur, qui cause ce vacarme.
(à Lisette.)
Fais mieux le guet au moins : une seconde alarme
Démonteroit, morbleu, l'instrument pour toujours.

VALÈRE, sortant de l'étui.

Ah, madame ! aujourd'hui secondez nos amours ;
Évitez d'un rival l'odieuse poursuite ;
Ce soir, pendant le bal, livrez-vous à sa suite.

LÉONORE.

Mais comment ?

VALÈRE.

De Merlin vous saurez pleinement....

LISETTE.

Vite, vite, rentrez, monsieur de l'instrument.
Ah, Merlin ! pour le coup, c'est Géronte en personne.

VALÈRE.

Ah, madame !....

MERLIN, à Valère.

Et rentrez.

(Valère rentre dans l'étui.)

LÉONORE, à Merlin.

A toi je m'abandonne.

(Elle sort.)

SCÈNE XI.

GÉRONTE, SOTENCOUR, LISETTE, MERLIN ; VALÈRE, dans l'étui.

MERLIN, feignant d'être en colère.

Oui, vous êtes un sot en bécare, en bémol,
Par la clef d'F ut fa, C sol ut, G ré sol.
De la sorte insulter la musique bretonne !

SOTENCOUR.

Lisette, quelle est donc cette mince bouffonne ?

LISETTE.

C'est un musicien bas-breton !

SOTENCOUR.

                  Bas-breton.
Cet homme doit chanter sur un diable de ton ;
Je crois dès à présent sa musique enragée :
Jamais, de son pays, il n'est venu d'Orphée ;
Pour des doubles bidets, passe.

MERLIN.

                      Fat, animal,
Vil carabin d'orchestre, atome musical,
Par la mort....

SOTENCOUR, l'arrêtant.

Doucement.

MERLIN.

              Tenez-moi, je vous prie ;
Si j'échappe une fois, je veux avoir sa vie.

SCENE XI.

Laissez....

(Il donne sur les doigts de Sotencour.)

SOTENCOUR.

Si je te tiens, je veux être empalé.

MERLIN, revenant.

Comment! me soutenir que mon air est pillé!
Un air délicieux, que j'estime, que j'aime,
Et que j'ai pris plaisir à composer moi-même
Dans Quimper-Corentin.

GÉRONTE.

Il a tort.

LISETTE.

Entre nous,
Cela ne se dit point.

SOTENCOUR.

La, la, consolez-vous,
Ce n'est pas un grand mal ; on ne voit point, en France,
Punir de ces larcins la fréquente licence.
Mais que vois-je ? est-ce à vous ce petit instrument ?

MERLIN.

Pour vous servir, monsieur,

SOTENCOUR.

J'en joue élégamment ;
Je vais vous régaler d'un petit air.

MERLIN, l'arrêtant.

De grâce,
Je ne puis m'arrêter.... Il faut....

SOTENCOUR.

Sur cette basse

Je veux que l'on m'entende un moment préluder.

MERLIN.

Vous seriez trop long-temps, monsieur, à l'accorder ;
Et, de plus, mon valet a la clef dans sa poche.

SOTENCOUR.

Tous ces gens-là sont faits de croche et d'anicroche.
Je vous dis que je veux....

LISETTE.

     Vous en joûrez fort mal ;
L'instrument est breton.

MERLIN.

     Et tant soit peu brutal :
Vous l'entendrez tantôt, je me ferai connoître ;
Et vous verrez pour lors quel homme je puis être.

SOTENCOUR.

Quoi ! vous voulez, monsieur, donner concert céans ?

MERLIN.

Je cherche à me produire aux yeux d'habiles gens.

SOTENCOUR.

Vous venez tout à point. Ce soir je me marie ;
De la noce et du bal souffrez que je vous prie.

MERLIN.

Volontiers : j'y prétends figurer comme il faut.

LISETTE, à Merlin.

Faites toujours porter votre instrument là-haut.

SOTENCOUR, à Merlin.

Allons, venez, monsieur ; je m'en vais vous conduire :
Moi-même, dans le bal, je veux vous introduire.

MERLIN, en reportant son étui.

Et je m'introduirai de moi-même au soupé.
(à part.)
Ma foi, nous et l'étui, l'avons bien échappé.

SCÈNE XII.

SOTENCOUR, LISETTE.

SOTENCOUR.

Hé bien, que dirons-nous? Où donc est ta maîtresse?
Je vois qu'à me trouver la belle peu s'empresse.
Si nous ne nous cherchons jamais plus volontiers,
Je ne lui promets pas grand nombre d'héritiers.

LISETTE.

Bon, je sais des maris, qui, pour éviter noise,
N'ont jamais approché leurs femmes d'une toise,
Et qui ne laissent pas d'avoir en leur maison
Un grand nombre d'enfants qui portent tous leur nom.

SOTENCOUR.

Je sais que Léonore aime un certain Valère,
Un fat, un freluquet, qui n'a l'heur de lui plaire
Que par son air pincé; mais c'est un petit fou,
Sans esprit, sans mérite, et qui n'a pas un sou :
On m'a dit seulement que sa langue babille.

LISETTE.

Eh! que faut-il de plus pour toucher une fille?

SOTENCOUR.

Oui!... Dis à Léonore, en termes clairs et nets,

Que je ne veux pas être époux *ad honores.*
Vois-tu, je ne suis pas de ces gens débonnaires
Qui font valoir leur femme en des mains étrangères;
Et, mettant à profit un salutaire affront,
Lèvent, à petit bruit, un impôt sur leur front.

SCÈNE XIII.

LE BARON D'AUBIGNAC, Gascon; LISETTE, SOTENCOUR.

LE BARON.

AH! monsieur, jé vous cherche. Eh! permettez dé grâce
Qué, sans plus différer, ici jé vous embrasse.

SOTENCOUR.

Pour la première fois, l'accueil est fraternel.

LE BARON.

N'est-cé pas vous, monsieur, qui vous nommez un tel?

SOTENCOUR.

Oui, je me nomme un tel; mais j'ai, ne vous déplaise,
Encore un autre nom.

LE BARON.

     Jé viens vous montrer l'aise
Qué j'ai d'avoir appris qué vous vous mariez.

SOTENCOUR.

Je ne mérite pas, monsieur, tant d'amitiés.

LE BARON.

Nul ne prend plus qué moi dé part à cette affaire.

SOTENCOUR.

Et pourquoi, s'il vous plaît, peut-elle tant vous plaire?

SCENE XIII.

LE BARON.

Pourquoi ? cetté démande est bonne ! Maintenant
Qué vous allez rouler déssus l'argent comptant,
Vous né ferez, jé crois, loyal comme vous êtes,
Nulle difficulté dé bien payer vos dettes.

SOTENCOUR.

Grâces au ciel, monsieur, je ne dois nul argent,
Et vais le front levé sans crainte du sergent.

LE BARON.

Cinq cents louis pour vous, c'est une vagatelle ;
Allons, payez-les-moi.

SOTENCOUR.

     La demande est nouvelle !
Sotencour est mon nom, me connoissez-vous bien ?

LE BARON.

Sotencour.... Justement, c'est pour vous qué jé vien.

SOTENCOUR.

Je vous dois quelque chose ?

LE BARON.

      Hé donc, lé tour est drôle !
C'est cet argent, monsieur, qué sur votre parole,
Jé vous ai très gagné, l'autre hiver, à trois dés.

SOTENCOUR.

A moi, monsieur ?

LE BARON.

   A vous.

SOTENCOUR.

     Et, parbleu ! vous rêvéz ;
Pour connoître vos gens, mettez mieux vos lunettes.

LE BARON.

Comment ! chétif mortel, vous déniez vos dettes ?
Vous né connoissez plus lé baron d'Aubignac,
Vicomté dé Dougnac, Croupignac, Foulignac,
Gentilhomme gascon, plus noblé qué personne,
D'uné race ancienne autant qué la Garonne ?

SOTENCOUR.

Quand elle le seroit encor plus que le Nil,
Votre propos, monsieur, n'est ni beau ni civil.
Je ne vous connois point, ni ne veux vous connoître.

LE BARON.

Il né mé connoît pas ! lé scélérat ! lé traître !
Né vous souvient-il plus dé cet hiver dernier,
Quand notré régiment fut chez vous en quartier,
Un jour dé carnaval, chez cetté conseillère
Qui m'adoroit.... Hé donc, vous mémorez l'affaire ?

SOTENCOUR.

Pas plus qu'auparavant : je ne sais ce que c'est.

LE BARON, mettant la main à son épée.

Ah ! jé vous en ferai souvenir, s'il vous plaît ;
Car, cadédis, jé veux qué lé diable mé scie....

LISETTE, l'arrêtant.

Ah ! tout beau : dans ce lieu point de bruit, je vous prie ;
Monsieur est honnête homme, et qui vous paîra bien.

SOTENCOUR.

Moi, payer ! hé pourquoi, si je ne lui dois rien ?

LE BARON.

Vous né mé dévez rien ?

SCENE XIII.

LISETTE.
      Un Gascon n'est pas homme
A venir, sans sujet, demander une somme.

SOTENCOUR.
Un Gascon! un Gascon a grand besoin d'argent;
Et pourvu qu'il en trouve, il n'importe comment.
Jamais de son pays ne vint lettre de change;
Et, quoiqu'il mange peu, si faut-il bien qu'il mange.

LISETTE.
Donnez-lui seulement deux ou trois cents écus.

SOTENCOUR.
J'aimerois mieux cent fois vous voir tous deux pendus.

LE BARON, l'épée à la main.
C'est trop contre un faquin réténir ma colère.

LISETTE, au Baron.
Hé! de grâce, monsieur!

LE BARON.
      Non, non, laissez-moi faire,
Qué jé lé perce à jour.

SOTENCOUR crie.
     A l'aide! je suis mort.

SCÈNE XIV.

GÉRONTE, SOTENCOUR, LISETTE, LE BARON D'AUBIGNAC.

GÉRONTE.
Pour quel sujet, messieurs, criez-vous donc si fort?

LE BARON.
Un atomé bourgeois qui perd sur sa parole,

Et né veut pas payer!... Mais cé qui mé console,
Jé veux dévénir nul, ou j'en aurai raison.

GÉRONTE.

Que veut dire cela?

SOTENCOUR, à Géronte.

Monsieur, c'est un fripon,
Un Gascon affamé qui cherche à vous surprendre.

LE BARON, à Géronte, voulant percer Sotencour.

Rétirez-vous, monsieur.

GÉRONTE.

Ah! tout beau, c'est mon gendre.

LE BARON.

Cet homme est votré gendre?

GÉRONTE.

Il le sera dans peu.

LE BARON.

Tant mieux : vous mé paîrez cé qu'il mé doit du jeu.
Jé fais arrêt sur vous, sur la fille et la dote.[1]

GÉRONTE, à Sotencour.

Quoi! vous avez perdu?

SOTENCOUR.

Je vous dis qu'il radote.
Je ne sais....

---

[1] On voit facilement que l'orthographe de ce mot est ici altérée par l'auteur pour le besoin de la rime. Regnard s'est permis assez souvent cette licence et d'autres que des poètes fort au-dessous de son talent ne hasarderoient pas maintenant; mais on passe beaucoup de négligences au vrai mérite. Les poètes médiocres sont presque toujours rigides observateurs des règles de la versification.

(G. A. C.)

SCENE XIV.

LE BARON, à Géronte.

Nuit et jour il hanté les brélans ;
Il doit encore au jeu plus dé vingt millé francs.

GÉRONTE.

Plus de vingt mille francs !

LE BARON.

Oui, monsieur.

SOTENCOUR.

Je vous jure,
Foi de vrai Bas-Normand, que c'est une imposture ;
Que je ne comprends rien à ce maudit jargon,
Et ne sais, pour tout jeu, que l'oie et le toton.

LE BARON.

Vous mé gâtez ici bien du temps en paroles.
Monsieur, jé veux toucher mes quatré cents pistoles,
Ou, cadédis, jé veux lé saigner à l'instant.

GÉRONTE.

Si mon gendre vous doit....

LE BARON.

S'il mé doit !

GÉRONTE.

Je prétends
Que vous soyez payé ; mais, sans plus de colère,
Permettez qu'à demain nous remettions l'affaire.
Je marie aujourd'hui ma fille, et retiendrai
Sur sa dot cet argent, que je vous donnerai.

LE BARON.

C'est parler comme il faut. Quand on est raisonnable,
Tout Gascon qué jé suis, jé suis doux et traitable.

Adieu. Jusqu'à démain. Mais souvenez-vous-en,
Qué j'ai votré parole, et grand besoin d'argent.

SCÈNE XV.

GÉRONTE, LISETTE, SOTENCOUR.

GÉRONTE.
Vous êtes donc joueur ?
SOTENCOUR.
Que l'on me pilorie,
Si j'ai hanté ni vu ce Gascon de ma vie.
GÉRONTE.
Mais pourquoi viendroit-il....
SOTENCOUR.
C'est un fourbe ; et sans vous
J'allois vous le bourrer comme il faut.
LISETTE.
Entre nous,
Vous avez d'un joueur acquis la renommée ;
Et le feu, comme on dit, ne va point sans fumée.
SOTENCOUR.
Oh ! quittons ce propos, et ne songeons qu'au bal.
J'aperçois le cousin ; il n'est, ma foi, point mal.

SCÈNE XVI.

MATHIEU CROCHET, en habit de Cupidon ; GÉRONTE, SOTENCOUR, LISETTE, LÉONORE, couverte d'une grande mante de taffetas, un masque à la main ; UNE TROUPE DE DIFFÉRENTS MASQUES.

MATHIEU CROCHET.
Me voilà, mon cousin, dans mon habit de masque.
SOTENCOUR.
L'équipage est galant, et l'attirail fantasque.
Ma prétendue aussi n'est pas mal, sur ma foi ;
Mon cœur, en la voyant, me dit je ne sais quoi.
LÉONORE.
Oh ! qu'il ne vous dit pas tout ce que le mien pense !
LISETTE.
Le cousin est masqué mieux que personne en France ;
Il est tout à manger : les femmes, dans le bal,
Le prendront pour l'Amour en propre original.
MATHIEU CROCHET.
N'est-il pas vrai ?
SOTENCOUR.
        Parbleu, plus d'une curieuse
De l'aîné des Amours va tomber amoureuse,
Et voudra de plus près connoître le cousin.
MATHIEU CROCHET.
Qu'on s'y frotte.... on verra.

LISETTE.

Oh! le petit lutin!
Qu'il va blesser de cœurs!

SCÈNE XVII.

MERLIN, GÉRONTE, LÉONORE, LISETTE, LE BARON D'AUBIGNAC, SOTENCOUR, MATHIEU CROCHET, ET TOUS LES MASQUES.

MERLIN.

Monsieur, je viens vous dire
Que mon concert est prêt.

SOTENCOUR.

Çà, ne songeons qu'à rire.
Cousin, il faut ici remuer le gigot.

MATHIEU CROCHET.

Laissez-moi faire; allez, je ne suis pas un sot.
Je vais plus qu'on ne veut, quand on m'a mis en danse.
(à Merlin.)
Allons, ferme, monsieur, il est temps qu'on commence.
C'est à nous de danser et d'entamer le bal.

(Dans le mouvement qu'on fait pour commencer le bal, le Baron couvert d'une pareille mante que Léonore, prend sa place, et Sotencour danse avec lui. Léonore et Lisette sortent pendant leur danse.)

SOTENCOUR.

Qu'en dites-vous, beau-père? Eh! cela va-t-il mal?

SCÈNE XVIII.

GILLETTE, GÉRONTE, SOTENCOUR, MERLIN, LE BARON, et tous les Masques.

GILLETTE.

Au secours ! au secours ! votre fille, on l'emporte ;
Des carême-prenants lui font passer la porte.

GÉRONTE.

Que dis-tu là ?

GILLETTE.

Je dis que quatre hommes, là-bas,
La font aller, monsieur, plus vite que le pas.

GÉRONTE.

Quoi ! ma fille....

GILLETTE.

Oui, monsieur.

SOTENCOUR.

La plaisante nouvelle !
Tu rêves : tiens, voilà que je danse avec elle.

MERLIN.

Monsieur, laissez-la dire ; elle a perdu l'esprit.

GILLETTE.

Non, vous dis-je.

SOTENCOUR.

On te dit que dessous cet habit
C'est Léonore.

GILLETTE.

Et non ; je n'ai pas la berlue,

Je viens de la quitter à l'instant dans la rue.
SOTENCOUR.
Au diable la pécore avec ses visions !
Il faut te détromper de tes opinions.
Tiens, voilà Léonor.
(Il ôte le masque à la prétendue Léonore, et on reconnoît le Baron.)
LE BARON.
Serviteur.
SOTENCOUR.
C'est le diable !
LE BARON.
Prêt à vous emporter ; mais pourtant fort traitable.
Vous mé dévez, cherchons quelque accommodement.
J'ai votré Léonor pour mon nantissement,
Et jé la fais conduire au château dé la Garde :
Dé l'argent, jé la rends ; point d'argent, jé la garde.
GÉRONTE.
On m'enlève ma fille ! Au secours ! au voleur !

SCÈNE XIX.

VALÈRE, GÉRONTE, SOTENCOUR, MATHIEU CROCHET, MERLIN, LE BARON, et tous les Masques.

VALÈRE.
Monsieur, pour Léonor, n'ayez aucune peur ;
Loin qu'on veuille lui faire aucune violence,
Contre un hymen injuste on a pris sa défense.

SCENE XIX.

GÉRONTE.

Ah, Valère, c'est vous !

SOTENCOUR.

Quoi ! Valère.... Comment !
Que veut dire ceci ?

VALÈRE.

Que très civilement
Je viens ici vous dire, en parlant à vous-même,
Que Léonor, pour vous, sent une haine extrême;
Qu'elle mourroit plutôt que....

SOTENCOUR.

Léonor me hait ?

VALÈRE.

Si vous ne m'en croyez, croyez-en ce billet.

SOTENCOUR, lit.

« Pour éviter l'hymen dont mon amour murmure,
« Et pour ne jamais voir votre sotte figure,
« J'irois au bout du monde, et plus loin même encor.
« On ne peut vous haïr plus que fait Léonor. »
En termes clairs et nets cette lettre s'explique,
Et le tour n'en est point trop amphibologique.
Oh bien, la belle peut revenir sur ses pas;
Elle auroit beau courir, je ne la suivrois pas.
Je vous cède les droits que j'ai sur l'accordée,
Et ne me charge point de fille hasardée.

GÉRONTE.

Oh ! ma fille est à vous.

SOTENCOUR.

Non, parbleu, par bonheur :

Je lui baise les mains et la rends de bon cœur.
GÉRONTE.
Vous me faites plaisir, monsieur, de me la rendre.
SOTENCOUR.
Oh! vous ne manquerez, sur ma foi, pas de gendre,
Ni vos petits-enfants de père. Allons, Mathieu,
Retournons à Falaise.
MATHIEU CROCHET.
Adieu, messieurs, adieu.
MERLIN.
Place à Mathieu Crochet.

SCÈNE XX.

LÉONORE, GÉRONTE, VALÈRE, LISETTE, MERLIN, LE BARON, et tous les Masques.

LÉONORE.
A vos genoux, mon père....
GÉRONTE.
Oublions le passé, ma fille ; en cette affaire,
Je n'ai point prétendu forcer tes volontés.
LÉONORE.
Que ne vous dois-je point pour de telles bontés !
GÉRONTE.
Pour vous, dont je connois le bien et la famille,
Valère, je veux bien que vous ayez ma fille.
VALÈRE.
Monsieur....

SCÈNE XX.
GÉRONTE.
Nous vous devons assez en ce moment,
De nous avoir défait de ce couple normand.
MERLIN.
L'honnête homme, morbleu! Vive monsieur Géronte!
Ma foi, sans moi, la belle en avoit pour son compte.
Puisque tout est d'accord maintenant entre vous,
Rions, chantons, dansons, et divertissons-nous.

(Tous les Masques qui sont sur le théâtre font une espèce de bal; et, après qu'on a dansé un passe-pied, le Baron chante l'air gascon suivant:)

LE BARON.
Cadédis, vive la Garonne!
En valur on n'y craint personne;
Les faquins y sont des héros:
Jé vous lé dis en quatré mots,
En amour, comme au jeu, jé vrille,
Et, comme un dé, j'escamote uné fille.

(On reprend la danse, après laquelle Merlin chante un passe-pied breton.)

MERLIN.
Un jour de printemps,
Tout le long d'un verger,
Colin va chantant,
Pour ses maux soulager:
Ma bergère, laisse-moi,
La la la la, rela, rela:
Ma bergère, laisse-moi
Prendre un tendre baiser.

(Les Masques se prennent par la main, et dansent en chantant:)

Ma bergère, laisse-moi,
La la la la, etc.

MERLIN.

La belle, à l'instant,
Répond à son berger :
Tu veux, en chantant,
Un baiser dérober ?

UNE BERGÈRE.

Non, Colin, ne le prends pas,
La la la la, rela, rela :
Non, Colin, ne le prends pas,
Je vais te le donner.

LE CHŒUR.

Non, Colin, ne le prends pas,
La la la la, rela, rela :
Non, Colin, ne le prends pas,
Je vais te le donner.

(Tous les Masques ayant formé une danse en rond, se retirent, et Merlin chante au Parterre le couplet suivant :)

MERLIN.

Si mon air breton
A su vous divertir,
Messieurs, d'un haut ton,
Daignez nous applaudir :
Mais s'il ne vous plaisoit pas,
La la la la, rela, rela ;
Mais s'il ne vous plaisoit pas,
Dites-le-nous tout bas.

FIN DU BAL.

LE JOUEUR,

COMÉDIE EN CINQ ACTES;

Représentée pour la première fois le mercredi
19 décembre 1696.

AVERTISSEMENT
SUR LE JOUEUR.

Le Joueur a été représenté pour la première fois le mercredi 19 décembre 1696.

On regarde avec raison cette comédie comme le chef-d'œuvre de Regnard. C'est à cette pièce principalement qu'il doit le titre de meilleur de nos poètes comiques après Molière.

Nous n'entreprendrons pas de faire ici l'éloge d'un ouvrage qui réunit depuis long-temps les suffrages de tous les amateurs du théâtre, et nous croirions aussi mériter de justes reproches, si nous relevions de légers défauts, que les critiques du temps se sont permis de relever dans cette charmante comédie.

Il nous paroît plus à propos de dire quelque chose des démêlés que cette comédie a fait naître entre Regnard et Dufresny, et de la manière dont s'est formée et dont a été rompue la société de ces deux poètes.

Regnard a commencé par travailler pour le Théâtre italien. C'est aussi sur cette scène que Dufresny a fait l'essai de ses talents. Ces deux poètes étoient à peu près du même âge. Cependant Regnard, quoique plus jeune [1], a débuté le premier dans la carrière dramatique. La première pièce qu'il a donnée au théâtre est *le Divorce*, joué par les comédiens italiens en 1688. Celle par où Dufresny a débuté est *l'Opéra de campagne*, représenté par les mêmes comédiens en 1692.

C'est dans cette même année que les deux poètes s'unirent d'amitié, et travaillèrent ensemble. Dufresny fut bien aise, en commençant sa carrière, d'être appuyé par un poète couronné déjà par plus d'un succès.

Dès la même année, les deux poètes firent paroître ensemble la comédie des *Chinois*, donnée au Théâtre italien, et il paroît que depuis ce moment jusqu'à la rupture, Dufresny ne donna presque point de pièces où son ami n'eût quelque part. Celui-ci, au contraire, en fit paroître plusieurs qui n'appartenoient qu'à lui seul, telles que *la Naissance d'Amadis*, donnée en 1696, au Théâtre italien, *la Sérénade* et *le Bal*, données au Théâtre françois en 1694 et 1696.

La situation de Regnard étoit bien différente de celle de Dufresny. L'un jouissoit d'une fortune considérable; l'autre, au contraire, étoit très mal à son aise. Tout le monde connoît l'anecdote de

---

[1] Regnard est né en 1647, et Dufresny en 1648; par conséquent Regnard avoit un an de plus que Dufresny; ce qui détruit l'observation de l'auteur de cet Avertissement. (G. A. C.)

la blanchisseuse [1]. C'est peu après ce ridicule mariage que Dufresny fit la connoissance de Regnard.

Celui-ci fit tous ses efforts pour changer le sort de son ami. Non content de partager avec lui sa fortune et ses travaux, il lui servoit de Mécène, et le produisoit auprès de tous ceux qui pouvoient lui être utiles.

Dufresny rend hommage à ces procédés de Regnard; et l'on ne peut douter que ce ne soit de lui-même qu'il veuille parler, lorsqu'il représente, dans la préface de la comédie du *Négligent*, un poète recommandé à Oronte.

[1] Les auteurs de la *Bibliothèque françoise*, dans l'extrait qu'ils ont donné du *Diable boiteux* de Le Sage, ajoutent : Voici un trait qui peint au naturel le génie d'un poète (Dufresny) qui est mort il n'y a pas long-temps. Tout Paris connoît cette aventure singulière, et Le Sage la conte ainsi, chapitre x du *Diable boiteux*, page 306 du premier volume, édition in-12 de 1726 : « J'y veux envoyer aussi (aux Petites-Maisons, dit le Diable) un vieux garçon de bonne famille, lequel n'a pas plus tôt un ducat qu'il le dépense, et qui, ne pouvant se passer d'espèces, est capable de tout faire pour en avoir. Il y a quinze jours que sa blanchisseuse, à qui il devoit trente pistoles, vint les lui demander, en disant qu'elle en avoit besoin pour se marier à un valet de chambre qui la recherchoit. Tu as donc d'autre argent? lui dit-il; car où diable est le valet de chambre qui voudra devenir ton mari pour trente pistoles? Hé mais, répondit-elle, j'ai outre cela deux cents ducats. Deux cents ducats! répliqua-t-il avec émotion. Malepeste! tu n'as qu'à me les donner à moi, je t'épouse, et nous voilà quitte à quitte. Et la blanchisseuse est devenue sa femme. » (*Bibliothèque françoise*, tome IV, pages 75 et 76.)

Monsieur, si j'ai l'honneur de votre connoissance,
    J'en aurai l'obligation
    A la recommandation
De monsieur votre ami le trésorier de France.

On sait que Regnard avoit acheté en 1690 une charge de trésorier de France au Bureau des finances de Paris, dont il est mort revêtu.

La rupture entre ces deux poètes a été aussi éclatante que leur amitié avoit paru vive. C'est la pièce du *Joueur* qui l'a occasionnée, et leurs plaintes ont été réciproques.

On ne voit qu'avec peine la manière dont se sont traités respectivement deux auteurs qui ne pouvoient ne pas avoir de l'estime l'un pour l'autre.

Regnard, en faisant imprimer sa comédie, la fait précéder d'une préface injurieuse, dans laquelle il traite son adversaire avec beaucoup de mépris : il l'appelle plagiaire, et l'accuse d'avoir suscité contre lui une cabale composée des frondeurs les plus séditieux des spectacles.

Cette préface a été imprimée en 1697, et d'après les bruits qui se répandoient que Regnard avoit volé à Dufresny cette comédie tout entière. Mais *le Chevalier joueur,* que celui-ci fit paroître dans la même année, tel qu'il l'avoit composé, détrompa bientôt le public; et le jugement qu'il porta des deux ouvrages ne fut pas favorable à Dufresny.

La querelle de Regnard et de Dufresny ne manqua pas d'occuper la littérature. Chacun avoit ses partisans. Il nous est resté ces deux épigrammes du poète Gacon.

PREMIERE ÉPIGRAMME.

Sur la pièce du Joueur, *dont M. Rivière (Dufresny) prétend faussement que M. Regnard lui a volé l'intrigue et la pensée. Ce qu'il y a de vrai, c'est que M. Regnard en a seulement conféré quelquefois avec lui; mais la pauvreté des pièces du sieur de Rivière a fait voir, si j'ose ainsi parler, qu'il n'est pas un auteur volable.*

  Un jour Regnard et de Rivière,
En cherchant un sujet que l'on n'eût point traité,
Trouvèrent qu'un Joueur seroit un caractère
  Qui plairoit par sa nouveauté.
Regnard le fit en vers, et de Rivière en prose :
  Ainsi, pour dire au vrai la chose,
  Chacun vola son compagnon.
Mais quiconque aujourd'hui voit l'un et l'autre ouvrage,
  Dit que Regnard a l'avantage
  D'avoir été le bon larron.

SECONDE ÉPIGRAMME.

Sur les deux Joueurs, *dont celui de M. Regnard fut bien reçu, et celui de Rivière fut à peine joué jusqu'au second acte.*

Deux célèbres Joueurs, l'un riche et l'autre gueux,
Prétendoient en public donner leur caractère,
  Et prétendoient si fort à plaire,

Qu'ils tenoient en suspens les esprits curieux ;
Mais dès que sur la scène on vit les comédies
De ces deux écrivains rivaux,
Chacun trouva que les copies
Ressembloient aux originaux.

On ne peut disconvenir que Dufresny ne soit traité un peu trop durement dans ces deux épigrammes, et que l'amitié que Regnard avoit pour Gacon n'ait excité celui-ci à prendre avec trop d'aigreur la querelle de son ami. Les titres même de ses épigrammes contiennent des injures grossières et de mauvaise foi. *Le Chevalier joueur* de Dufresny n'a pas été interrompu à la fin du second acte. Les auteurs de l'*Histoire du Théâtre françois* attestent que ce fait est démenti par les registres de la Comédie.

Quoi qu'il en soit, Regnard a eu regret d'avoir maltraité Dufresny dans sa préface, et il l'a supprimée dans toutes les éditions de ses OEuvres qui ont été faites de son vivant.

On ne sait pourquoi, depuis la mort de Regnard, on a renouvelé une accusation dont on avoit senti l'injustice pendant sa vie. On a imprimé dans plusieurs ouvrages, que *le Joueur* de Regnard appartenoit presque en entier à Dufresny ; que Regnard n'y avoit fait que de légers changements, et qu'après avoir abusé de la manière la plus indigne de la confiance de son ami, il s'étoit approprié l'ouvrage, et l'avoit donné sous son nom.

On lit dans les *Anecdotes dramatiques,* « que ce n'est point à tort que Dufresny revendiquoit le fond de cette comédie, qu'il prétendoit que Regnard lui avoit pris. Ce dernier abusa effectivement de la confiance que Dufresny lui témoigna, et pour accélérer sa pièce, il se servit de Gacon, à qui il en fit faire la plus grande partie ; ce fut à Grillon, où Regnard avoit une maison de campagne qu'il aimoit beaucoup. Il enfermoit Gacon dans une chambre, d'où ce dernier n'avoit la liberté de sortir qu'après avoir averti par la fenêtre combien il avoit fait de vers sur la prose dont Regnard lui donnoit le canevas. C'est de Gacon lui-même que l'on tient cette anecdote. »

On est fâché de voir ainsi débiter et imprimer dans tous les recueils, sur les preuves les plus légères, des anecdotes qui attaquent l'honneur et les talents de nos auteurs les plus accrédités.

Si l'anecdote rapportée par les auteurs des *Anecdotes dramatiques* est vraie, Regnard a joué le rôle, non seulement d'un malhonnête homme, mais d'un homme sans talents, et, comme s'expriment eux-mêmes les auteurs que l'on vient de citer, d'un poète du plus bas étage.

« Il n'a pas eu honte de donner sous son nom
« une pièce dont Dufresny avoit fait l'intrigue et

« imaginé les caractères, et dont Gacon avoit
« composé les vers. » Si Regnard n'étoit connu
que par cette pièce, on pourroit l'accuser de ce
procédé ; mais il est incroyable dans un poète
connu par des comédies charmantes, et qui, depuis celle dont on parle, en a produit qui ne sont
pas indignes de la première.

On concevra encore plus difficilement qu'une
manœuvre pareille ait abouti à produire un des
chefs-d'œuvre de notre théâtre. On sait que Dufresny avoit plus de talent pour produire des
scènes détachées que pour bien conduire une comédie. Toutes ses pièces, dans lesquelles on trouve
des caractères assez bien peints, un dialogue vif
et aisé, et un comique pris dans la pensée, pèchent
du côté de la conduite et de l'intrigue. Comment
veut-on qu'une comédie, dont l'intrigue auroit
appartenu à un auteur qui n'a su en faire que de
foibles, et dont les vers auroient été l'ouvrage
d'un des poètes les plus pitoyables de son temps,
eût été l'une des plus parfaites et des plus agréables pièces de notre théâtre ?

Et sur quel témoignage adopte-t-on un fait
aussi déraisonnable ? sur celui de Gacon lui-même, qui se donne pour avoir mis en vers la
prose de Dufresny.

Nous croyons pouvoir, sans témérité, révoquer en doute cette anecdote purement injurieuse à un de nos poètes les plus estimables; et s'il est arrivé quelquefois que des hommes à talents se soient déshonorés par des actions basses, on ne doit admettre qu'avec peine ces faits honteux, qui ternissent la réputation des gens de lettres, et portent atteinte à la gloire de la littérature.

Au surplus, Dufresny lui-même nous a mis à portée de juger de la nature du larcin que lui a fait son associé. *Le Chevalier joueur* n'est autre chose que sa comédie telle qu'il dit l'avoir composée lorsqu'il la confia à Regnard. Supposons que celui-ci y ait pris l'idée de sa comédie, la manière dont il a embelli ce sujet suffit seule pour le lui rendre propre.

On ne parle pas du succès si différent des deux pièces; mais on est persuadé que celle de Dufresny n'auroit été susceptible que d'un très foible succès, quand même elle eût précédé celle de Regnard.

Nous allons mettre sous les yeux du lecteur les scènes des deux pièces qui ont le plus de ressemblance, celles que Dufresny accuse particulièrement Regnard de lui avoir volées.

La scène première du premier acte ressemble beaucoup aux deux premières scènes du *Joueur*: ce sont absolument les mêmes pensées. Voici celles de Dufresny :

NÉRINE.

Bonjour, Frontin : te voilà déjà levé?

FRONTIN.

Bonsoir, Nérine : je vais me coucher.

NÉRINE.

C'est-à-dire que ton maître a couché au lansquenet.

FRONTIN.

Je ne te dis pas cela.

NÉRINE.

Le Chevalier est un jeune homme bien morigéné! Avoue qu'il est incommode de loger en même maison avec des femmes qui ont intérêt d'examiner notre conduite. Ma maîtresse lui avoit défendu de jouer.... Il se brouillera avec Angélique.

FRONTIN.

Que m'importe? En tous cas, s'il manque la jeune, la vieille ne le manquera pas.... A la vérité, ton Dorante a plus de biens-fonds ; mais les biens-fonds ont des bornes, et le casuel d'un joueur n'en a pas.

NÉRINE.

Dorante est un si honnête homme!

FRONTIN.

Dorante est honnête homme, mais mon maître est joli.

NÉRINE.

Un esprit solide et doux.

FRONTIN.

Vert et piquant, c'est ce qu'il faut pour réveiller le goût des femmes.

NÉRINE.

Dorante est un homme fait.

FRONTIN.

En cas d'amant, ce qui est à faire vaut mieux que ce qui est fait.

NÉRINE.

Un bon cœur, généreux et sincère.

FRONTIN.

Oh! mon maître ne se pique point de ces niaiseries-là; mais, en récompense, c'est le plus ensorcelant petit scélérat, un tour de scélératesse si galant, que les femmes ont du plaisir à se laisser tromper par lui.

NÉRINE.

J'espère qu'Angélique reviendra de ce plaisir-là.

FRONTIN.

Elle n'en reviendra qu'après la noce.

NÉRINE.

Si je puis la rattraper dans quelque moment raisonnable....

FRONTIN.

Si mon maître peut la rattraper dans quelque moment déraisonnable.... etc.

Voici comment Regnard rend les mêmes idées :

NÉRINE.

Que fait Valère ?

HECTOR.

Il dort.

NÉRINE.

    Il faut que je le voie.

HECTOR.

Va, mon maître ne voit personne quand il dort....

NÉRINE.

Quand se lèvera-t-il ?

HECTOR.

    Mais, avant qu'il se lève,
Il faudra qu'il se couche, et franchement.... etc.

NÉRINE.

Angélique, entre nous, seroit extravagante
De rejeter l'amour que pour elle a Dorante;
Lui, c'est un homme d'ordre, et qui vit congrûment.

HECTOR.

L'amour se plaît un peu dans le dérèglement.

NÉRINE.

Un amant fait et mûr.

HECTOR.

Les filles, d'ordinaire,
Aiment mieux le fruit vert.

L'entrée du Joueur sur la scène est aussi à peu près la même dans les deux pièces. Dufresny ne fait paroître son Joueur qu'au second acte, et le fait parler ainsi :

LE CHEVALIER, donnant son manteau à Frontin.

Pourquoi m'ôtes-tu mon manteau, bourreau que tu es?

FRONTIN.

C'est vous qui me le donnez.

LE CHEVALIER.

Ne vois-tu pas que je veux ressortir?

FRONTIN.

Le sommeil vous seroit plus utile que....

LE CHEVALIER.

Remets-moi mon manteau, raisonneur.... Irai-je encore....

(Le Chevalier se promène à grands pas, et Frontin le suit voulant mettre son manteau sur ses épaules, etc.)

Que l'on consulte maintenant la scène quatrième du premier acte du *Joueur,* on retrouvera les mêmes idées; mais quelle différence dans l'expression du caractère! *Le Chevalier* est un bourru de sang froid; l'autre est véritablement un *joueur* emporté, à qui des revers de fortune ont troublé la raison.

Cette scène présente encore des traits de ressemblance très frappants, et qui, s'ils étoient rapprochés, ne seroient pas à l'avantage de Dufresny.

Une idée charmante, qui appartient incontestablement à celui-ci, et qui ne se trouve point dans la pièce de Regnard, est le trait qui suit :

LE CHEVALIER.

Un fauteuil.... (Il s'assied.) Je suis abîmé; j'en ai l'obligation à un homme, un homme, Frontin, un seul homme qui me suit partout.

FRONTIN.

Est-ce un de ces joueurs prudents qui ne donnent rien au hasard?

LE CHEVALIER.

Non, je n'ai jamais joué contre lui.

FRONTIN.

Et comment vous a-t-il donc abimé?

LE CHEVALIER.

Il a la rage de me porter malheur en s'appuyant sur le dos de ma chaise. C'est un écumeur de réjouissance qui a la face longue d'une toise : dès que je le vois, ma carte est prise.

Ce trait de caractère n'auroit pas échappé à Regnard; et s'il eût effectivement mis à contribution les idées de Dufresny, il n'auroit pas négligé celle-ci.

La scène du Traité de Sénèque se trouve dans les deux poètes. Nous rapportons la manière dont elle est rendue par Dufresny; c'est à la fin de la troisième scène du deuxième acte.

LE CHEVALIER.

Je voudrois ne me point abandonner à mes réflexions; va me chercher un livre.

FRONTIN tire un papier.

Si vous voulez lire un petit ouvrage d'esprit.... (Le Chevalier prend le papier.) qui court les rues; c'est sur la pauvreté. Je suis curieux de voir tout ce qui s'écrit sur la pauvreté, car il me revient sans cesse dans l'idée que nous mourrons tous deux sur un fumier.

LE CHEVALIER, regardant fixement le papier sans le lire.

Trois coupe-gorge de suite !

FRONTIN.

Il n'y a point de coupe-gorge là-dedans.

LE CHEVALIER.

Je ne saurois m'appliquer; lis.

FRONTIN reprend le papier, et lit.

Diogène, parlant du mépris des richesses, disoit :

De mille soins fâcheux la richesse est suivie ;
  Mais le philosophe indigent
    N'a qu'un seul soin dans la vie :
  C'est de chercher de l'argent.

Sur le mépris de la mort :

  Tel héros que l'on vante tant,
  Mourut sans en avoir envie ;
Mais un brave joueur perd volontiers la vie,
  Quand il a perdu son argent.

Mais, monsieur, au lieu de m'écouter, vous méditez sur le portrait de votre maîtresse.

Si ceci n'est point une fade copie de la scène de Regnard, il faut convenir que la scène de Regnard enchérit beaucoup sur son modèle, ou plutôt qu'il a su convertir en une scène charmante et d'un excellent comique une tirade froide et insipide :

Dans ses heureuses mains le cuivre devient or.

On ne peut disconvenir qu'on a peine à soutenir la lecture de cette scène, lorsqu'on vient de lire celle de Regnard.

On retrouve encore dans les deux poètes la scène du mémoire des dettes du Joueur, avec cette différence, que dans Regnard le valet présente au père de son maître un état véritable de ses dettes; au lieu que dans Dufresny, Frontin, pour tirer de l'argent de la Comtesse, a fabriqué un mémoire de dettes supposées. Voici la scène de Dufresny; c'est la cinquième du second acte.

FRONTIN persuade à la Comtesse que le Chevalier quitte Angélique pour s'attacher à elle.

Entre nous, madame, toute la solidité de ce jeune homme-là est pour vous; il le dit bien lui-même dans ses moments de prudence. Je devrois, dit-il, me laisser entraîner au penchant vertueux que je me sens pour madame la Comtesse.

LA COMTESSE.

Quoi! il t'a parlé en ces termes?

FRONTIN.

Tout au moins, madame, tout au moins. Oui, je crois qu'il reviendroit de son premier entêtement, s'il avoit le temps de se reconnoître : or, afin qu'il ait le temps de se reconnoître, mon avis seroit que vous lui fissiez tenir adroitement l'argent nécessaire pour se reconnoître.

LA COMTESSE.

Je t'ai déjà dit que je paierois moi-même.

FRONTIN.

Vous-même ! si ces dettes-là sont d'une espèce libertine, des dettes de garçon, une femme régulière ne doit point entrer dans un détail si déréglé.

LA COMTESSE.

Voyons le mémoire.

FRONTIN.

Lisons : Mémoire déréglé des dettes envenimées de M. le Chevalier. Premièrement, à M. Frontin. Moi, c'est moi.... Pour gages, profits et deniers prêtés à mon maître, dans ses mauvais jours, 500 livres.

Pour cet article-ci, vous auriez raison de le payer par vos mains, de vous à moi, sans détour : aussi ma quittance est toute prête.

LA COMTESSE.

Nous verrons.

FRONTIN.

Plus, quatre-vingts louis d'or neufs pour une partie de paume ébauchée. Vous ne sauriez l'achever vous-même, madame ; il faut qu'il mette argent sous corde ; mais il vous rendra cela sous la galerie. Je lui sers de second ; nous avons quatre jeux à un, quarante-cinq à rien, une chasse au pied, et notre bisque à prendre : vous gagnerez, à coup sûr.

Plus, 2000 livres à quatre-vingt-treize quidams, pour nous avoir coiffés, chaussés, gantés, parfumés, rasés, médicamentés, voiturés, portés, alimentés, désaltérés, etc. Une dame prudente ne doit point paroître dans des payements qui concernent l'entretien d'un joli homme.

Plus, 600 livres pour du ratafia, eau-de-vie, pitrepite, et autres liqueurs soldatesques que vous n'oseriez payer, de peur d'être soupçonnée d'avoir aidé à la consommation d'icelles.

Il y a encore un article, parole donnée, pour cent pistoles d'honneur à mademoiselle Mimi, lingère du Palais. Vous verrez que c'est pour ses appointements : mais vous devez ignorer et payer la pauvre fille *incognito*, par mon ministère, si vous voulez.

LA COMTESSE.

Frontin, votre mémoire ridicule se monte à cinq ou six mille livres : vous ne m'aviez parlé que de deux mille.

FRONTIN.

Ne vous le disois-je pas? Donnez-moi deux mille livres, vous y gagnerez les deux tiers.

Nous bornerons là notre examen. Les scènes que nous venons de citer sont celles des deux pièces qui ont le plus de ressemblance : elles paroissent en quelque sorte calquées les unes sur les autres. Quel est celui qui les a produites le premier? c'est ce qu'on ne sauroit décider. Les préjugés cependant sont favorables à Regnard; sa comédie a paru la première, et la manière originale dont il a rendu ses scènes sembleroit prouver qu'elles lui sont propres.

D'ailleurs, comme on l'a dit plus haut, en accordant à Dufresny le mérite de l'invention, il faut avouer que Regnard a tellement embelli ses pensées, qu'il leur a en quelque sorte donné une nouvelle existence; et Dufresny, en faisant paroître son *Chevalier joueur* après la comédie de Regnard, a été la dupe de son amour-propre.

Il a mis le public à portée de faire un parallèle qui ne lui étoit nullement avantageux ; et sa chute, comme s'expriment des auteurs du temps, n'a servi qu'à augmenter le triomphe de son adversaire.

Quelques années après (en 1709), Dufresny a donné une comédie intitulée *la Joueuse*, dans laquelle il emploie la plupart des scènes de son *Chevalier joueur;* mais cette pièce n'eut point de succès.

Tant de désagréments ne le rebutèrent pas. Il mit en vers cette dernière comédie, et se proposoit de la faire représenter de nouveau ; mais il a été surpris par la mort avant l'exécution de son projet, et cette pièce en vers est une de celles qu'il fit brûler sous ses yeux quelques heures avant sa mort.

Le Joueur de Regnard est resté sur notre scène, dont il fait un des plus beaux ornements. Cette comédie est une de celles que l'on donne le plus fréquemment, et que le public ne se lasse point de voir.

SUR LE JOUEUR.

NOMS DES ACTEURS

QUI ONT JOUÉ DANS LA COMÉDIE DU JOUEUR, DANS SA NOUVEAUTÉ, EN 1696.

Géronte, *le sieur Guérin* [1]. Valère, *le sieur Beaubourg* [2]. Angélique, Mlle *Dancourt* [3]. La Comtesse, Mlle *Desbrosses* [4]. Dorante, *le sieur Le Comte*. Le Marquis, *le sieur Poisson* [5]. Nérine, Mlle *Beauval* [6]. Madame la Ressource,

[1] Isaac-François Guérin d'Étriché a débuté au théâtre du Marais en 1673. Il est de ceux qui ont été conservés à la réunion des troupes en 1680. Il représentoit dans la tragédie les rôles de confident, et dans la comédie les rôles à manteau. Il s'est retiré du théâtre en 1718. C'est lui qui avoit épousé la veuve de Molière.

[2] Pierre Trochon, dit Beaubourg, a succédé à Baron, quand celui-ci se retira en 1691. Le personnage du Joueur étoit le rôle brillant de Beaubourg. Cet acteur a quitté le théâtre en 1718, et est mort en 1725.

[3] Cette actrice se nommoit Thérèse Le Noir de La Thorillière, et avoit épousé Dancourt, auteur et acteur. Elle étoit sœur du fameux La Thorillière, qui a joué d'original le rôle d'Hector. Mademoiselle Dancourt a quitté le théâtre en 1720, et est morte cinq ans après.

[4] Jeanne de La Rue, femme de Jean Le Blond Desbrosses, étoit, dit-on, une actrice inimitable dans les rôles de folle, de vieille coquette, etc. Elle a quitté le théâtre en 1718, et est morte en 1722.

[5] L'acteur dont il s'agit ici est Paul Poisson, fils de Raymond. Il a succédé à son père, et jouoit les mêmes rôles. Paul Poisson s'est retiré du théâtre en 1711, y a remonté en 1715, et l'a quitté pour la dernière fois en 1724. Il est mort le 29 décembre 1735.

[6] Jeanne Olivier Bourguignon, femme de Jean Pitel, dit Beauval. Cette actrice a été du nombre des comédiens conservés lors de la réunion des troupes en 1680. Elle réunissoit deux talents très

Mlle *Champvallon* [1]. Hector, *le sieur La Thorillière* [2]. M. Toutabas, *le sieur Desmares* [3].

rares; elle représentoit avec un succès égal les reines dans les tragédies, et les soubrettes dans les comédies. Mademoiselle Beauval s'est retirée du théâtre en 1704, et est morte le 20 mars 1720, en âgée de 73 ans. .

[1] Judith Chabot de La Rinville, femme de Jean-Baptiste de Last, dit Champvallon, a débuté en 1695, dans la tragédie; ensuite elle a doublé mademoiselle Desbrosses, et l'a remplacée après sa retraite. Mademoiselle de Champvallon s'est elle-même retirée en 1722, et est morte en 1742.

[2] Ce charmant acteur, dont la mémoire sera toujours chère aux amateurs du théâtre, se nommoit Pierre Le Noir, dit La Thorillière. Tout le monde sait qu'il a excellé dans les rôles de valet : celui d'Hector étoit un de ceux qui lui plaisoient le plus, et où son talent brilloit avec le plus d'avantage. Cet inimitable comédien est mort en 1731.

[3] Nicolas Desmares, reçu dans la troupe du roi en 1685, excelloit, dit-on, dans les rôles de paysan. Il s'est retiré du théâtre en 1712, et est mort en 1714.

PRÉFACE DE L'AUTEUR,

IMPRIMÉE EN TÊTE DE LA PREMIÈRE ÉDITION DE LA COMÉDIE DU JOUEUR, EN 1697.

Cette comédie a eu beaucoup plus de succès que l'auteur et les acteurs n'avoient osé l'espérer. Il y avoit contre elle une cabale très forte, et d'autant plus à craindre, qu'elle étoit composée des plus séditieux frondeurs des spectacles, et suscitée par les injustes plaintes d'un plagiaire qui produisoit une autre pièce en prose sous le même titre, et qui la lisoit tous les jours dans les cafés de Paris. Les personnes qui s'intéressent à la réussite de cette seconde comédie du *Joueur*, ont publié d'abord que la première étoit très mauvaise. La cour et la ville en ont jugé plus favorablement, et il seroit à souhaiter pour eux que l'ouvrage qu'ils protégent eût une destinée aussi heureuse.

PERSONNAGES.

GÉRONTE, père de Valère.
VALÈRE, amant d'Angélique.
ANGÉLIQUE, amante de Valère.
LA COMTESSE, sœur d'Angélique.
LE MARQUIS.
DORANTE, oncle de Valère, et amant d'Angélique.
NÉRINE, suivante d'Angélique.
Mme LA RESSOURCE, revendeuse à la toilette.
HECTOR, valet de Valère.
M. TOUTABAS, maître de trictrac.
M. GALONNIER, tailleur.
Mme ADAM, sellière.
Un Laquais d'Angélique.
Trois Laquais du Marquis.

La scène est à Paris, dans un hôtel garni.

LE JOUEUR,

COMÉDIE.

ACTE PREMIER.

SCÈNE I.

HECTOR, *dans un fauteuil, près d'une toilette.*

Il est, parbleu, grand jour. Déjà de leur ramage
Les coqs ont éveillé tout notre voisinage.
Que servir un joueur est un maudit métier !
Ne serai-je jamais laquais d'un sous-fermier ?
Je ronflerois mon soûl la grasse matinée,
Et je m'enivrerois le long de la journée :
Je ferois mon chemin ; j'aurois un bon emploi ;
Je serois dans la suite un conseiller du roi,
Rat de cave ou commis ; et que sait-on ? peut-être
Je deviendrois un jour aussi gras que mon maître.
J'aurois un bon carrosse à ressorts bien liants ;
De ma rotondité j'emplirois le dedans :
Il n'est que ce métier pour brusquer la fortune ;
Et tel change de meuble et d'habit chaque lune,

Qui, Jasmin autrefois, d'un drap du sceau [1] couvert,
Bornoit sa garde-robe à son justaucorps vert.
Quelqu'un vient.

SCÈNE II.

NÉRINE, HECTOR.

HECTOR.
Si matin, Nérine, qui t'envoie ?
NÉRINE.
Que fait Valère ?
HECTOR.
Il dort.
NÉRINE.
Il faut que je le voie.
HECTOR.
Va, mon maître ne voit personne quand il dort.
NÉRINE.
Je veux lui parler.
HECTOR.
Paix, ne parle pas si fort.
NÉRINE.
Oh ! j'entrerai, te dis-je.

[1] « On lit dans le Dictionnaire de Furetière : *Drap d'Usseau*; c'est un drap manufacturé en un village de Languedoc, près de Carcassonne, d'où ce nom lui est venu.... Ménage écrit que c'est à cause du sceau du roi qu'on y mettoit autrefois, mais on l'écrit ainsi abusivement. » (*Note de M. Beuchot, dans son édition des OEuvres de Voltaire.*)

ACTE I, SCENE II.

HECTOR.
                    Ici je suis de garde,
Et je ne puis t'ouvrir que la porte bâtarde.

NÉRINE.
Tes sots raisonnements sont pour moi superflus.

HECTOR.
Voudrois-tu voir mon maître *in naturalibus*?

NÉRINE.
Quand se lèvera-t-il ?

HECTOR.
                    Mais, avant qu'il se lève,
Il faudra qu'il se couche ; et franchement....

NÉRINE.
                                        Achève.

HECTOR.
Je ne dis mot.

NÉRINE.
            Oh ! parle, ou de force, ou de gré.

HECTOR.
Mon maître, en ce moment, n'est pas encor rentré.

NÉRINE.
Il n'est pas rentré ?

HECTOR.
                Non ; il ne tardera guère :
Nous n'ouvrons pas matin. Il a plus d'une affaire,
Ce garçon-là.

NÉRINE.
            J'entends. Autour d'un tapis vert,
Dans un maudit brelan, ton maître joue et perd,

Ou bien, réduit à sec, d'une âme familière,
Peut-être il parle au ciel d'une étrange manière.
Par ordre très exprès d'Angélique, aujourd'hui
Je viens pour rompre ici tout commerce avec lui.
Des sermens les plus forts appuyant sa tendresse,
Tu sais qu'il a cent fois promis à ma maîtresse
De ne toucher jamais cornet, carte, ni dé,
Par quelque espoir de gain dont son cœur fût guidé;
Cependant....

HECTOR.

Je vois bien qu'un rival domestique
Consigne entre tes mains pour avoir Angélique.

NÉRINE.

Et quand cela seroit, n'aurois-je pas raison ?
Mon cœur ne peut souffrir de lâche trahison.
Angélique, entre nous, seroit extravagante
De rejeter l'amour qu'a pour elle Dorante :
Lui, c'est un homme d'ordre, et qui vit congrûment.

HECTOR.

L'amour se plaît un peu dans le dérèglement.

NÉRINE.

Un amant fait et mûr.

HECTOR.

Les filles, d'ordinaire,
Aiment mieux le fruit vert.

NÉRINE.

D'un fort bon caractère,
Qui ne sut de ses jours ce que c'est que le jeu.

ACTE I, SCENE II.

HECTOR.

Mais mon maître est aimé.

NÉRINE.

Dont j'enrage, morbleu !
Ne verrai-je jamais les femmes détrompées
De ces colifichets, de ces fades poupées,
Qui n'ont, pour imposer, qu'un grand air débraillé,
Un nez de tous côtés de tabac barbouillé,
Une lèvre qu'on mord pour rendre plus vermeille,
Un chapeau chiffonné qui tombe sur l'oreille,
Une longue steinkerque à replis tortueux,
Un haut-de-chausse bas prêt à tomber sous eux ;
Qui, faisant le gros dos, la main dans la ceinture,
Viennent, pour tout mérite, étaler leur figure ?

HECTOR.

C'est le goût d'à présent ; tes cris sont superflus,
Mon enfant.

NÉRINE.

Je veux, moi, réformer cet abus.
Je ne souffrirai pas qu'on trompe ma maîtresse,
Et qu'on profite ainsi d'une tendre foiblesse ;
Qu'elle épouse un joueur, un petit brelandier,
Un franc dissipateur, et dont tout le métier
Est d'aller de cent lieux faire la découverte
Où de jeux et d'amour on tient boutique ouverte,
Et qui le conduiront tout droit à l'hôpital.

HECTOR.

Ton sermon me paroît un tant soit peu brutal.
Mais, tant que tu voudras, parle, prêche, tempête,

Ta maîtresse est coiffée.
NÉRINE.
Et crois-tu, dans ta tête,
Que l'amour sur son cœur ait un si grand pouvoir?
Elle est fille d'esprit; peut-être dès ce soir
Dorante, par mes soins, l'épousera.
HECTOR.
Tarare!
Elle est dans mes filets.
NÉRINE.
Et moi je te déclare
Que je l'en tirerai dès aujourd'hui.
HECTOR.
Bon, bon!
NÉRINE.
Que Dorante a pour lui Nérine et la raison.
HECTOR.
Et nous avons l'amour. Tu sais que d'ordinaire,
Quand l'amour veut parler, la raison doit se taire,
Dans les femmes, s'entend.
NÉRINE.
Tu verras que chez nous,
Quand la raison agit, l'amour a le dessous.
Ton maître est un amant d'une espèce plaisante!
Son amour peut passer pour fièvre intermittente;
Son feu pour Angélique est un flux et reflux.
HECTOR.
Elle est, après le jeu, ce qu'il aime le plus.

ACTE I, SCENE II.

NÉRINE.

Oui, c'est la passion qui seule le dévore :
Dès qu'il a de l'argent, son amour s'évapore.

HECTOR.

Mais en revanche aussi, quand il n'a pas un sou,
Tu m'avoûras qu'il est amoureux comme un fou.

NÉRINE.

Oh! j'empêcherai bien....

HECTOR.

Nous ne te craignions guère;
Et ta maîtresse, encor hier, promit à Valère
De lui donner dans peu, pour prix de son amour,
Son portrait enrichi de brillants tout autour.
Nous l'attendons, ma chère, avec impatience :
Nous aimons les bijoux avec concupiscence.

NÉRINE.

Le portrait est tout prêt, mais ce n'est pas pour lui,
Et Dorante en sera possesseur aujourd'hui.

HECTOR.

A d'autres.

NÉRINE.

N'est-ce pas une honte à Valère,
Étant fils de famille, ayant encor son père,
Qu'il vive comme il fait, et que, comme un banni,
Depuis un an il loge en cet hôtel garni?

HECTOR.

Et vous y logez bien, et vous et votre clique.

NÉRINE.

Est-ce de même, dis? Ma maîtresse Angélique,

Et la veuve sa sœur, ne sont dans ce pays
Que pour un temps, et n'ont point de père à Paris.

HECTOR.

Valère a déserté la maison paternelle,
Mais ce n'est point à lui qu'il faut faire querelle;
Et si monsieur son père avoit voulu sortir,
Nous y serions encore, à ne t'en point mentir.
Ces pères, bien souvent, sont obstinés en diable.

NÉRINE.

Il a tort, en effet, d'être si peu traitable!
Quoi qu'il en soit, enfin, je ne t'abuse pas,
Je fais la guerre ouverte; et je vais de ce pas
Dire ce que je vois, avertir ma maîtresse
Que Valère toujours est faux dans sa promesse;
Qu'il ne sera jamais digne de ses amours;
Qu'il a joué, qu'il joue, et qu'il joûra toujours.
Adieu.

HECTOR.

Bonjour.

SCÈNE III.

HECTOR, seul.

Autant que je m'y peux connoître,
Cette Nérine-ci n'est pas trop pour mon maître.
A-t-elle grand tort? Non, c'est un panier percé,
Qui....

SCÈNE IV.

VALÈRE, HECTOR.

(Valère paroît en désordre, comme un homme qui a joué toute la nuit.)

HECTOR.
Mais je l'aperçois. Qu'il a l'air harassé !
On soupçonne aisément, à sa triste figure,
Qu'il cherche en vain quelqu'un qui prête à triple usure.
VALÈRE.
Quelle heure est-il ?
HECTOR.
Il est.... Je ne m'en souviens pas.
VALÈRE.
Tu ne t'en souviens pas ?
HECTOR.
Non, monsieur.
VALÈRE.
Je suis las
De tes mauvais discours ; et tes impertinences....
HECTOR, à part.
Ma foi, la vérité répond aux apparences.
VALÈRE.
(à part.)
Ma robe de chambre. Euh !
HECTOR, à part.
Il jure entre ses dents.

VALÈRE.

Hé bien, me faudra-t-il attendre encor long-temps?

(Il se promène.)

HECTOR.

Eh! la voilà, monsieur.

(Il suit son maître, tenant sa robe de chambre toute déployée.)

VALÈRE, se promenant.

Une école maudite
Me coûte, en un moment, douze trous tout de suite.
Que je suis un grand chien! Parbleu, je te saurai,
Maudit jeu de trictrac, ou bien je ne pourrai.
Tu peux me faire perdre, ô fortune ennemie!
Mais me faire payer, parbleu, je t'en défie:
Car je n'ai pas un sou.

HECTOR, tenant toujours la robe.

Vous plairoit-il, monsieur....

VALÈRE, se promenant.

Je me ris de tes coups, j'incague [1] ta fureur.

HECTOR.

Votre robe de chambre est, monsieur, toute prête.

VALÈRE.

Va te coucher, maraud; ne me romps point la tête.
Va-t'en.

HECTOR.

Tant mieux.

---

[1] Il y a peu d'exemples dans Regnard d'expression aussi inusitée que celle-ci. On trouve ce mot dans Rabelais. Les étymologistes ne sont pas d'accord sur son origine. Il signifie dans ce vers *braver, mépriser*. (G. A. C.)

SCÈNE V.

VALÈRE, se mettant dans un fauteuil.

Je veux dormir dans ce fauteuil.
Que je suis malheureux ! Je ne puis fermer l'œil.
Je dois de tous côtés, sans espoir, sans ressource,
Et n'ai pas, grâce au ciel, un écu dans ma bourse.
Hector !... Que ce coquin est heureux de dormir !
Hector !

SCÈNE VI.

VALÈRE, HECTOR.

HECTOR, derrière le théâtre.

Monsieur ?

VALÈRE.

Hé bien, bourreau ! veux-tu venir ?

(Hector entre à moitié déshabillé.)

N'es-tu pas las encor de dormir, misérable ?

HECTOR.

Las de dormir ! monsieur ? Hé ! je me donne au diable,
Je n'ai pas eu le temps d'ôter mon justaucorps.

VALÈRE.

Tu dormiras demain.

HECTOR, à part.

Il a le diable au corps.

VALÈRE.

Est-il venu quelqu'un ?

HECTOR.

> Il est, selon l'usage,

Venu maint créancier; de plus, un gros visage,
Un maître de trictrac qui ne m'est pas connu.
Le maître de musique est encore venu.
Ils reviendront bientôt.

VALÈRE.

> Bon. Pour cette autre affaire,

M'as-tu déterré....

HECTOR.

> Qui? cette honnête usurière,

Qui nous prête, par heure, à vingt sous par écu?

VALÈRE.

Justement, elle-même.

HECTOR.

> Oui, monsieur, j'ai tout vu.

Qu'on vend cher maintenant l'argent à la jeunesse!
Mais enfin, j'ai tant fait, avec un peu d'adresse,
Qu'elle m'a reconduit d'un air fort obligeant;
Et vous aurez, je crois, au plus tôt votre argent.

VALÈRE.

J'aurois les mille écus! O ciel! quel coup de grâce!
Hector, mon cher Hector, viens çà que je t'embrasse.

HECTOR.

Comme l'argent rend tendre!

VALÈRE.

> Et tu crois qu'en effet,

Je n'ai, pour en avoir, qu'à donner mon billet?

HECTOR.

Qui le refuseroit seroit bien difficile :

ACTE I, SCENE VI.

Vous êtes aussi bon que banquier de la ville.
Pour la réduire au point où vous la souhaitez,
Il a fallu lever bien des difficultés :
Elle est d'accord de tout, du temps, des arrérages ;
Il ne faut maintenant que lui donner des gages.

VALÈRE.

Des gages ?

HECTOR.

Oui, monsieur.

VALÈRE.

Mais y penses-tu bien ?
Où les prendrai-je, dis ?

HECTOR.

Ma foi, je n'en sais rien.
Pour nippes, nous n'avons qu'un grand fonds d'espérance
Sur les produits trompeurs d'une réjouissance ;
Et dans ce siècle-ci, messieurs les usuriers
Sur de pareils effets prêtent peu volontiers.

VALÈRE.

Mais quel gage, dis-moi, veux-tu que je lui donne ?

HECTOR.

Elle viendra tantôt elle-même en personne,
Vous vous ajusterez ensemble en quatre mots.
Mais, monsieur, s'il vous plaît, pour changer de propos,
Aimeriez-vous toujours la charmante Angélique ?

VALÈRE.

Si je l'aime ? Ah ! ce doute et m'outrage et me pique.
Je l'adore.

HECTOR.

Tant pis : c'est un signe fâcheux.

Quand vous êtes sans fonds, vous êtes amoureux;
Et quand l'argent renaît, votre tendresse expire.
Votre bourse est, monsieur, puisqu'il faut vous le dire,
Un thermomètre sûr, tantôt bas, tantôt haut,
Marquant de votre cœur ou le froid ou le chaud.

VALÈRE.

Ne crois pas que le jeu, quelque sort qu'il me donne,
Me fasse abandonner cette aimable personne.

HECTOR.

Oui; mais j'ai bien peur, moi, qu'on ne vous plante là.

VALÈRE.

Et sur quel fondement peux-tu juger cela?

HECTOR.

Nérine sort d'ici, qui m'a dit qu'Angélique
Pour Dorante votre oncle en ce moment s'explique;
Que vous jouez toujours, malgré tous vos serments,
Et qu'elle abjure enfin ses tendres sentiments.

VALÈRE.

Dieux! que me dis-tu là?

HECTOR.

    Ce que je viens d'entendre.

VALÈRE.

Bon! cela ne se peut; on t'a voulu surprendre.

HECTOR.

Vous êtes assez riche en bonne opinion,
A ce qu'il me paroît.

VALÈRE.

    Point. Sans présomption,
On sait ce que l'on vaut.

HECTOR.
Mais si, sans vouloir rire,
Tout alloit comme j'ai l'honneur de vous le dire,
Et qu'Angélique enfin pût changer....
VALÈRE.
En ce cas,
Je prends le parti.... Mais cela ne se peut pas.
HECTOR.
Si cela se pouvoit, qu'une passion neuve....
VALÈRE.
En ce cas, je pourrois rabattre sur la veuve,
La Comtesse sa sœur.
HECTOR.
Ce dessein me plaît fort.
J'aime un amour fondé sur un bon coffre-fort.
Si vous vouliez un peu vous aider avec elle,
Cette veuve, je crois, ne seroit point cruelle;
Ce seroit une éponge à presser au besoin.
VALÈRE.
Cette éponge, entre nous, ne vaudroit pas ce soin.
HECTOR.
C'est, dans son caractère, une espèce parfaite,
Un ambigu nouveau de prude et de coquette,
Qui croit mettre les cœurs à contribution,
Et qui veut épouser; c'est là sa passion.
VALÈRE.
Épouser?
HECTOR.
Un marquis, de même caractère,

Grand épouseur aussi, la galope et la flaire.
VALÈRE.

Et quel est ce marquis?
HECTOR.

      C'est, à vous parler net,
Un marquis de hasard fait par le lansquenet;
Fort brave, à ce qu'il dit, intrigant, plein d'affaires;
Qui croit de ses appas les femmes tributaires;
Qui gagne au jeu beaucoup, et qui, dit-on, jadis
Étoit valet de chambre avant d'être marquis.
Mais sauvons-nous, monsieur; j'aperçois votre père.

SCÈNE VII.

GÉRONTE, VALÈRE, HECTOR.

GÉRONTE.

DOUCEMENT; j'ai deux mots à vous dire, Valère.
 (à Hector.)
Pour toi, j'ai quelques coups de canne à te prêter.
HECTOR.

Excusez-moi, monsieur, je ne puis m'arrêter.
GÉRONTE.

Demeure là, maraud.
HECTOR, à part.

     Il n'est pas temps de rire.
GÉRONTE.

Pour la dernière fois, mon fils, je viens vous dire
Que votre train de vie est si fort scandaleux
Que vous m'obligerez à quelque éclat fâcheux.

Je ne puis retenir ma bile davantage,
Et ne saurois souffrir votre libertinage.
Vous êtes pilier-né de tous les lansquenets,
Qui sont, pour la jeunesse, autant de trébuchets.
Un bois plein de voleurs est un plus sûr passage;
Dans ces lieux, jour et nuit, ce n'est que brigandage.
Il faut opter des deux, être dupe ou fripon.

HECTOR.

Tous ces jeux de hasard n'attirent rien de bon.
J'aime les jeux galants où l'esprit se déploie.
(à Géronte.)
C'est, monsieur, par exemple, un joli jeu que l'oie.

GÉRONTE, à Hector.
(à Valère.)
Tais-toi. Non, à présent le jeu n'est que fureur :
On joue argent, bijoux, maisons, contrats, honneur;
Et c'est ce qu'une femme, en cette humeur à craindre,
Risque plus volontiers, et perd plus sans se plaindre.

HECTOR.

Oh! nous ne risquons pas, monsieur, de tels bijoux.

GÉRONTE.

Votre conduite enfin m'enflamme de courroux;
Je ne puis vous souffrir vivre de cette sorte :
Vous m'avez obligé de vous fermer ma porte;
J'étois las, attendant chez moi votre retour,
Qu'on fît du jour la nuit, et de la nuit le jour.

HECTOR.

C'est bien fait. Ces joueurs qui courent la fortune,
Dans leurs déréglements ressemblent à la lune,

Se couchant le matin, et se levant le soir.

GÉRONTE.

Vous me poussez à bout; mais je vous ferai voir
Que si vous ne changez de vie et de manière,
Je saurai me servir de mon pouvoir de père,
Et que de mon courroux vous sentirez l'effet.

HECTOR, à Valère.

Votre père a raison.

GÉRONTE.

Comme le voilà fait!
Débraillé, mal peigné, l'œil hagard! A sa mine
On croiroit qu'il viendroit, dans la forêt voisine,
De faire un mauvais coup.

HECTOR, à part,

On croiroit vrai de lui :
Il a fait trente fois coupe-gorge aujourd'hui.

GÉRONTE.

Serez-vous bientôt las d'une telle conduite?
Parlez, que dois-je enfin espérer dans la suite?

VALÈRE.

Je reviens aujourd'hui de mon égarement,
Et ne veux plus jouer, mon père, absolument.

HECTOR, à part.

Voilà du fruit nouveau dont son fils le régale.

GÉRONTE.

Quand ils n'ont pas un sou; voilà de leur morale.

VALÈRE.

J'ai de l'argent encore; et, pour vous contenter,
De mes dettes je veux aujourd'hui m'acquitter.

ACTE I, SCENE VII.

GÉRONTE.

S'il est ainsi, vraiment, j'en ai bien de la joie.

HECTOR, bas, à Valère.

Vous acquitter, monsieur! avec quelle monnoie?

VALÈRE, bas, à Hector.

(haut, à son père.)

Te tairas-tu? Mon oncle aspire dans ce jour
A m'ôter d'Angélique et la main et l'amour :
Vous savez que pour elle il a l'âme blessée,
Et qu'il veut m'enlever....

GÉRONTE.

Oui, je sais sa pensée,
Et je serai ravi de le voir confondu.

HECTOR, à Géronte.

Vous n'avez qu'à parler, c'est un homme tondu.

GÉRONTE.

Je voudrois bien déjà que l'affaire fût faite.
Angélique est fort riche, et point du tout coquette,
Maîtresse de son choix. Avec ce bon dessein,
Va te mettre en état de mériter sa main,
Payer tes créanciers....

VALÈRE.

J'y vais, j'y cours....

(Il va pour sortir, parle bas à Hector, et revient.)

Mon père....

GÉRONTE.

Hé! plaît-il?

VALÈRE.

Pour sortir entièrement d'affaire,

Il me manque environ quatre ou cinq mille francs.
Si vous vouliez, monsieur....

GÉRONTE.

Ah, ah! je vous entends.
Vous m'avez mille fois bercé de ces sornettes.
Non; comme vous pourrez, allez payer vos dettes.

VALÈRE.

Mais, mon père, croyez....

GÉRONTE.

A d'autres, s'il vous plaît.

VALÈRE.

Prêtez-moi mille écus.

HECTOR, à Géronte.

Nous paîrons l'intérêt
Au denier un.

VALÈRE.

Monsieur....

GÉRONTE.

Je ne puis vous entendre.

VALÈRE.

Je ne veux point, mon père, aujourd'hui vous surprendre;
Et pour vous faire voir quels sont mes bons desseins,
Retenez cet argent, et payez par vos mains.

HECTOR.

Ah! parbleu, pour le coup, c'est être raisonnable.

GÉRONTE.

Et de combien encore êtes-vous redevable?

VALÈRE.

La somme n'y fait rien.

ACTE I, SCENE VII.

GÉRONTE.
>La somme n'y fait rien?

HECTOR.
Non. Quand vous le verrez vivre en homme de bien,
Vous ne regretterez nullement la dépense;
Et nous ferons, monsieur, la chose en conscience.

GÉRONTE.
Écoutez : je veux bien faire un dernier effort;
Mais, après cela, si....

VALÈRE.
>Modérez ce transport;

Que sur mes sentiments votre âme se repose.
Je vais voir Angélique; et mon cœur se propose
D'arrêter son courroux déjà près d'éclater.

SCÈNE VIII.

GÉRONTE, HECTOR.

HECTOR.
Je m'en vais travailler, moi, pour vous contenter,
A vous faire, en raisons claires et positives,
Le mémoire succinct de nos dettes passives,
Et que j'aurai l'honneur de vous montrer dans peu.

SCÈNE IX.

GÉRONTE, seul.

Mon frère en son amour n'aura pas trop beau jeu.
Non, quand ce ne seroit que pour le contredire,
Je veux rompre l'hymen où son amour aspire ;
Et j'aurai deux plaisirs à la fois, si je puis,
De chagriner mon frère, et marier mon fils.

SCÈNE X.

M. TOUTABAS, GÉRONTE.

M. TOUTABAS.

Avec tous les respects d'un cœur vraiment sincère,
Je viens pour vous offrir mon petit ministère.
Je suis, pour vous servir, gentilhomme auvergnac,
Docteur dans tous les jeux, et maître de trictrac :
Mon nom est Toutabas, vicomte de la Case,
Et votre serviteur, pour terminer ma phrase.

GÉRONTE, à part.

Un maître de trictrac ! Il me prend pour mon fils.
(haut.)
Quoi ! vous montrez, monsieur, un tel art dans Paris ?
Et l'on ne vous a pas fait présent, en galère,
D'un brevet d'espalier ?

M. TOUTABAS, à part.
                A quel homme ai-je affaire ?

(hant.)
Comment ! je vous soutiens que dans tous les états
On ne peut de mon art assez faire de cas ;
Qu'un enfant de famille, et qu'on veut bien instruire,
Devroit savoir jouer avant que savoir lire.

GÉRONTE.

Monsieur le professeur, avecque vos raisons,
Il faudroit vous loger aux Petites-Maisons.

M. TOUTABAS.

De quoi sert, je vous prie, une foule inutile
De chanteurs, de danseurs, qui montrent par la ville ?
Un jeune homme en est-il plus riche quand il sait
Chanter ré mi fa sol, ou danser un menuet ?
Paîra-t-on de marchands la cohorte pressante
Avec un vaudeville ou bien une courante ?
Ne vaut-il pas bien mieux qu'un jeune cavalier
Dans mon art au plus tôt se fasse initier ?
Qu'il sache, quand il perd, d'une âme non commune,
A force de savoir, rappeler la fortune ?
Qu'il apprenne un métier qui, par de sûrs secrets,
En le divertissant, l'enrichisse à jamais ?

GÉRONTE.

Vous êtes riche, à voir ?

M. TOUTABAS.

              Le jeu fait vivre à l'aise
Nombre d'honnêtes gens, fiacres, porteurs de chaise ;
Mille usuriers fournis de ces obscurs brillants,
Qui vont de doigts en doigts tous les jours circulants ;
Des Gascons à souper dans les brelans fidèles ;

Des chevaliers sans ordre ; et tant de demoiselles
Qui, sans le lansquenet et son produit caché,
De leur foible vertu feroient fort bon marché,
Et dont tous les hivers la cuisine se fonde
Sur l'impôt établi d'une infaillible ronde.

GÉRONTE.

S'il est quelque joueur qui vive de son gain,
On en voit tous les jours mille mourir de faim,
Qui, forcés à garder une longue abstinence,
Pleurent d'avoir trop mis à la réjouissance.

M. TOUTABAS.

Et c'est de là que vient la beauté de mon art.
En suivant mes leçons, on court peu ce hasard.
Je sais, quand il le faut, par un peu d'artifice,
D'un sort injurieux corriger la malice ;
Je sais dans un trictrac, quand il faut un sonnez,
Glisser des dés heureux, ou chargés, ou pipés ;
Et quand mon plein est fait, gardant mes avantages,
J'en substitue aussi d'autres prudents et sages,
Qui, n'offrant à mon gré que des as à tous coups,
Me font en un instant enfiler douze trous.

GÉRONTE.

Et, monsieur Toutabas, vous avez l'insolence
De venir dans ces lieux montrer votre science ?

M. TOUTABAS.

Oui, monsieur, s'il vous plaît.

GÉRONTE.

                Et vous ne craignez pas
Que j'arme contre vous quatre paires de bras,

ACTE I, SCENE X.

Qui le long de vos reins....

M. TOUTABAS.

Monsieur, point de colère ;
Je ne suis point ici venu pour vous déplaire.

GÉRONTE, le poussant.

Maître juré filou, sortez de la maison.

M. TOUTABAS.

Non, je n'en sors qu'après vous avoir fait leçon.

GÉRONTE.

A moi, leçon ?

M. TOUTABAS.

Je veux, par mon savoir extrême,
Que vous escamotiez un dé comme moi-même.

GÉRONTE.

Je ne sais qui me tient, tant je suis animé,
Que quelques bons soufflets donnés à poing fermé....
Va-t'en.

(Il le prend par les épaules.)

M. TOUTABAS.

Puisqu'aujourd'hui votre humeur pétulante
Vous rend l'âme aux leçons un peu récalcitrante,
Je reviendrai demain pour la seconde fois.

GÉRONTE.

Reviens.

M. TOUTABAS.

Vous plairoit-il de m'avancer le mois ?

GÉRONTE, le poussant tout-à-fait dehors.

Sortiras-tu d'ici, vrai gibier de potence ?

SCÈNE XI.

GÉRONTE, seul.

Je ne puis respirer, et j'en mourrai, je pense.
Heureusement mon fils n'a point vu ce fripon :
Il me prenoit pour lui dans cette occasion.
Sachons ce qu'il a fait ; et, sans plus de mystère,
Concluons son hymen, et finissons l'affaire.

FIN DU PREMIER ACTE.

ACTE SECOND.

SCÈNE I.

ANGÉLIQUE, NÉRINE.

ANGÉLIQUE.

Mon cœur seroit bien lâche, après tant de serments,
D'avoir encor pour lui de tendres mouvements.
Nérine, c'en est fait, pour jamais je l'oublie ;
Je ne veux ni l'aimer, ni le voir de ma vie ;
Je sens la liberté de retour dans mon cœur.
Ne me viens pas, au moins, parler en sa faveur.

NÉRINE.

Moi, parler pour Valère ! Il faudroit être folle.
Que plutôt à jamais je perde la parole !

ANGÉLIQUE.

Ne viens point désormais, pour calmer mon dépit,
Rappeler à mes sens son air et son esprit ;
Car tu sais qu'il en a.

NÉRINE.

       De l'esprit ! lui, madame !
Il est plus journalier mille fois qu'une femme :
Il rêve à tout moment ; et sa vivacité
Dépend presque toujours d'une carte, ou d'un dé.

ANGÉLIQUE.

Mon cœur est maintenant certain de sa victoire.

NÉRINE.

Madame, croyez-moi, je connois le grimoire.
Souvent tous ces dépits sont des hoquets d'amour.

ANGÉLIQUE.

Non; l'amour de mon cœur est banni sans retour.

NÉRINE.

Cet hôte dans un cœur a bientôt fait son gîte;
Mais il se garde bien d'en déloger si vite.

ANGÉLIQUE.

Ne crains rien de mon cœur.

NÉRINE.

S'il venoit à l'instant,
Avec cet air flatteur, soumis, insinuant,
Que vous lui connoissez; que d'un ton pathétique,

(Elle se met à ses pieds.)

Il vous dît à vos pieds : « Non, charmante Angélique,
« Je ne veux opposer à tout votre courroux
« Qu'un seul mot : Je vous aime, et je n'aime que vous.
« Votre âme en ma faveur n'est-elle point émue?
« Vous ne me dites rien ! vous détournez la vue !

(Elle se relève.)

« Vous voulez donc ma mort? il faut vous contenter. »
Peut-être en ce moment pour vous épouvanter,
Il se soufflettera d'une main mutinée,
Se donnera du front contre une cheminée,
S'arrachera de rage un toupet de cheveux,
Qui ne sont pas à lui. Mais de ces airs fougueux

Ne vous étonnez pas; comptez qu'en sa colère
Il ne se fera pas grand mal.

ANGÉLIQUE.

Laisse-moi faire.

NÉRINE.

Vous voilà, grâce au ciel, bien instruite sur tout;
Ne vous démentez point, tenez bon jusqu'au bout.

SCÈNE II.

LA COMTESSE, ANGÉLIQUE, NÉRINE.

LA COMTESSE.

On dit partout, ma sœur, qu'un peu moins prévenue,
Vous épousez Dorante.

ANGÉLIQUE.

Oui, j'y suis résolue.

LA COMTESSE.

Mon cœur en est ravi. Valère est un vrai fou,
Qui joûroit votre bien jusques au dernier sou.

ANGÉLIQUE.

D'accord.

LA COMTESSE.

J'aime à vous voir vaincre votre tendresse.
Cet amour, entre nous, étoit une foiblesse.
Il faut se dégager de ces attachements
Que la raison condamne et qui flattent nos sens.

ANGÉLIQUE.

Il est vrai.

LA COMTESSE.

Rien n'est plus à craindre dans la vie,
Qu'un époux qui du jeu ressent la tyrannie.
J'aimerois mieux qu'il fût gueux, avaricieux,
Coquet, fâcheux, mal fait, brutal, capricieux,
Ivrogne, sans esprit, débauché, sot, colère,
Que d'être un emporté joueur comme est Valère.

ANGÉLIQUE.

Je sais que ce défaut est le plus grand de tous.

LA COMTESSE.

Vous ne voulez donc plus en faire votre époux?

ANGÉLIQUE.

Moi? non : dans ce dessein nos humeurs sont conformes.

NÉRINE.

Il a, ma foi, reçu son congé dans les formes.

LA COMTESSE.

C'est bien fait. Puisqu'enfin vous renoncez à lui,
Je vais l'épouser, moi.

ANGÉLIQUE.

  L'épouser?

LA COMTESSE.

     Aujourd'hui.

ANGÉLIQUE.

Ce joueur, qu'à l'instant....

LA COMTESSE.

    Je saurai le réduire.
On sait sur les maris ce que l'on a d'empire.

ANGÉLIQUE.

Quoi! vous voulez, ma sœur, avec cet air si doux,

ACTE II, SCENE II.

Ce maintien réservé, prendre un nouvel époux ?
LA COMTESSE.
Et pourquoi non, ma sœur ? Fais-je donc un grand crime
De rallumer les feux d'un amour légitime ?
J'avois fait vœu de fuir tout autre engagement.
Pour garder du défunt le souvenir charmant,
Je portois son portrait ; et cette vive image
Me soulageoit un peu des chagrins du veuvage :
Mais qu'est-ce qu'un portrait, quand on aime bien fort ?
C'est un époux vivant qui console d'un mort !
NÉRINE.
Madame n'aime pas les maris en peinture.
LA COMTESSE.
Cela racquitte-t-il d'une perte aussi dure ?
NÉRINE.
C'est irriter le mal au lieu de l'adoucir.
ANGÉLIQUE.
Connoisseuse en maris, vous deviez mieux choisir.
Vous unir à Valère !
LA COMTESSE.
   Oui, ma sœur, à lui-même.
ANGÉLIQUE.
Mais vous n'y pensez pas. Croyez-vous qu'il vous aime ?
LA COMTESSE.
S'il m'aime, lui ! s'il m'aime ! Ah ! quel aveuglement !
On a certains attraits, un certain enjoûment,
Que personne ne peut me disputer, je pense.
ANGÉLIQUE.
Après un si long temps de pleine jouissance,

Vos attraits sont à vous sans contestation.
LA COMTESSE.
Et je puis en user à ma discrétion.
ANGÉLIQUE.
Sans doute ; et je vois bien qu'il n'est pas impossible
Que Valère pour vous ait eu le cœur sensible.
L'or est d'un grand secours pour acheter un cœur ;
Ce métal, en amour, est un grand séducteur.
LA COMTESSE.
En vain vous m'insultez avec un tel langage ;
La modération fut toujours mon partage :
Mais ce n'est point par l'or que brillent mes attraits ;
Et jamais, en aimant, je ne fis de faux frais.
Mes sentiments, ma sœur, sont différents des vôtres ;
Si je connois l'amour, ce n'est que dans les autres.
J'ai beau m'armer de fier, je vois de toutes parts
Mille cœurs amoureux suivre mes étendards :
Un conseiller de robe, un seigneur de finance,
Dorante, le Marquis, briguent mon alliance ;
Mais si d'un nouveau nœud je veux bien me lier,
Je prétends à Valère offrir un cœur entier.
Je fais profession d'une vertu sévère.
ANGÉLIQUE.
Qui peut vous assurer de l'amour de Valère ?
LA COMTESSE.
Qui peut m'en assurer ? mon mérite, je crois.
ANGÉLIQUE.
D'autres sur lui, ma sœur, auroient les mêmes droits.

ACTE II, SCÈNE II.

LA COMTESSE.

Il n'eut jamais pour vous qu'une estime stérile,
Un petit feu léger, vagabond, volatile.
Quand on veut inspirer une solide amour,
Il faut avoir vécu, ma sœur, bien plus d'un jour;
Avoir un certain poids, une beauté formée
Par l'usage du monde, et des ans confirmée.
Vous n'en êtes pas là.

ANGÉLIQUE.

J'attendrai bien du temps.

NÉRINE.

Madame est prévoyante, elle a pris les devants.
Mais on vient.

SCÈNE III.

LA COMTESSE, ANGÉLIQUE, NÉRINE,
UN LAQUAIS.

LE LAQUAIS, à la Comtesse.

Le Marquis, madame, est là qui monte.

LA COMTESSE.

Le Marquis? Hé! non, non; il n'est pas sur mon compte.

LE JOUEUR.

SCÈNE IV.

LE MARQUIS, LA COMTESSE, ANGÉLIQUE, NÉRINE.

LE MARQUIS, se rajustant, à la Comtesse.
Je suis tout en désordre : un maudit embarras
M'a fait quitter ma chaise à deux ou trois cents pas;
Et j'y serois encor dans des peines mortelles,
Si l'Amour, pour vous voir, ne m'eût prêté ses ailes.

LA COMTESSE.
Que monsieur le Marquis est galant sans fadeur!

LE MARQUIS.
Oh! point du tout, je suis votre humble serviteur.
Mais, à vous parler net, sans que l'esprit fatigue,
Près du sexe je sais me démêler d'intrigue.
(apercevant Angélique.)
Ah, juste ciel! quel est cet admirable objet?

LA COMTESSE.
C'est ma sœur.

LE MARQUIS.
  Votre sœur! vraiment, c'est fort bien fait.
Je vous sais gré d'avoir une sœur aussi belle;
On la prendroit, parbleu, pour votre sœur jumelle.

LA COMTESSE.
Comme à tout ce qu'il dit il donne un joli tour!
Qu'il est sincère! On voit qu'il est homme de cour.

LE MARQUIS.
Homme de cour, moi! non. Ma foi, la cour m'ennuie;

L'esprit de ce pays n'est qu'en superficie;[1]
Sitôt que vous voulez un peu l'approfondir,
Vous rencontrez le tuf. J'y pourrois m'agrandir;
J'ai de l'esprit, du cœur, plus que seigneur de France;
Je joue, et j'y ferois fort bonne contenance :
Mais je n'y vais jamais que par nécessité,
Et pour y rendre au roi quelque civilité.

NÉRINE.

Il vous est obligé, monsieur, de tant de peine.

LE MARQUIS.

Je n'y suis pas plus tôt, soudain je perds haleine.
Ces fades compliments sur de grands mots montés,
Ces protestations qui sont futilités,
Ces serrements de mains dont on vous estropie,
Ces grands embrassements dont un flatteur vous lie,
M'ôtent à tout moment la respiration :
On ne s'y dit bonjour que par convulsion.

ANGÉLIQUE, au Marquis.

Les dames de la cour sont bien mieux votre affaire?

LE MARQUIS.

Point. Il faut être au moins gros fermier pour leur plaire :
Leur sotte vanité croit ne pouvoir trop haut

---

[1] On lit dans l'édition originale *supercherie;* mot qui peut bien former un sens, mais que le vers suivant ne peut admettre. Cette édition originale est très fautive, et si je l'ai suivie *exactement*, comme je l'ai fait pour les autres pièces, ce n'est que lorsque son texte est confirmé par les éditions imprimées peu de temps après; car la bonne leçon se trouve presque toujours dans ces éditions suivantes, et rarement les fautes de l'édition originale.

(G. A. C.)

A des faveurs de cour mettre un injuste taux.
Moi, j'aime à pourchasser des beautés mitoyennes.
L'hiver, dans un fauteuil, avec des citoyennes,
Les pieds sur les chenets étendus sans façons,
Je pousse la fleurette, et conte mes raisons.
Là, toute la maison s'offre à me faire fête;
Valets, filles de chambre, enfants, tout est honnête :
L'époux même discret, quand il entend minuit,
Me laisse avec madame, et va coucher sans bruit.
Voilà comme je vis, quand parfois dans la ville
Je veux bien déroger....

NÉRINE.

La manière est facile;
Et ce commerce-là me paroît assez doux.

LE MARQUIS, à la Comtesse.

C'est ainsi que je veux en user avec vous.
Je suis tout naturel, et j'aime la franchise :
Ma bouche ne dit rien que mon cœur n'autorise ;
Et quand de mon amour je vous fais un aveu,
Madame, il est trop vrai que je suis tout en feu.

LA COMTESSE.

Fi donc, petit badin, un peu de retenue;
Vous me parlez, Marquis, une langue inconnue :
Le mot d'amour me blesse, et me fait trouver mal.

LE MARQUIS.

L'effet n'en seroit pas peut-être si fatal.

NÉRINE.

Elle veut qu'en détours la chose s'enveloppe;
Et ce mot dit à cru lui cause une syncope.

ACTE II, SCENE IV.

ANGÉLIQUE.

Dans la bouche d'un autre il deviendroit plus doux.

LA COMTESSE.

Comment? qu'est-ce? plaît-il? parlez; expliquez-vous.
Parlez donc, parlez donc. Apprenez, je vous prie,
Que mortel, tel qu'il soit, ne me dit de ma vie
Un mot douteux qui puisse effleurer mon honneur.[1]

LE MARQUIS.

Croiroit-on qu'une veuve auroit tant de pudeur?

ANGÉLIQUE.

Mais Valère vous aime; et souvent....

LE MARQUIS.

Qu'est-ce à dire,
Valère? Un autre ici conjointement soupire!
Ah! si je le savois, je lui ferois, morbleu....
Où loge-t-il?

NÉRINE.

Ici.

LE MARQUIS *fait semblant de s'en aller, et revient.*

Nous nous verrons dans peu.

---

[1] Ces deux vers sont conformes à l'édition originale, et aux réimpressions qui l'ont suivie. L'édition de 1714 offre la même leçon; mais dans celle de 1731 on lit :

> *Que mortel, quel qu'il* soit, ne me dit de sa vie
> Un mot douteux *qui pût* effleurer mon honneur.

Et tous les éditeurs ont depuis adopté ces corrections. Correction soit; mais on conviendra que l'harmonie en souffre un peu : *que mortel, quel qu'il soit.... qui pût.* Regnard n'a point écrit ainsi. Il étoit *comique*, et non *puriste*. (G. A. C.)

LE JOUEUR.

LA COMTESSE.

Mais quel droit avez-vous sur moi?

LE MARQUIS.

Quel droit, ma reine?
Le droit de bienséance avec celui d'aubaine.
Vous me convenez fort, et je vous conviens mieux.
Sur vous l'on sait assez que je jette les yeux.

LA COMTESSE.

Vous êtes fou, Marquis, de parler de la sorte.

LE MARQUIS.

Je sais ce que je dis, ou le diable m'emporte.

LA COMTESSE.

Sommes-nous donc liés par quelque engagement?

LE MARQUIS.

Non pas autrement.... mais....

LA COMTESSE.

Qu'est-ce à dire? Comment....
Parlez.

LE MARQUIS.

Je ne sais point prendre en main des trompettes
Pour publier partout les faveurs qu'on m'a faites.

ANGÉLIQUE.

Hé, ma sœur!

NÉRINE.

Des faveurs!

LE MARQUIS.

Suffit, je suis discret,
Et sais, quand il le faut, oublier un secret.

LA COMTESSE.

On ne connoît que trop ma retenue austère.
Il veut rire.

LE MARQUIS.

Ah, parbleu! je saurai de Valère
Quel est, en vous aimant, le but de ses désirs,
Et de quel droit il vient chasser sur mes plaisirs.

SCÈNE V.

ANGÉLIQUE, LA COMTESSE, LE MARQUIS, NÉRINE, un Laquais.

LE LAQUAIS, *rendant un billet au Marquis.*

Monsieur, c'est de la part de la grosse Comtesse.

LE MARQUIS, *le mettant dans sa poche.*

Je le lirai tantôt.

      (Le Laquais sort.)

SCÈNE VI.

ANGÉLIQUE, LA COMTESSE, LE MARQUIS, NÉRINE, un second Laquais.

LE SECOND LAQUAIS.

Cette jeune Duchesse
Vous attend à vingt pas pour vous mener au jeu.

LE MARQUIS.

Qu'elle attende.

     (Le second Laquais sort.)

SCÈNE VII.

ANGÉLIQUE, LA COMTESSE, LE MARQUIS, NÉRINE, un troisième Laquais.

LE TROISIÈME LAQUAIS.
Monsieur....

LE MARQUIS.
Encore! Ah, palsambleu!
Il faut que de la ville enfin je me dérobe.

LE TROISIÈME LAQUAIS.
Je viens de voir, monsieur, cette femme de robe,
Qui dit que cette nuit son mari couche aux champs,
Et que ce soir, sans bruit....

LE MARQUIS.
Il suffit, je t'entends.
Tu prendras ce manteau, fait pour bonne fortune,
De couleur de muraille; et tantôt, sur la brune,
Va m'attendre en secret où tu fus avant-hier,
Là....

LE TROISIÈME LAQUAIS.
Je sais....

(Il sort.)

SCÈNE VIII.

ANGÉLIQUE, LA COMTESSE, LE MARQUIS, NÉRINE.

LE MARQUIS.
Il faudroit avoir un corps de fer
Pour résister à tout. J'ai de l'ouvrage à faire,
Comme vous le voyez ; mais je m'en veux distraire.
(à la Comtesse.)
Vous ferez désormais tous mes soins les plus doux.
LA COMTESSE.
Si mon cœur étoit libre, il pourroit être à vous.
LE MARQUIS.
Adieu, charmant objet : à regret je vous quitte.
C'est un pesant fardeau d'avoir un gros mérite.

SCÈNE IX.

LA COMTESSE, ANGÉLIQUE, NÉRINE.

NÉRINE, à la Comtesse.
Cet homme-là vous aime épouvantablement.
ANGÉLIQUE, à la Comtesse.
Je ne vous croyois pas un tel engagement.
LA COMTESSE.
Il est vif.
ANGÉLIQUE.
Il vous aime ; et son ardeur est belle.

LA COMTESSE.

L'amour qu'il a pour moi lui tourne la cervelle :
Il ne m'a pourtant vue encore que deux fois.

NÉRINE.

Il en a donc bien fait la première....

SCÈNE X.

VALÈRE, LA COMTESSE, ANGÉLIQUE, NÉRINE.

NÉRINE.

Je crois
Voir Valère.

LA COMTESSE.

L'amour auprès de moi le guide.

NÉRINE.

Il tremble en approchant.

LA COMTESSE.

J'aime un amant timide,
(à Valère.)
Cela marque un bon fond. Approchez, approchez;
Ouvrez de votre cœur les sentiments cachés.

(à Angélique.)

Vous allez voir, ma sœur.

VALÈRE, à la Comtesse.

Ah ! quel bonheur, madame,
Que vous me permettiez d'ouvrir toute mon âme;

(à Angélique.)

Et quel plaisir de dire, en des transports si doux,

ACTE II, SCENE X.

Que mon cœur vous adore, et n'adore que vous!
LA COMTESSE.
L'amour le trouble. Hé quoi! que faites-vous, Valère?
VALÈRE.
Ce que vous-même ici m'avez permis de faire.
NÉRINE, à part.
Voici du quiproquo.
VALÈRE, à Angélique.
Que je serois heureux,
S'il vous plaisoit encor de recevoir mes vœux!
LA COMTESSE, à Valère.
Vous vous méprenez.
VALÈRE, à la Comtesse.
Non. Enfin, belle Angélique,
Entre mon oncle et moi que votre cœur s'explique;
Le mien est tout à vous, et jamais dans un cœur....
LA COMTESSE.
Angélique!
VALÈRE.
On ne vit une plus noble ardeur.
LA COMTESSE.
Ce n'est donc pas pour moi que votre cœur soupire?
VALÈRE.
Madame, en ce moment je n'ai rien à vous dire.
Regardez votre sœur; et jugez si ses yeux
Ont laissé dans mon cœur de place à d'autres feux.
LA COMTESSE.
Quoi! d'aucun feu pour moi votre âme n'est éprise?

VALÈRE.

Quelques civilités que l'usage autorise....

LA COMTESSE.

Comment ?

ANGÉLIQUE.

Il ne faut pas avec sévérité
Exiger des amants trop de sincérité.
Ma sœur, tout doucement avalez la pilule.

LA COMTESSE.

Taisez-vous, s'il vous plaît, petite ridicule.

VALÈRE, à la Comtesse.

Vous avez cent vertus, de l'esprit, de l'éclat,
Vous êtes belle, riche, et....

LA COMTESSE.

Vous êtes un fat.

ANGÉLIQUE.

La modération, qui fut votre partage,
Vous ne la mettez pas, ma sœur, trop en usage.

LA COMTESSE.

Monsieur vaut-il le soin qu'on se mette en courroux ?
C'est un extravagant, il est tout fait pour vous.

(Elle sort.)

SCÈNE XI.

VALÈRE, ANGÉLIQUE, NÉRINE.

NÉRINE, à part.

Elle connoît ses gens.

VALÈRE.

Oui, pour vous je soupire,
Et je voudrois avoir cent bouches pour le dire.

NÉRINE, bas, à Angélique.

Allons, madame, allons, ferme; voici le choc.
Point de foiblesse au moins, ayez un cœur de roc.

ANGÉLIQUE, bas, à Nérine.

Ne m'abandonne point.

NÉRINE, bas, à Angélique.

Non, non; laissez-moi faire.

VALÈRE.

Mais que me sert, hélas! que mon cœur vous préfère?
Que sert à mon amour un si sincère aveu?
Vous ne m'écoutez point, vous dédaignez mon feu.
De vos beaux yeux pourtant, cruelle, il est l'ouvrage.
Je sais qu'à vos beautés c'est faire un dur outrage
De nourrir dans mon cœur des désirs partagés;
Que la fureur du jeu se mêle où vous régnez:
Mais....

ANGÉLIQUE.

Cette passion est trop forte en votre âme
Pour croire que l'amour d'aucun feu vous enflamme.

Suivez, suivez l'ardeur de vos emportements ;
Mon cœur n'en aura point de jaloux sentiments.
NÉRINE, bas, à Angélique.
Optimè.
VALÈRE.
Désormais, plein de votre tendresse,
Nulle autre passion n'a rien qui m'intéresse :
Tout ce qui n'est point vous me paroît odieux.
ANGÉLIQUE, d'un ton plus tendre.
Non, ne vous présentez jamais devant mes yeux.
NÉRINE, bas, à Angélique.
Vous mollissez.
VALÈRE.
Jamais ! quelle rigueur extrême !
Jamais ! Ah ! que ce mot est cruel quand on aime !
Hé quoi ! rien ne pourra fléchir votre courroux ?
Vous voulez donc me voir mourir à vos genoux ?
ANGÉLIQUE.
Je prends peu d'intérêt, monsieur, à votre vie.
NÉRINE, bas, à Angélique.
Nous allons bientôt voir jouer la comédie.
VALÈRE.
Ma mort sera l'effet de mon cruel dépit.
NÉRINE, bas, à Angélique.
Qu'un amant mort pour nous nous mettroit en crédit !
VALÈRE.
Vous le voulez ? Hé bien, il faut vous satisfaire,
Cruelle ! il faut mourir.
(Il veut tirer son épée.)

ACTE II, SCENE XI.

ANGÉLIQUE, l'arrêtant.

Que faites-vous, Valère ?

NÉRINE, bas, à Angélique.

Hé bien, ne voilà pas votre tendre maudit
Qui vous prend à la gorge ! Euh !

ANGÉLIQUE, bas, à Nérine.

Tu ne m'as pas dit,
Nérine, qu'il viendroit se percer à ma vue ;
Et je tremble de peur quand une épée est nue.

NÉRINE, à part.

Que les amants sont sots !

VALÈRE.

Puisqu'un soin généreux
Vous intéresse encore aux jours d'un malheureux,
Non, ce n'est point assez de me rendre la vie ;
Il faut que par l'amour, désarmée, attendrie,
Vous me rendiez encor ce cœur si précieux,
Ce cœur sans qui le jour me devient odieux.

ANGÉLIQUE, bas, à Nérine.

Nérine, qu'en dis-tu ?

NÉRINE, bas, à Angélique.

Je dis qu'en la mêlée
Vous avez moins de cœur qu'une poule mouillée.

VALÈRE.

Madame, au nom des dieux, au nom de vos attraits....

ANGÉLIQUE.

Si vous me promettiez....

VALÈRE.

Oui, je vous le promets,

Que la fureur du jeu sortira de mon âme,
Et que j'aurai pour vous la plus ardente flamme....
NÉRINE, à part.
Pour faire des serments il est toujours tout prêt.
ANGÉLIQUE.
Il faut encore, ingrat, vouloir ce qu'il vous plaît.
Oui, je vous rends mon cœur.
VALÈRE, baisant la main d'Angélique.
Ah ! quelle joie extrême !
ANGÉLIQUE.
Et pour vous faire voir à quel point je vous aime,
Je joins à ce présent celui de mon portrait.
(Elle lui donne son portrait enrichi de diamants.)
NÉRINE, à part.
Hélas ! de mes sermons voilà quel est l'effet !
VALÈRE.
Quel excès de faveur !
ANGÉLIQUE.
Gardez-le, je vous prie.
VALÈRE, le baisant.
Que je le garde, ô ciel ! Le reste de ma vie....
Que dis-je ? je prétends que ce portrait si beau
Soit mis avecque moi dans le même tombeau,
Et que même la mort jamais ne nous sépare.
NÉRINE, à part.
Que l'esprit d'une fille est changeant et bizarre !
ANGÉLIQUE.
Ne me trompez donc plus, Valère ; et que mon cœur
Ne se repente point de sa facile ardeur.

ACTE II, SCENE XI.

VALÈRE.

Fiez-vous aux serments de mon âme amoureuse.

NÉRINE, à part.

Ah ! que voilà pour l'oncle une époque fâcheuse !

SCÈNE XII.

VALÈRE, seul.

Est-il dans l'univers de mortel plus heureux ?
Elle me rend son cœur ; elle comble mes vœux,
M'accable de faveur....

SCÈNE XIII.

VALÈRE, HECTOR.

HECTOR.

Monsieur, je viens vous dire....

VALÈRE.

Je suis tout transporté. Vois, considère, admire :
Angélique m'a fait ce généreux présent.

HECTOR.

Que les brillants sont gros ! Pour être plus content,
Je vous amène encore un lénitif de bourse,
Une usurière.

VALÈRE.

Et qui ?

HECTOR.

Madame la Ressource.

SCÈNE XIV.

Mme LA RESSOURCE, VALÈRE, HECTOR.

VALÈRE, embrassant madame la Ressource.

Hé ! bonjour, mon enfant : tu ne peux concevoir
Jusqu'où va dans mon cœur le plaisir de te voir.

Mme LA RESSOURCE.

Je vous suis obligée on ne peut davantage.

HECTOR.

Elle est jolie encor ; mais quel sombre équipage !
Vous voilà, sans mentir, aussi noire qu'un four.

VALÈRE.

Ne vois-tu pas, Hector, que c'est un deuil de cour ?

Mme LA RESSOURCE.

Oh ! monsieur, point du tout. Je suis une bourgeoise,
Qui sais me mesurer justement à ma toise.
J'en connois bien pourtant, qui ne me valent pas,
Qui se font teindre en noir du haut jusques en bas :
Mais pour moi je n'ai point cette sotte manie ;
Et si mon pauvre époux étoit encore en vie....

(Elle pleure.)

VALÈRE.

Quoi ! monsieur la Ressource est mort ?

Mme LA RESSOURCE.

Subitement.

HECTOR, pleurant.

Subitement ? Hélas ! j'en suis fâché vraiment.

ACTE II, SCENE XIV.

(bas, à Valère.)

Au fait.

VALÈRE.

J'aurois besoin, madame la Ressource,
De mille écus.

Mme LA RESSOURCE.

Monsieur, disposez de ma bourse.

VALÈRE.

Je fais, bien entendu, mon billet au porteur.

HECTOR.

Et je veux l'endosser.

Mme LA RESSOURCE.

Avec les gens d'honneur
On ne perd jamais rien.

VALÈRE.

Je veux que tu le prennes.
Nous faisons ici-bas des routes incertaines ;
Je pourrois bien mourir. Ce maraud m'avoit dit
Que sur des gages sûrs tu prêtois à crédit.

Mme LA RESSOURCE.

Sur des gages, monsieur ? c'est une médisance ;
Je sais que ce seroit blesser ma conscience.
Pour des nantissements qui valent bien leur prix,
De la vieille vaisselle au poinçon de Paris,
Des diamants usés, et qu'on ne sauroit vendre,
Sans risquer mon honneur, je crois que j'en puis prendre.

VALÈRE.

Je n'ai pour te donner, vaisselle ni bijoux.

HECTOR.

Oh, parbleu! nous marchons sans crainte des filous.

Mme LA RESSOURCE.

Hé bien, nous attendrons, monsieur, qu'il vous en vienne.

VALÈRE.

Compte, ma pauvre enfant, que ma mort est certaine,
Si je n'ai dans ce jour mille écus.

Mme LA RESSOURCE.

Ah, monsieur!
Je voudrois les avoir; ce seroit de grand cœur.

VALÈRE.

Ma charmante, mon cœur, ma reine, mon aimable,
Ma belle, ma mignonne, et ma tout adorable.

HECTOR, à genoux.

Par pitié.

Mme LA RESSOURCE.

Je ne puis.

HECTOR.

Ah! que nous sommes fous!
Tous ces gens-là, monsieur, ont des cœurs de cailloux;
Sans des nantissements il ne faut rien prétendre.

VALÈRE.

Dis-moi donc, si tu veux, où je les pourrai prendre.

HECTOR.

Attendez.... Mais comment, avec un cœur d'airain,
Refuser un billet endossé de ma main?

VALÈRE.

Mais vois donc.

ACTE II, SCENE XIV.

HECTOR.

Laissez-moi ; je cherche en ma boutique.

VALÈRE, bas, à Hector.

Écoute.... Nous avons le portrait d'Angélique.
Dans le temps difficile il faut un peu s'aider.

HECTOR, bas, à Valère.

Ah, que dites-vous là ! vous devez le garder.

VALÈRE, bas, à Hector.

D'accord : honnêtement je ne puis m'en défaire.

Mme LA RESSOURCE.

Adieu. Quelque autre fois nous finirons l'affaire.

VALÈRE, à madame la Ressource.

(bas, à Hector.)

Attendez donc. Tu sais jusqu'où vont mes besoins.
N'ayant pas son portrait, l'en aimerai-je moins ?

HECTOR, bas, à Valère.

Fort bien. Mais voulez-vous que cette perfidie....

VALÈRE, bas, à Hector.

Il est vrai. J'ai tantôt cette grosse partie
De ces joueurs en fonds qui doivent s'assembler.

Mme LA RESSOURCE.

Adieu.

VALÈRE, à madame la Ressource.

Demeurez donc : où voulez-vous aller ?

(bas, à Hector.)

Je ferai de l'argent ; ou celui de mon père,
Quoi qu'il puisse arriver, nous tirera d'affaire.

HECTOR, bas, à Valère.

Que peut dire Angélique alors qu'elle apprendra

Que de son cher portrait....

   VALÈRE, bas, à Hector.

       Et qui le lui dira ?
Dans une heure au plus tard nous irons le reprendre.

   HECTOR, bas, à Valère.

Dans une heure ?

   VALÈRE, bas, à Hector.

  Oui, vraiment.

   HECTOR, bas, à Valère.

      Je commence à me rendre.

   VALÈRE, bas, à Hector.

Je me mettrois en gage en mon besoin urgent.

   HECTOR, bas, à Valère, le considérant.

Sur cette nippe-là vous auriez peu d'argent.

   VALÈRE, bas, à Hector.

On ne perd pas toujours, je gagnerai sans doute.

   HECTOR, bas, à Valère.

Votre raisonnement met le mien en déroute.
Je sais que ce micmac ne vaut rien dans le fond.

   VALÈRE, bas, à Hector.

Je m'en tirerai bien, Hector, je t'en répond.

  (à madame la Ressource, montrant le portrait d'Angélique.)

Peut-on, sur ce bijou, sans trop de complaisance ?...

   Mme LA RESSOURCE.

Oui, je puis maintenant prêter en conscience ;
Je vois des diamants qui répondent du prêt,
Et qui peuvent porter un modeste intérêt.
Voilà les mille écus comptés dans cette bourse.

ACTE II, SCENE XIV.

VALÈRE.

Je vous suis obligé, madame la Ressource.
Au moins, ne manquez pas de revenir tantôt :
Je prétends retirer mon portrait au plus tôt.

Mme LA RESSOURCE.

Volontiers. Nous aimons à changer de la sorte.
Plus notre argent fatigue, et plus il nous rapporte.
Adieu, messieurs. Je suis tout à vous à ce prix.

(Elle sort.)

HECTOR, à madame la Ressource.

Adieu, juif, le plus juif qui soit dans tout Paris.

SCÈNE XV.

VALÈRE, HECTOR.

HECTOR.

Vous faites là, monsieur, une action inique.

VALÈRE.

Aux maux désespérés il faut de l'émétique :
Et cet argent, offert par les mains de l'amour,
Me dit que la fortune est pour moi dans ce jour.

FIN DU SECOND ACTE.

ACTE TROISIÈME.

SCÈNE I.

DORANTE, NÉRINE.

DORANTE.

Quel est donc le sujet pourquoi ton cœur soupire ?

NÉRINE.

Nous n'avons pas, monsieur, tous deux sujet de rire.

DORANTE.

Dis-moi donc, si tu veux, le sujet de tes pleurs.

NÉRINE.

Il faut aller, monsieur, chercher fortune ailleurs.

DORANTE.

Chercher fortune ailleurs ! As-tu fait quelque pièce
Qui t'auroit fait si tôt chasser de ta maîtresse ?

NÉRINE, pleurant plus fort.

Non : c'est de votre sort dont j'ai compassion ;
Et c'est à vous d'aller chercher condition.

DORANTE.

Que dis-tu ?

NÉRINE.

Qu'Angélique est une âme légère,
Et s'est mieux que jamais rengagée à Valère.

DORANTE.

Quoique pour mon amour ce coup soit assommant,
Je ne suis point surpris d'un pareil changement.
Je sais que cet amant tout entière l'occupe :
De ses ardeurs pour moi je ne suis point la dupe ;
Et lorsque de ses feux je sens quelque retour,
Je dois tout au dépit, et rien à son amour.
Je ne veux point, Nérine, éclater en injures,
Ni rappeler ici ses serments, ses parjures :
Ainsi que mon amour, je calme mon courroux.

NÉRINE.

Si vous saviez, monsieur, ce que j'ai fait pour vous !

DORANTE.

Tiens, reçois cette bague, et dis à ta maîtresse
Que, malgré ses dédains, elle aura ma tendresse,
Et que la voir heureuse est mon plus grand bonheur.

NÉRINE, prenant la bague en pleurant.

Ah, ah! je n'en puis plus ; vous me fendez le cœur.

SCÈNE II.

GÉRONTE, HECTOR, DORANTE, NÉRINE.

HECTOR, à Géronte.

Oui, monsieur, Angélique épousera Valère ;
Ils ont signé la paix.

GÉRONTE, à Hector.

(à Dorante.)

Tant mieux. Bonjour, mon frère.
Qu'est-ce? Hé bien, qu'avez-vous? vous êtes tout changé!

Allons, gai. Vous a-t-on donné votre congé?

DORANTE.

Vous êtes bien instruit des chagrins qu'on me donne!
On ne me verra point violenter personne;
Et quand je perds un cœur qui cherche à s'éloigner,
Mon frère, je prétends moins perdre que gagner.

GÉRONTE.

Voilà les sentiments d'un héros de Cassandre.
Entre nous, vous aviez fort grand tort de prétendre
Que sur votre neveu vous pussiez l'emporter.

DORANTE.

Non; je ne sus jamais jusque-là me flatter.
La jeunesse toujours eut des droits sur les belles;
L'Amour est un enfant qui badine avec elles :
Et quand, à certain âge, on veut se faire aimer,
C'est un soin indiscret qu'on devroit réprimer.

GÉRONTE.

Je suis, en vérité, ravi de vous entendre;
Et vous prenez la chose ainsi qu'il la faut prendre.

NÉRINE.

Si l'on m'en avoit cru, tout n'en iroit que mieux.

DORANTE.

Ma présence est assez inutile en ces lieux.
Je vais de mon amour tâcher à me défaire.

(Il sort.)

GÉRONTE.

Allez, consolez-vous ; c'est fort bien fait, mon frère.
Adieu.

SCÈNE III.

GÉRONTE, NÉRINE, HECTOR.

GÉRONTE.

Le pauvre enfant ! Son sort me fait pitié.

NÉRINE, s'en allant.

J'en ai le cœur saisi.

HECTOR.

Moi, j'en pleure à moitié.

Le pauvre homme !

SCÈNE IV.

GÉRONTE, HECTOR.

HECTOR, tirant un papier roulé avec plusieurs autres papiers.

Voila, monsieur, un petit rôle
Des dettes de mon maître. Il vous tient sa parole,
Comme vous le voyez, et croit qu'en tout ceci
Vous voudrez bien, monsieur, tenir la vôtre aussi.

GÉRONTE.

Çà, voyons, expédie au plus tôt ton affaire.

HECTOR.

J'aurai fait en deux mots. L'honnête homme de père !
Ah ! qu'à notre secours à propos vous venez !
Encore un jour plus tard, nous étions ruinés.

GÉRONTE.

Je le crois.

HECTOR.

N'allez pas sur les points vous débattre ;

Foi d'honnête garçon, je n'en puis rien rabattre :
Les choses sont, monsieur, tout au plus juste prix ;
De plus, je vous promets que je n'ai rien omis.
GÉRONTE.
Finis donc.
HECTOR.
   Il faut bien se mettre sur ses gardes.
« Mémoire juste et bref de nos dettes criardes,
« Que Mathurin Géronte auroit tantôt promis,
« Et promet maintenant de payer pour son fils. »
GÉRONTE.
Que je les paie ou non, ce n'est pas ton affaire.
Lis toujours.
HECTOR.
   C'est, monsieur, ce que je m'en vais faire.
« *Item*, doit à Richard cinq cents livres dix sous,
« Pour gages de cinq ans, frais, mises, loyaux-coûts. »
GÉRONTE.
Quel est ce Richard?
HECTOR.
   Moi, fort à votre service.
Ce nom n'étant point fait du tout à la propice
D'un valet de joueur, mon maître [1] de nouveau

---

[1] Dans les éditions faites après la mort de l'auteur, on a changé ainsi ces mots, *Mon maître, de nouveau,* etc. jusqu'à *dame de pique* :

Je me suis de nouveau
Donné celui d'Hector, du valet de carreau.
GÉRONTE.
Le beau nom!
HECTOR.
   C'est un nom d'une nouvelle espèce,
Qui part de mon esprit, fécond en gentillesse.

ACTE III, SCENE IV.

M'a mis celui d'Hector, du valet de carreau.

GÉRONTE.

Le beau nom ! Il devoit appeler Angélique
Pallas, du nom connu de la dame de pique.

HECTOR.

« Secondement, il doit à Jérémie Aaron,
« Usurier de métier, juif de religion.... »

GÉRONTE.

Tout beau, n'embrouillons point, s'il vous plaît, les affaires ;
Je ne veux point payer les dettes usuraires.

HECTOR.

Hé bien, soit. « Plus, il doit à maints particuliers,
« Ou quidams, dont les noms, qualités et métiers
« Sont déduits plus au long avecque les parties,
« Ès assignations dont je tiens les copies,
« Dont tous lesdits quidams, ou du moins peu s'en faut,
« Ont obtenu déjà sentence par défaut,
« La somme de dix mille une livre une obole,
« Pour l'avoir, sans relâche, un an, sur sa parole,
« Habillé, voituré, coiffé, chaussé, ganté,
« Alimenté, rasé, désaltéré, porté. »

GÉRONTE, faisant sauter les papiers que tient Hector.

Désaltéré, porté ! Que le diable t'emporte,
Et ton maudit mémoire écrit de telle sorte.

HECTOR, après avoir ramassé les papiers.

Si vous ne m'en croyez, demain, pour vous trouver,
J'enverrai les quidams tous à votre lever.

GÉRONTE.

La belle cour !

HECTOR.

« De plus, à Margot de La Plante, [1]
« Personne de ses droits usante et jouissante,
« Est dû loyalement deux cent cinquante écus
« Pour ses appointements de deux quartiers échus. »

GÉRONTE.

Quelle est cette Margot?

HECTOR.

Monsieur.... c'est une fille....
Chez laquelle mon maître.... Elle est vraiment gentille.

GÉRONTE.

Deux cent cinquante écus!

HECTOR.

Ce n'est, ma foi, pas cher :
Demandez; c'est, monsieur, un prix fait en hiver.

GÉRONTE.

Et tu prétends, bourreau....

---

[1] Cette leçon est conforme à celle des premières éditions, et elle est suivie à la représentation. Dans les éditions faites après la mort de l'auteur, ces vers : *De plus, à Margot de La Plante*, jusqu'à, *un prix fait en hiver*, ont été remplacés par les suivants :

HECTOR.

« De plus, à madame une telle,
« Pour certaine maison que nous occupons d'elle,
« Sise vers le rempart, deux cent cinquante écus,
« Pour parfait payement de cinq quartiers échus. »

GÉRONTE.

Quelle est cette maison?

HECTOR.

Monsieur, c'est un asile
Où nous nous retirons du fracas de la ville ;
Où mon maître, la nuit, pour noyer son chagrin,
Fait entrer sans payer quelques quartauts de vin.

ACTE III, SCENE IV.

HECTOR, *tournant le rôle.*

     Monsieur, point d'invectives.
Voici le contenu de nos dettes actives :
Et vous allez bien voir que le compte suivant,
Payé fidèlement, se monte à presque autant.

GÉRONTE.

Voyons.

HECTOR.

  « Premièrement, Isaac de La Serre.... »
Il est connu de vous.

GÉRONTE.

    Et de toute la terre :
C'est ce négociant, ce banquier si fameux.

HECTOR.

Nous ne vous donnons pas de ces effets verreux ;
Cela sent comme baume. Or donc ce de La Serre,
Si bien connu de vous et de toute la terre,
Ne nous doit rien.

GÉRONTE.

Comment !

HECTOR.

     Mais un de ses parents,
Mort aux champs de Fleurus, nous doit dix mille francs.

GÉRONTE.

Voilà certainement un effet fort bizarre !

HECTOR.

Oh ! s'il n'étoit pas mort, c'étoit de l'or en barre.
« Plus, à mon maître est dû, du chevalier Figeac,
« Les droits hypothéqués sur un tour de trictrac. »

GÉRONTE.

Que dis-tu ?

HECTOR.

La partie est de deux cents pistoles ;
C'est une dupe ; il fait en un tour vingt écoles :
Il ne faut plus qu'un coup.

GÉRONTE, lui donnant un soufflet.

Tiens, maraud, le voilà,
Pour m'offrir un mémoire égal à celui-là.
Va porter cet argent à celui qui t'envoie.

HECTOR.

Il ne voudra jamais prendre cette monnoie.

GÉRONTE.

Impertinent maraud ! va, je t'apprendrai bien
Avecque ton trictrac....

HECTOR.

Il a dix trous à rien.

SCÈNE V.

HECTOR, seul.

SA main est à frapper, non à donner, légère ;
Et mon maître a bien fait de faire ailleurs affaire.

SCÈNE VI.

VALÈRE, HECTOR.

(Valère entre en comptant beaucoup d'argent dans son chapeau.)

HECTOR, à part.

Mais le voici qui vient poussé d'un heureux vent :
Il a les yeux sereins et l'accueil avenant.
(haut.)
Par votre ordre, monsieur, j'ai vu monsieur Géronte,
Qui de notre mémoire a fait fort peu de compte :
Sa monnoie est frappée avec un vilain coin,
Et de pareil argent nous n'avons pas besoin.
J'ai vu, chemin faisant, aussi monsieur Dorante :
Morbleu ! qu'il est fâché !

VALÈRE, comptant toujours.

Mille deux cent cinquante.

HECTOR, à part.

La flotte est arrivée avec les galions ;
Cela va diablement hausser nos actions.
(haut.)
J'ai vu pareillement, par votre ordre, Angélique ;
Elle m'a dit....

VALÈRE, frappant du pied.

Morbleu ! ce dernier coup me pique ;
Sans les cruels revers de deux coups inouïs,
J'aurois encor gagné plus de deux cents louis.

HECTOR.

Cette fille, monsieur, de votre amour est folle.

VALÈRE, à part.

Damon m'en doit encor deux cents sur sa parole.

HECTOR, le tirant par la manche.

Monsieur, écoutez-moi; calmez un peu vos sens;
Je parle d'Angélique, et depuis fort long-temps.

VALÈRE, avec distraction.

Ah! d'Angélique? Hé bien, comment suis-je avec elle?

HECTOR.

On n'y peut être mieux. Ah, monsieur! qu'elle est belle!
Et que j'ai de plaisir à vous voir raccroché!

VALÈRE, avec distraction.

A te dire le vrai, je n'en suis pas fâché.

HECTOR.

Comment! quelle froideur s'empare de votre âme!
Quelle glace! Tantôt vous étiez tout de flamme.
Ai-je tort quand je dis que l'argent de retour
Vous fait faire toujours banqueroute à l'amour?
Vous vous sentez en fonds, *ergo* plus de maîtresse.

VALÈRE.

Ah! juge mieux, Hector, de l'amour qui me presse.
J'aime autant que jamais; mais sur ma passion
J'ai fait, en te quittant, quelque réflexion.
Je ne suis point du tout né pour le mariage.
Des parents, des enfants, une femme, un ménage,
Tout cela me fait peur. J'aime la liberté.

HECTOR.

Et le libertinage.

VALÈRE.

Hector, en vérité,

ACTE III, SCENE VI.

Il n'est point dans le monde un état plus aimable
Que celui d'un joueur : sa vie est agréable ;
Ses jours sont enchaînés par des plaisirs nouveaux ;
Comédie, opéra, bonne chère, cadeaux :
Il traîne en tous les lieux la joie et l'abondance :
On voit régner sur lui l'air de magnificence ;
Tabatières, bijoux : sa poche est un trésor ;
Sous ses heureuses mains le cuivre devient or.

HECTOR.

Et l'or devient à rien.

VALÈRE.

Chaque jour mille belles
Lui font la cour par lettre, et l'invitent chez elles :
La porte, à son aspect, s'ouvre à deux grands battants :
Là, vous trouvez toujours des gens divertissants ;
Des femmes qui jamais n'ont pu fermer la bouche,
Et qui sur le prochain vous tirent à cartouche ;
Des oisifs de métier, et qui toujours sur eux
Portent de tout Paris le lardon scandaleux ;
Des Lucrèces du temps, là, de ces filles veuves,
Qui veulent imposer et se donner pour neuves ;
De vieux seigneurs toujours prêts à vous cajoler ;
Des plaisants qui font rire avant que de parler.
Plus agréablement peut-on passer la vie?

HECTOR.

D'accord. Mais quand on perd, tout cela vous ennuie.

VALÈRE.

Le jeu rassemble tout ; il unit à la fois
Le turbulent marquis, le paisible bourgeois.

La femme du banquier, dorée et triomphante,
Coupe orgueilleusement la duchesse indigente.
Là, sans distinction, on voit aller de pair
Le laquais d'un commis avec un duc et pair;
Et quoi qu'un sort jaloux nous ait fait d'injustices,
De sa naissance ainsi l'on venge les caprices.

HECTOR.

A ce qu'on peut juger de ce discours charmant,
Vous voilà donc en grâce avec l'argent comptant.
Tant mieux. Pour se conduire en bonne politique,
Il faudroit retirer le portrait d'Angélique.

VALÈRE.

Nous verrons.

HECTOR.

Vous savez....

VALÈRE.

Je dois jouer tantôt.

HECTOR.

Tirez-en mille écus.

VALÈRE.

Oh! non, c'est un dépôt....

HECTOR.

Pour mettre quelque chose à l'abri des orages,
S'il vous plaisoit du moins de me payer mes gages.

VALÈRE.

Quoi! je te dois?

HECTOR.

Depuis que je suis avec vous,
Je n'ai pas, en cinq ans, encor reçu cinq sous.

VALÈRE.
Mon père te paîra; l'article est au mémoire.
HECTOR.
Votre père? Ah, monsieur! c'est une mer à boire.
Son argent n'a point cours, quoiqu'il soit bien de poids.
VALÈRE.
Va, j'examinerai ton compte une autre fois.
J'entends venir quelqu'un.
HECTOR.
Je vois votre sellière.
Elle a flairé l'argent.
VALÈRE, mettant promptement son argent dans sa poche.
Il faut nous en défaire.
HECTOR.
Et monsieur Galonnier, votre honnête tailleur.
VALÈRE.
Quel contretemps!

SCÈNE VII.

Mme ADAM, M. GALONNIER, VALÈRE,
HECTOR.

VALÈRE.
Je suis votre humble serviteur.
Bonjour, madame Adam. Quelle joie est la mienne!
Vous voir! c'est du plus loin, parbleu, qu'il me souvienne.
Mme ADAM.
Je viens pourtant ici souvent faire ma cour;

Mais vous jouez la nuit, et vous dormez le jour.

VALÈRE.

C'est pour cette calèche à velours à ramage?

Mme ADAM.

Oui, s'il vous plaît.

VALÈRE.

Je suis fort content de l'ouvrage;

(bas, à Hector.)

Il faut vous la payer... Songe par quel moyen
Tu pourras me tirer de ce triste entretien.

(haut.)

Vous, monsieur Galonnier, quel sujet vous amène?

M. GALONNIER.

Je viens vous demander....

HECTOR, à M. Galonnier.

Vous prenez trop de peine.

M. GALONNIER, à Valère.

Vous....

HECTOR, à M. Galonnier.

Vous faites toujours mes habits trop étroits.

M. GALONNIER, à Valère.

Si....

HECTOR, à M. Galonnier.

Ma culotte s'use en deux ou trois endroits.

M. GALONNIER, à Valère.

Je....

HECTOR, à M. Galonnier.

Vous cousez si mal....

Mme ADAM.

    Nous marions ma fille.

VALÈRE.

Quoi! vous la mariez? Elle est vive et gentille;
Et son époux futur doit en être content.

Mme ADAM.

Nous aurions grand besoin d'un peu d'argent comptant.

VALÈRE.

Je veux, madame Adam, mourir à votre vue,
Si j'ai....

Mme ADAM.

   Depuis long-temps cette somme m'est due.

VALÈRE.

Que je sois en maraud, déshonoré cent fois,
Si l'on m'a vu toucher un sou depuis six mois!

HECTOR.

Oui, nous avons tous deux, par pitié profonde,
Fait vœu de pauvreté : nous renonçons au monde.

M. GALONNIER.

Que votre cœur pour moi se laisse un peu toucher!
Notre femme est, monsieur, sur le point d'accoucher.
Donnez-moi cent écus sur et tant moins des dettes.

HECTOR, à M. Galonnier.

Et de quoi diable aussi, du métier dont vous êtes,
Vous avisez-vous là de faire des enfants?
Faites-moi des habits.

M. GALONNIER.

    Seulement deux cents francs.

VALÈRE.

Et mais.... si j'en avois.... Comptez que dans la vie

Personne de payer n'eut jamais tant d'envie.
Demandez....

HECTOR.

S'il avoit quelques deniers comptants,
Ne me pairoit-il pas mes gages de cinq ans?
Votre dette n'est pas meilleure que la mienne.

Mme ADAM.

Mais quand faudra-t-il donc, monsieur, que je revienne?

VALÈRE.

Mais.... quand il vous plaira.... Dès demain; que sait-on?

HECTOR.

Je vous avertirai quand il y fera bon.

M. GALONNIER.

Pour moi, je ne sors point d'ici qu'on ne m'en chasse.

HECTOR, à part.

Non, je ne vis jamais d'animal si tenace.

VALÈRE.

Écoutez, je vous dis un secret qui, je croi,
Vous plaira dans la suite autant et plus qu'à moi.
Je vais me marier tout-à-fait; et mon père
Avec mes créanciers doit me tirer d'affaire.

HECTOR.

Pour le coup....

Mme ADAM.

Il me faut de l'argent cependant.

HECTOR.

Cette raison vaut mieux que de l'argent comptant.
Montrez-nous les talons.

M. GALONNIER.

Monsieur, ce mariage

Se fera-t-il bientôt ?

HECTOR.

Tout au plus tôt. J'enrage.

Mme ADAM.

Sera-ce dans ce jour ?

HECTOR.

Nous l'espérons. Adieu.
Sortez. Nous attendons la future en ce lieu :
Si l'on vous trouve ici, vous gâterez l'affaire.

Mme ADAM.

Vous me promettez donc....

HECTOR.

Allez, laissez-moi faire.

Mme ADAM et M. GALONNIER, ensemble.

Mais, monsieur....

HECTOR, les mettant dehors.

Que de bruit ! Oh, parbleu ! détalez.

SCÈNE VIII.

VALÈRE, HECTOR.

HECTOR, riant.

Voila des créanciers assez bien régalés.
Vous devriez pourtant, en fonds comme vous êtes....

VALÈRE.

Rien ne porte malheur comme payer ses dettes.

HECTOR.

Ah ! je ne dois donc plus m'étonner désormais
Si tant d'honnêtes gens ne les payent jamais.

SCÈNE IX.

LE MARQUIS, VALÈRE, HECTOR, TROIS LAQUAIS.

HECTOR.

Mais voici le Marquis, ce héros de tendresse.

VALÈRE.

C'est là le soupirant?

HECTOR.

Oui, de notre Comtesse.

LE MARQUIS, vers la coulisse.

Que ma chaise se tienne à deux cents pas d'ici.
Et vous, mes trois laquais, éloignez-vous aussi :
Je suis *incognito*.

(Les Laquais sortent.)

SCÈNE X.

LE MARQUIS, VALÈRE, HECTOR.

HECTOR, à Valère.

Que prétend-il donc faire?

LE MARQUIS, à Valère.

N'est-ce pas vous, monsieur, qui vous nommez Valère?

VALÈRE.

Oui, monsieur; c'est ainsi qu'on m'a toujours nommé.

LE MARQUIS.

Jusques au fond du cœur j'en suis, parbleu, charmé.
Faites que ce valet à l'écart se retire.

VALÈRE, à Hector.

Va-t'en.

HECTOR.

Monsieur....

VALÈRE.

Va-t'en : faut-il te le redire ?

SCÈNE XI.

LE MARQUIS, VALÈRE.

LE MARQUIS.

Savez-vous qui je suis ?

VALÈRE.

Je n'ai pas cet honneur.

LE MARQUIS, à part.

Courage ; allons, Marquis, montre de la vigueur :
(haut.)
Il craint. Je suis pourtant fort connu dans la ville ;
Et, si vous l'ignorez, sachez que je faufile
Avec ducs, archiducs, princes, seigneurs, marquis,
Et tout ce que la cour offre de plus exquis ;
Petits-maîtres de robe à courte et longue queue.
J'évente les beautés et leur plais d'une lieue.
Je m'érige aux repas en maître architriclin [1] ;
Je suis le chansonnier et l'âme du festin.
Je suis parfait en tout. Ma valeur est connue ;
Je ne me bats jamais qu'aussitôt je ne tue :
De cent jolis combats je me suis démêlé ;

---

[1] *Architriclin*, ordonnateur du banquet.

J'ai la botte trompeuse et le jeu très brouillé.
Mes aïeux sont connus ; ma race est ancienne ;
Mon trisaïeul étoit vice-bailli du Maine.
J'ai le vol du chapon : ainsi, dès le berceau,
Vous voyez que je suis gentilhomme manceau.

VALÈRE.

On le voit à votre air.

LE MARQUIS.

J'ai, sur certaine femme,
Jeté, sans y songer, quelque amoureuse flamme.
J'ai trouvé la matière assez sèche de soi ;
Mais la belle est tombée amoureuse de moi.
Vous le croyez sans peine : on est fait d'un modèle
A prétendre hypothèque, à fort bon droit, sur elle ;
Et vouloir faire obstacle à de telles amours,
C'est prétendre arrêter un torrent dans son cours.

VALÈRE.

Je ne crois pas, monsieur, qu'on fût si téméraire.

LE MARQUIS.

On m'assure pourtant que vous le voulez faire.

VALÈRE.

Moi ?

LE MARQUIS.

Que, sans respecter ni rang, ni qualité,
Vous nourrissez dans l'âme une velléité
De me barrer son cœur.

VALÈRE.

C'est pure médisance ;
Je sais ce qu'entre nous le sort mit de distance.

ACTE III, SCÈNE XI.

LE MARQUIS, bas.

(haut.)

Il tremble. Savez-vous, monsieur du Lansquenet,
Que j'ai de quoi rabattre ici votre caquet?

VALÈRE.

Je le sais.

LE MARQUIS.

Vous croyez, en votre humeur caustique,
En agir avec moi comme avec l'as de pique.

VALÈRE.

Moi, monsieur?

LE MARQUIS, bas.

(haut.)

Il me craint. Vous faites le plongeon,
Petit noble à nasarde, enté sur sauvageon.

(Valère enfonce son chapeau.)

(bas.)   (haut.)

Je crois qu'il a du cœur. Je retiens ma colère :
Mais....

VALÈRE, mettant la main sur son épée.

Vous le voulez donc? Il faut vous satisfaire.

LE MARQUIS.

Bon, bon! je ris.

VALÈRE.

Vos ris ne sont point de mon goût,
Et vos airs insolents ne plaisent point du tout.
Vous êtes un faquin.

LE MARQUIS.

Cela vous plaît à dire.

VALÈRE.

Un fat, un malheureux.

LE MARQUIS.

Monsieur, vous voulez rire.

VALÈRE, mettant l'épée à la main.

Il faut voir sur-le-champ si les vice-baillis
Sont si francs du collier que vous l'avez promis.

LE MARQUIS.

Mais faut-il nous brouiller pour un sot point de gloire ?

VALÈRE.

Oh ! le vin est tiré, monsieur ; il le faut boire.

LE MARQUIS, criant.

Ah, ah ! je suis blessé.

SCÈNE XII.

LE MARQUIS, VALÈRE, HECTOR.

HECTOR, accourant.

Quels desseins emportés....

LE MARQUIS, mettant l'épée à la main.

Ah ! c'est trop endurer.

HECTOR, au Marquis.

Ah, monsieur ! arrêtez.

LE MARQUIS, à Hector.

Laissez-moi donc.

HECTOR, au Marquis.

Tout beau !

VALÈRE, à Hector.

Cesse de le contraindre

ACTE III, SCENE XII.

Va, c'est un malheureux qui n'est pas bien à craindre.

HECTOR, au Marquis.

Quel sujet....

LE MARQUIS, fièrement à Hector.

Votre maître a certains petits airs....

(*Valère s'approche du Marquis. Le Marquis effrayé, dit doucement :*)

Et prend mal à propos les choses de travers.
On vient civilement pour s'éclaircir d'un doute,
Et monsieur prend la chèvre ; il met tout en déroute,
Fait le petit mutin. Oh ! cela n'est pas bien.

HECTOR, au Marquis.

Mais encor quel sujet ?

LE MARQUIS, à Hector.

Quel sujet ? Moins que rien.
L'amour de la Comtesse auprès de lui m'appelle....

HECTOR, au Marquis.

Ah, diable ! c'est avoir une vieille querelle.
Quoi ! vous osez, monsieur, d'un cœur ambitieux,
Sur notre patrimoine ainsi jeter les yeux !
Attaquer la Comtesse, et nous le dire encore !

LE MARQUIS, à Hector.

Bon ! je ne l'aime pas ; c'est elle qui m'adore.

VALÈRE, au Marquis.

Oh ! vous pouvez l'aimer autant qu'il vous plaira ;
C'est un bien que jamais on ne vous envîra :
Vous êtes en effet un amant digne d'elle ;
Je vous cède les droits que j'ai sur cette belle.

HECTOR.

Oui, les droits sur le cœur ; mais sur la bourse, non.

LE MARQUIS, à part, mettant son épée dans le fourreau.

Je le savois bien, moi, que j'en aurois raison ;
Et voilà comme il faut se tirer d'une affaire.

HECTOR, au Marquis.

N'auriez-vous point besoin d'un peu d'eau vulnéraire ?

LE MARQUIS, à Valère.

Je suis ravi de voir que vous ayez du cœur,
Et que le tout se soit passé dans la douceur.
Serviteur. Vous et moi, nous en valons deux autres.
Je suis de vos amis.

VALÈRE.
Je ne suis pas des vôtres.

SCÈNE XIII.

VALÈRE, HECTOR.

VALÈRE.

Voilà donc ce Marquis, cet homme dangereux ?

HECTOR.

Oui, monsieur, le voilà.

VALÈRE.

C'est un grand malheureux.
Je crains que mes joueurs ne soient sortis du gîte ;
Ils ont trop attendu ; j'y retourne au plus vite.
J'ai dans le cœur, Hector, un bon pressentiment ;
Et je dois aujourd'hui gagner, assurément.

HECTOR.

Votre cœur est, monsieur, toujours insatiable.

ACTE III, SCENE XIII.

Ces inspirations viennent souvent du diable ;
Je vous en avertis, c'est un futé matois.

VALÈRE.

Elles m'ont réussi déjà plus d'une fois.

HECTOR.

Tant va la cruche à l'eau....

VALÈRE.

Paix ! Tu veux contredire:
A mon âge, crois-tu m'apprendre à me conduire?

HECTOR.

Vous ne me parlez point, monsieur, de votre amour.

VALÈRE.

Non.

SCÈNE XIV.

HECTOR, seul.

Il m'en parlera peut-être à son retour.

FIN DU TROISIÈME ACTE.

ACTE QUATRIÈME.

SCÈNE I.

ANGÉLIQUE, NÉRINE.

NÉRINE.

En vain vous m'opposez une indigne tendresse;
Je n'ai vu de mes jours avoir tant de mollesse.
Je ne puis sur ce point m'accorder avec vous.
Valère n'est point fait pour être votre époux;
Il ressent pour le jeu des fureurs nonpareilles,
Et cet homme perdra quelque jour ses oreilles.

ANGÉLIQUE.

Le temps le guérira de cet aveuglement.

NÉRINE.

Le temps augmente encore un tel attachement.

ANGÉLIQUE.

Ne combats plus, Nérine, une ardeur qui m'enchante:
Tu prendrois pour l'éteindre une peine impuissante.
Il est des nœuds formés sous des astres malins,
Qu'on chérit malgré soi. Je cède à mes destins.
La raison, les conseils, ne peuvent m'en distraire:
Je vois le bon parti; mais je prends le contraire.

NÉRINE.

Hé bien, madame, soit; contentez votre ardeur,

J'y consens. Acceptez pour époux un joueur
Qui, pour porter au jeu son tribut volontaire,
Vous laissera manquer même du nécessaire,
Toujours triste ou fougueux, pestant contre le jeu,
Ou d'avoir perdu trop, ou bien gagné trop peu.
Quel charme qu'un époux qui, flattant sa manie,
Fait vingt mauvais marchés tous les jours de sa vie;
Prend pour argent comptant, d'un usurier fripon,
Des singes, des pavés, un chantier, du charbon;
Qu'on voit à chaque instant prêt à faire querelle
Aux bijoux de sa femme, ou bien à sa vaisselle;
Qui va, revient, retourne, et s'use à voyager
Chez l'usurier, bien plus qu'à donner à manger;
Quand, après quelque temps, d'intérêts surchargée,
Il la laisse où d'abord elle fut engagée,
Et prend, pour remplacer ses meubles écartés,
Des diamants du Temple et des plats argentés;
Tant que, dans sa fureur n'ayant plus rien à vendre,
Empruntant tous les jours, et ne pouvant plus rendre,
Sa femme signe enfin, et voit en moins d'un an
Ses terres en décret, et son lit à l'encan!

ANGÉLIQUE.

Je ne veux point ici m'affliger par avance;
L'événement souvent confond la prévoyance.
Il quittera le jeu.

NÉRINE.

Quiconque aime, aimera;
Et quiconque a joué, toujours joue et joûra.
Quelque docteur l'a dit, ce n'est point menterie.

Et, si vous le voulez, contre vous je parie
Tout ce que je possède, et mes gages d'un an,
Qu'à l'heure que je parle il est dans un brelan.

SCÈNE II.

ANGÉLIQUE, NÉRINE, HECTOR.

NÉRINE.
Nous le saurons d'Hector qu'ici je vois paroître.
ANGÉLIQUE, à Hector.
Te voilà bien soufflant. En quels lieux est ton maître?
HECTOR, embarrassé.
En quelque lieu qu'il soit, je réponds de son cœur;
Il sent toujours pour vous la plus sincère ardeur.
NÉRINE.
Ce n'est point là, maraud, ce que l'on te demande.
HECTOR, voulant s'échapper.
Maraud! Je vois qu'ici je suis de contrebande.
NÉRINE.
Non, demeure un moment.
HECTOR.
                    Le temps me presse. Adieu.
NÉRINE.
Tout doux! N'est-il pas vrai qu'il est en quelque lieu
Où, courant le hasard....
HECTOR.
                    Parlez mieux, je vous prie.
Mon maître n'a hanté de tels lieux de sa vie.

ACTE IV, SCENE II.

ANGÉLIQUE, à Hector.

Tiens, voilà dix louis. Ne me mens pas; dis-moi
S'il n'est pas vrai qu'il joue à présent.

HECTOR.

Oh! ma foi,
Il est bien revenu de cette folle rage,
Et n'aura pas de goût pour le jeu davantage.

ANGÉLIQUE.

Avec tes faux soupçons, Nérine, hé bien, tu vois!

HECTOR.

Il s'en donne aujourd'hui pour la dernière fois.

ANGÉLIQUE.

Il joûroit donc?

HECTOR.

Il joue, à dire vrai, madame;
Mais ce n'est proprement que par noblesse d'âme.
On voit qu'il se défait de son argent exprès,
Pour n'être plus touché que de vos seuls attraits.

NÉRINE, à Angélique.

Hé bien, ai-je raison?

HECTOR.

Son mauvais sort, vous dis-je,
Mieux que tous vos discours aujourd'hui le corrige.

ANGÉLIQUE.

Quoi....

HECTOR.

N'admirez-vous pas cette fidélité?
Perdre exprès son argent pour n'être plus tenté!
Il sait que l'homme est foible, il se met en défense.

Pour moi, je suis charmé de ce trait de prudence.
ANGÉLIQUE.
Quoi! ton maître joûroit au mépris d'un serment?
HECTOR.
C'est la dernière fois, madame, absolument.
On peut le voir encor sur le champ de bataille;
Il frappe à droite, à gauche, et d'estoc et de taille;
Il se defend, madame, encor comme un lion.
Je l'ai vu, dans l'effort de la convulsion,
Maudissant les hasards d'un combat trop funeste:
De sa bourse expirante il ramassoit le reste;
Et paroissant encor plus grand dans son malheur,
Il vendoit cher son sang et sa vie au vainqueur.
ANGÉLIQUE.
Pourquoi l'as-tu quitté dans cette décadence?
HECTOR.
Comme un aide-de-camp, je viens en diligence
Appeler du secours : il faut faire approcher
Notre corps de réserve, et je m'en vais chercher
Deux cents louis qu'il a laissés dans sa cassette.
NÉRINE.
Hé bien, madame! hé bien, êtes-vous satisfaite?
HECTOR.
Les partis sont aux mains; à deux pas on se bat,
Et les moments sont chers en ce jour de combat.
Nous allons nous servir de nos armes dernières,
Et des troupes qu'au jeu l'on nomme auxiliaires.

SCÈNE III.

ANGÉLIQUE, NÉRINE.

NÉRINE.
Vous l'entendez, madame! Après cette action,
Pour Valère armez-vous de belle passion;
Cédez à votre étoile; épousez-le. J'enrage
Lorsque j'entends tenir ce discours à votre âge.
Mais Dorante qui vient....
ANGÉLIQUE.
Ah! sortons de ces lieux.
Je ne puis me résoudre à paroître à ses yeux.

SCÈNE IV.

DORANTE, ANGÉLIQUE, NÉRINE.

DORANTE, à Angélique, qui sort.
Hé quoi! vous me fuyez? Daignez au moins m'apprendre....

SCÈNE V.

DORANTE, NÉRINE.

DORANTE.
Et toi, Nérine, aussi tu ne veux pas m'entendre?
Veux-tu de ta maîtresse imiter la rigueur?
NÉRINE.
Non, monsieur; je vous sers toujours avec vigueur.
Laissez-moi faire.

SCÈNE VI.

DORANTE, seul.

O ciel ! ce trait me désespère.
Je veux approfondir un si cruel mystère.
(Il va pour sortir.)

SCÈNE VII.

LA COMTESSE, DORANTE.

LA COMTESSE.
Où courez-vous, Dorante ?

DORANTE, à part.
O contre-temps fâcheux !
Cherchons à l'éviter.

LA COMTESSE.
Demeurez en ces lieux,
J'ai deux mots à vous dire ; et votre âme contente....
Mais non, retirez-vous ; un homme m'épouvante.
L'ombre d'un tête-à-tête, et dedans et dehors,
Me fait, même en été, frissonner tout le corps.

DORANTE, allant pour sortir.
J'obéis....

LA COMTESSE.
Revenez. Quelque espoir qui vous guide,
Le respect à l'amour saura servir de bride,
N'est-il pas vrai ?

DORANTE.
Madame....
LA COMTESSE.
     En ce temps, les amants
Près du sexe d'abord sont si gesticulants....
Quoiqu'on soit vertueuse, il faut telle paroître;
Et cela quelquefois coûte bien plus qu'à l'être.
DORANTE.
Madame....
LA COMTESSE.
   En vérité, j'ai le cœur douloureux
Qu'Angélique si mal reconnoisse vos feux :
Et si je n'avois pas une vertu sévère,
Qui me fait renfermer dans un veuvage austère,
Je pourrois bien.... Mais non, je ne puis vous ouïr;
Si vous continuez, je vais m'évanouir.
DORANTE.
Madame....
LA COMTESSE.
   Vos discours, votre air soumis et tendre,
Ne feront que m'aigrir, au lieu de me surprendre.
Bannissons la tendresse; il faut la supprimer.
Je ne puis, en un mot, me résoudre d'aimer.
DORANTE.
Madame, en vérité, je n'en ai nulle envie,
Et veux bien avec vous n'en parler de ma vie.
LA COMTESSE.
Voilà, je vous l'avoue, un fort sot compliment.
Me trouvez-vous, monsieur, femme à manquer d'amant?

J'ai mille adorateurs qui briguent ma conquête ;
Et leur encens trop fort me fait mal à la tête.
Ah ! vous le prenez là sur un fort joli ton,
En vérité !

DORANTE.

Madame....

LA COMTESSE.

Et je vous trouve bon !

DORANTE.

Le respect....

LA COMTESSE.

Le respect est là mal en sa place ;
Et l'on ne me dit point pareille chose en face.
Si tous mes soupirants pouvoient me négliger,
Je ne vous prendrois pas pour m'en dédommager.
Du respect ! du respect ! Ah ! le plaisant visage !

DORANTE.

J'ai cru que vous pouviez l'inspirer à votre âge.
Mais monsieur le Marquis, qui paroît en ces lieux,
Ne sera pas peut-être aussi respectueux.

SCÈNE VIII.

LA COMTESSE, seule.

Je suis au désespoir : je n'ai vu de ma vie
Tant de relâchement dans la galanterie.
Le Marquis vient ; il faut m'assurer un parti ;
Et je n'en prétends pas avoir le démenti.

SCÈNE IX.

LE MARQUIS, LA COMTESSE.

LE MARQUIS.
A mon bonheur enfin, madame, tout conspire :
Vous êtes tout à moi.
LA COMTESSE.
Que voulez-vous donc dire,
Marquis ?
LE MARQUIS.
Que mon amour n'a plus de concurrent ;
Que je suis et serai votre seul conquérant ;
Que si vous ne battez au plus tôt la chamade,
Il faudra vous résoudre à souffrir l'escalade.
LA COMTESSE.
Moi ! que l'on m'escalade ?
LE MARQUIS.
Entre nous, sans façon,
A Valère de près j'ai serré le bouton :
Il m'a cédé les droits qu'il avoit sur votre âme.
LA COMTESSE.
Hé ! le petit poltron !
LE MARQUIS.
Oh ! palsambleu, madame,
Il seroit un Achille, un Pompée, un César,
Je vous le conduirois poings liés à mon char.
Il ne faut point avoir de mollesse en sa vie.

Je suis vert.

LA COMTESSE.

Dans le fond, j'en ai l'âme ravie.
Vous ne connoissez pas, Marquis, tout votre mal;
Vous avez à combattre encor plus d'un rival.

LE MARQUIS.

Le don de votre cœur couvre un peu trop de gloire
Pour n'être que le prix d'une seule victoire.
Vous n'avez qu'à nommer....

LA COMTESSE.

Non, non, je ne veux pas
Vous exposer sans cesse à de nouveaux combats.

LE MARQUIS.

Est-ce ce financier de noblesse mineure,
Qui s'est fait depuis peu gentilhomme en une heure;
Qui bâtit un palais sur lequel on a mis
Dans un grand marbre noir, en or, l'hôtel Damis;
Lui qui voyoit jadis imprimé sur sa porte,
Bureau du pied-fourché, chair salée et chair morte;
Qui, dans mille portraits, expose ses aïeux,
Son père, son grand-père, et les place en tous lieux,
En sa maison de ville, en celle de campagne,
Les fait venir tout droit des comtes de Champagne,
Et de ceux du Poitou, d'autant que, pour certain,
L'un s'appeloit Champagne et l'autre Poitevin?

LA COMTESSE.

A vos transports jaloux un autre se dérobe.

LE MARQUIS.

C'est donc ce sénateur, cet Adonis de robe,

Ce docteur en soupers, qui se tait au Palais,
Et sait sur des ragoûts prononcer des arrêts;
Qui juge sans appel sur un vin de Champagne,
S'il est de Reims, du Clos, ou bien de la Montagne;
Qui, de livres de droit toujours débarrassé,
Porte cuisine en poche, et poivre concassé?

LA COMTESSE.

Non, Marquis, c'est Dorante; et j'ai su m'en défaire.

LE MARQUIS.

Quoi! Dorante! cet homme à maintien débonnaire,
Ce croquant, qu'à l'instant je viens de voir sortir?

LA COMTESSE.

C'est lui-même.

LE MARQUIS.

Eh, parbleu! vous deviez m'avertir;
Nous nous serions parlé sans sortir de la salle.
Je ne suis pas méchant : mais, sans bruit, sans scandale,
Sans lui donner le temps seulement de crier,
Pour lui votre fenêtre eût servi d'escalier.

LA COMTESSE.

Vous êtes turbulent. Si vous étiez plus sage,
On pourroit....

LE MARQUIS.

La sagesse est tout mon apanage.

LA COMTESSE.

Quoiqu'un engagement m'ait toujours fait horreur,
On auroit avec vous quelque affaire de cœur.

LE MARQUIS.

Ah, parbleu! volontiers. Vous me chatouillez l'âme.

Par affaire de cœur, qu'entendez-vous, madame?
LA COMTESSE.
Ce que vous entendez vous-même assurément.[1]
LE MARQUIS.
Est-ce pour mariage, ou bien pour autrement?
LA COMTESSE.
Quoi! vous prétendriez, si j'avois la foiblesse....
LE MARQUIS.
Ah, ma foi! l'on n'a plus tant de délicatesse;
On s'aime pour s'aimer tout autant que l'on peut;
Le mariage suit, et vient après, s'il veut.
LA COMTESSE.
Je prétends que l'hymen soit le but de l'affaire,
Et ne donne mon cœur que par-devant notaire.
Je veux un bon contrat sur de bon parchemin,
Et non pas un hymen qu'on rompt le lendemain.
LE MARQUIS.
Vous aimez chastement, je vous en félicite,
Et je me donne à vous avec tout mon mérite,
Quoique cent fois le jour on me mette à la main
Des partis à fixer un empereur romain.

[1] VARIANTE des éditions publiées après la mort de l'auteur.

LA COMTESSE.
Ce que vous entendez vous-même; et je prétends
Qu'un hymen bien scellé....
LE MARQUIS.
C'est comme je l'entends;
Et ce n'est qu'en époux que je prétends vous plaire.
LA COMTESSE.
Je ne donne mon cœur que par-devant notaire.
Je veux, etc.

LA COMTESSE.

Je crois que nos deux cœurs seront toujours fidèles.

LE MARQUIS.

Oh, parbleu! nous vivrons comme deux tourterelles.
Pour vous porter, madame, un cœur tout dégagé,
Je vais dans ce moment signifier congé
A des beautés sans nombre à qui mon cœur renonce;
Et vous aurez dans peu ma dernière réponse.

LA COMTESSE.

Adieu. Fasse le ciel, Marquis, que dans ce jour
Un hymen soit le sceau d'un si parfait amour!

SCÈNE X.

LE MARQUIS, seul.

Hé bien, Marquis, tu vois, tout rit à ton mérite;
Le rang, le cœur, le bien, tout pour toi sollicite:
Tu dois être content de toi par tout pays:
On le seroit à moins. Allons, saute, Marquis.
Quel bonheur est le tien! Le ciel, à ta naissance,
Répandit sur tes jours sa plus douce influence;
Tu fus, je crois, pétri par les mains de l'Amour.
N'es-tu pas fait à peindre? Est-il homme à la cour
Qui de la tête aux pieds porte meilleure mine,
Une jambe mieux faite, une taille plus fine?
Et pour l'esprit, parbleu, tu l'as des plus exquis:
Que te manque-t-il donc? Allons, saute Marquis.
La nature, le ciel, l'amour et la fortune

De tes prospérités font leur cause commune ;
Tu soutiens ta valeur avec mille hauts faits ;
Tu chantes, danses, ris, mieux qu'on ne fit jamais ;
Les yeux à fleur de tête, et les dents assez belles :
Jamais en ton chemin trouvas-tu de cruelles ?
Près du sexe tu vins, tu vis, et tu vainquis.
Que ton sort est heureux ! Allons, saute, Marquis.

SCÈNE XI.

LE MARQUIS, HECTOR.

HECTOR.
ATTENDEZ un moment. Quelle ardeur vous transporte ?
Hé quoi, monsieur, tout seul vous sautez de la sorte !
LE MARQUIS.
C'est un pas de ballet que je veux repasser.
HECTOR.
Mon maître, qui me suit, vous le fera danser,
Monsieur, si vous voulez.
LE MARQUIS.
     Que dis-tu là ? ton maître !
HECTOR.
Oui, monsieur, à l'instant vous l'allez voir paroître.
LE MARQUIS.
En ces lieux je ne puis plus long-temps m'arrêter ;
Pour cause, nous devons tous deux nous éviter.
Quand ma verve me prend, je ne suis plus traitable ;
Il est brutal, je suis emporté comme un diable ;

ACTE IV, SCENE XI.

Il manque de respect pour les vice-baillis,
Et nous aurions du bruit. Allons, saute Marquis.

SCÈNE XII.

HECTOR, seul.

Allons, saute Marquis. Un tour de cette sorte
Est volé d'un Gascon, ou le diable m'emporte :
Il vient de la Garonne. Oh, parbleu! dans ce temps
Je n'aurois jamais cru les marquis si prudents.
Je ris : et cependant mon maître à l'agonie
Cède en un lansquenet à son mauvais génie.

SCÈNE XIII.

VALÈRE, HECTOR.

HECTOR.

Le voici. Ses malheurs sur son front sont écrits :
Il a tout le visage et l'air d'un premier pris.

VALÈRE.

Non, l'enfer en courroux et toutes ses furies
N'ont jamais exercé de telles barbaries.
Je te loue, ô destin, de tes coups redoublés ;
Je n'ai plus rien à perdre, et tes vœux sont comblés.
Pour assouvir encor la fureur qui t'anime,
Tu ne peux rien sur moi, cherche une autre victime.

HECTOR, à part.

Il est sec.

VALÈRE.

De serpents mon cœur est dévoré ;
Tout semble en un moment contre moi conjuré.
(Il prend Hector à la cravate.)
Parle. As-tu jamais vu le sort et son caprice
Accabler un mortel avec plus d'injustice,
Le mieux assassiner ? Perdre tous les partis [1],
Vingt fois le coupe-gorge, et toujours premier pris!
Réponds-moi donc, bourreau.

HECTOR.

Mais, ce n'est pas ma faute.

VALÈRE.

As-tu vu de tes jours trahison aussi haute?
Sort cruel, ta malice a bien su triompher ;
Et tu ne me flattois que pour mieux m'étouffer!
Dans l'état où je suis, je puis tout entreprendre ;
Confus, désespéré, je suis prêt à me pendre.

HECTOR.

Heureusement pour vous, vous n'avez pas un sou
Dont vous puissiez, monsieur, acheter un licou.
Voudriez-vous souper?

VALÈRE.

Que la foudre t'écrase !
Ah, charmante Angélique ! en l'ardeur qui m'embrase,

[1] Les éditeurs modernes, toujours avec l'intention sans doute de rendre le texte de Regnard plus correct, n'ayant pu faire entrer dans le vers *toutes les parties*, ont substitué le mot *paris* à *partis*. Suivant le Dictionnaire de l'Académie, cette dernière expression étoit propre au jeu de lansquenet, et l'on disoit, *prendre, donner, faire le parti* sur un coup de carte. (G. A. C.)

ACTE IV, SCENE XIII.

A vos seules bontés je veux avoir recours !
Je n'aimerai que vous ; m'aimeriez-vous toujours ?
Mon cœur, dans les transports de sa fureur extrême,
N'est point si malheureux, puisqu'enfin il vous aime.

HECTOR, à part.

Notre bourse est à fond; et, par un sort nouveau,
Notre amour recommence à revenir sur l'eau.

VALÈRE.

Calmons le désespoir où la fureur me livre.
Approche ce fauteuil. Va me chercher un livre.

(Hector approche un fauteuil. Valère, assis.)

HECTOR.

Quel livre voulez-vous lire en votre chagrin ?

VALÈRE.

Celui qui te viendra le premier sous la main;
Il m'importe peu ; prends dans ma bibliothéque.

HECTOR sort, et rentre tenant un livre.

Voilà Sénèque.

VALÈRE.

    Lis.

HECTOR.

      Que je lise Sénèque ?

VALÈRE.

Oui. Ne sais-tu pas lire ?

HECTOR.

          Eh ! vous n'y pensez pas;
Je n'ai lu de mes jours que dans des almanachs.

VALÈRE.

Ouvre, et lis au hasard.

HECTOR.

Je vais le mettre en pièces.

VALÈRE.

Lis donc.

HECTOR lit.

« Chapitre six. Du mépris des richesses.
« La fortune offre aux yeux des brillants mensongers;
« Tous les biens d'ici-bas sont faux et passagers;
« Leur possession trouble, et leur perte est légère:
« Le sage gagne assez quand il peut s'en défaire. »
Lorsque Sénèque fit ce chapitre éloquent,
Il avoit, comme vous, perdu tout son argent.

VALÈRE, se levant.

Vingt fois le premier pris! Dans mon cœur il s'élève

(Il s'assied.)

Des mouvements de rage. Allons, poursuis, achève.

HECTOR.

« L'or est comme une femme; on n'y sauroit toucher
« Que le cœur, par amour, ne s'y laisse attacher.
« L'un et l'autre en ce temps, sitôt qu'on les manie,
« Sont deux grands rémoras pour la philosophie. »
N'ayant plus de maîtresse, et n'ayant pas un sou,
Nous philosopherons maintenant tout le soûl.

VALÈRE.

De mon sort désormais vous serez seule arbitre,
Adorable Angélique.... Achève ton chapitre.

HECTOR.

« Que faut-il.... »

ACTE IV, SCENE XIII.

VALÈRE.

Je bénis le sort et ses revers,
Puisqu'un heureux malheur me rengage en vos fers.
Finis donc.

HECTOR.

« Que faut-il à la nature humaine?
« Moins on a de richesse, et moins on a de peine.
« C'est posséder les biens que savoir s'en passer. »
Que ce mot est bien dit! et que c'est bien penser!
Ce Sénèque, monsieur, est un excellent homme.
Étoit-il de Paris?

VALÈRE.

Non, il étoit de Rome.
Dix fois à carte triple être pris le premier!

HECTOR.

Ah, monsieur! nous mourrons un jour sur un fumier.

VALÈRE.

Il faut que de mes maux enfin je me délivre :
J'ai cent moyens tout prêts pour m'empêcher de vivre,
La rivière, le feu, le poison et le fer.

HECTOR.

Si vous vouliez, monsieur, chanter un petit air;
Votre maître à chanter est ici : la musique
Peut-être calmeroit cette humeur frénétique.

VALÈRE.

Que je chante!

HECTOR.

Monsieur....

VALÈRE.

Que je chante, bourreau !
Je veux me poignarder ; la vie est un fardeau
Qui pour moi désormais devient insupportable.

HECTOR.

Vous la trouviez pourtant tantôt bien agréable.
Qu'un joueur est heureux ! sa poche est un trésor ;
Sous ses heureuses mains le cuivre devient or,
Disiez-vous.

VALÈRE.

Ah ! je sens redoubler ma colère.

HECTOR.

Monsieur, contraignez-vous, j'aperçois votre père.

SCÈNE XIV.

GÉRONTE, VALÈRE, HECTOR.

GÉRONTE.

Pour quel sujet, mon fils, criez-vous donc si fort ?
(à Hector.)
Est-ce toi, malheureux, qui causes ce transport ?

VALÈRE.

Non pas, monsieur.

HECTOR, à Géronte.

Ce sont des vapeurs de morale
Qui nous vont à la tête, et que Sénèque exhale.

GÉRONTE.

Qu'est-ce à dire, Sénèque ?

ACTE IV, SCENE XIV.

HECTOR.

Oui, monsieur : maintenant
Que nous ne jouons plus, notre unique ascendant
C'est la philosophie, et voilà notre livre ;
C'est Sénèque.

GÉRONTE.

Tant mieux : il apprend à bien vivre.
Son livre est admirable et plein d'instructions,
Et rend l'homme brutal maître des passions.

HECTOR.

Ah ! si vous aviez lu son traité des richesses,
Et le mépris qu'on doit faire de ses maîtresses ;
Comme la femme ici n'est qu'un vrai rémora [1],
Et que, lorsqu'on y touche.... on en demeure là....
Qu'on gagne quand on perd.... que l'amour dans nos âmes....
Ah ! que ce livre-là connoissoit bien les femmes !

GÉRONTE.

Hector en peu de temps est devenu docteur.

HECTOR.

Oui, monsieur, je saurai tout Sénèque par cœur.

GÉRONTE, à Valère.

Je vous cherche en ces lieux avec impatience,
Pour vous dire, mon fils, que votre hymen s'avance.
Je quitte le notaire, et j'ai vu les parents,
Qui, d'une et d'autre part, me paroissent contents.
Vous avez vu, je crois, Angélique ? et j'espère
Que son consentement....

---

[1] *Rémora*, obstacle, empêchement ; mot qu'Hector vient de lire plus haut dans le chapitre de Sénèque. (G. A. C.)

VALÈRE.

      Non, pas encor, mon père.
Certaine affaire m'a....

GÉRONTE.

       Vraiment ; pour un amant,
Vous faites voir, mon fils, bien peu d'empressement.
Courez-y : dites-lui que ma joie est extrême ;
Que, charmé de ce nœud, dans peu j'irai moi-même
Lui faire compliment, et l'embrasser....

HECTOR, à Géronte.

          Tout doux !
Monsieur fera cela tout aussi bien que vous.

VALÈRE, à Géronte.

Pénétré des bontés de celui qui m'envoie,
Je vais de cet emploi m'acquitter avec joie.

SCÈNE XV.

GÉRONTE, HECTOR.

HECTOR.

Il vous plaira toujours d'être mémoratif
D'un papier que tantôt, d'un air rébarbatif,
Et même avec scandale....

GÉRONTE.

       Oui-dà ! laisse-moi faire.
Le mariage fait, nous verrons cette affaire.

HECTOR.

J'irai donc, sur ce pied, vous visiter demain.

SCÈNE XVI.

GÉRONTE, seul.

Graces au ciel, mon fils est dans le bon chemin :
Par mes soins paternels il surmonte la pente
Où l'entraînoit du jeu la passion ardente.
Ah! qu'un père est heureux, qui voit en un moment
Un cher fils revenir de son égarement!

FIN DU QUATRIÈME ACTE.

ACTE CINQUIÈME.

SCÈNE I.

DORANTE, ANGÉLIQUE, NÉRINE.

DORANTE.

Eh ! madame, cessez d'éviter ma présence.
Je ne viens point, armé contre votre inconstance,
Faire éclater ici mes sentiments jaloux,
Ni par des mots piquants exhaler mon courroux.
Plus que vous ne pensez mon cœur vous justifie.
Votre légèreté veut que je vous oublie :
Mais loin de condamner votre cœur inconstant,
Je suis assez vengé si j'en puis faire autant.

ANGÉLIQUE.

Que votre emportement en reproches éclate ;
Je mérite les noms de volage, d'ingrate.
Mais enfin de l'amour l'impérieuse loi
A l'hymen que je crains m'entraîne malgré moi :
J'en prévois les dangers ; mais un sort tyrannique....

DORANTE.

Votre cœur est hardi, généreux, heroïque :
Vous voyez devant vous un abîme s'ouvrir,
Et vous ne laissez pas, madame, d'y courir.

NÉRINE.

Quand j'en devrois mourir, je ne puis plus me taire,

Je vous empêcherai de terminer l'affaire :
Ou si dans cet amour votre cœur engagé
Persiste en ses desseins, donnez-moi mon congé.
Je suis fille d'honneur; je ne veux point qu'on dise
Que vous ayez sous moi fait pareille sottise.
Valère est un indigne; et, malgré son serment,
Vous voyez tous les jours qu'il joue impunément.

ANGÉLIQUE.

En faveur de mon foible il faut lui faire grâce :
De la fureur du jeu veux-tu qu'il se défasse,
Hélas! quand je ne puis me défaire aujourd'hui
Du lâche attachement que mon cœur a pour lui?

DORANTE.

Ces feux sont trop charmants pour vouloir les éteindre.
Je ne suis point, madame, ici pour vous contraindre.
Mon neveu vous épouse; et je viens seulement
Donner à votre hymen un plein consentement.

SCÈNE II.

Mme LA RESSOURCE, ANGÉLIQUE, DORANTE, NÉRINE.

NÉRINE.

Madame la Ressource ici! Qu'y viens-tu faire?

Mme LA RESSOURCE.

Je cherche un cavalier pour finir une affaire....
On tâche, autant qu'on peut, dans son petit trafic,
A gagner ses dépens en servant le public.

ANGÉLIQUE.

Cette Nérine-là connoît toute la France.

NÉRINE.

Pour vivre, il faut avoir plus d'une connoissance.
C'est une illustre, au moins, et qui sait en secret
Couler adroitement un amoureux poulet :
Habile en tous métiers, intrigante parfaite ;
Qui prête, vend, revend, brocante, troque, achète,
Met à perfection un hymen ébauché,
Vend son argent bien cher, marie à bon marché.

Mme LA RESSOURCE.

Votre bonté pour moi toujours se renouvelle ;
Vous avez si bon cœur....

NÉRINE.

Il fait bon avec elle,
Je vous en avertis. En bijoux et brillants,
En poche elle a toujours plus de vingt mille francs.

DORANTE, à madame la Ressource.

Mais ne craignez-vous point qu'un soir dans le silence....

NÉRINE.

Bon, bon! tous les filoux sont de sa connoissance.

Mme LA RESSOURCE.

Nérine rit toujours.

NÉRINE, à madame la Ressource.

Montrez-nous votre écrin.

Mme LA RESSOURCE.

Volontiers. J'ai toujours quelques bijoux en main.[1]

---

[1] On lit dans les éditions modernes, *quelque hasard;* et dans l'édition originale, comme dans celles qui l'ont suivie de près, *quelques*

Regardez ce rubis ; je vais en faire affaire
Avec et par-devant un conseiller-notaire.
Pour certaine chanteuse on dit qu'il en tient là.

NÉRINE.

Le drôle veut passer quelque acte à l'Opéra.

SCÈNE III.

LA COMTESSE, ANGÉLIQUE, DORANTE, NÉRINE, Mme LA RESSOURCE.

NÉRINE.

Mais voici la Comtesse.

Mme LA RESSOURCE.

On m'attend ; je vous quitte.

NÉRINE.

Non, non ; sur vos bijoux j'ai des droits de visite.

LA COMTESSE, à Angélique.

Votre choix est-il fait ? Peut-on enfin savoir
A qui vous prétendez vous marier ce soir ?

ANGÉLIQUE.

Oui, ma sœur, il est fait ; et ce choix doit vous plaire,
Puisque avant moi pour vous vous avez su le faire.

LA COMTESSE.

Apparemment, monsieur est ce mortel heureux,
Ce fidèle aspirant dont vous comblez les vœux ?

---

bijoux; seulement le mot *quelque* est au singulier dans l'édition originale. Mais lorsque Regnard a mis *dote* au lieu de *dot; taut* au lieu de *taux*, pour rimer avec *radote* et *haut*, il a pu écrire *bijoux* au singulier dans ce vers pour éviter l'hiatus. (G. A. C.)

DORANTE.

A ce bonheur charmant je n'ose pas prétendre.
Si madame eût gardé son cœur pour le plus tendre,
Plus que tout autre amant j'aurois pu l'espérer.

LA COMTESSE.

La perte n'est pas grande, et se peut réparer.

SCÈNE IV.

LE MARQUIS, LA COMTESSE, ANGÉLIQUE, DORANTE, Mme LA RESSOURCE, NÉRINE.

LE MARQUIS, à la Comtesse.

CHARMÉ de vos beautés, je viens enfin, madame,
Ici mettre à vos pieds et mon corps et mon âme.
Vous serez, par ma foi, marquise cette fois;
Et j'ai sur vous enfin laissé tomber mon choix.

Mme LA RESSOURCE, à part.

Cet homme m'est connu.

LA COMTESSE.

Monsieur, je suis ravie
De m'unir avec vous le reste de ma vie.
Vous êtes gentilhomme, et cela me suffit.

LE MARQUIS.

Je le suis du déluge.

Mme LA RESSOURCE, à part.

Oui, c'est lui qui le dit.

LE MARQUIS.

En faisant avec moi cette heureuse alliance,

Vous pourrez vous vanter que gentilhomme en France
Ne tirera de vous, si vous me l'ordonnez,
Des enfants de tout point mieux conditionnés.

(apercevant madame la Ressource.)

Vous verrez si je mens. Ah! vous voilà, madame;
(à la Comtesse.)
Et que faites-vous donc ici de cette femme?

NÉRINE, au Marquis.

Vous la connoissez?

LE MARQUIS.

Moi? je ne sais ce que c'est.

Mme LA RESSOURCE, au Marquis.

Ah! je vous connois trop, moi, pour mon intérêt.
Quand vous résoudrez-vous, monsieur le gentilhomme
Fait du temps du déluge, à me payer ma somme,
Mes quatre cents écus prêtés depuis cinq ans?

LE MARQUIS.

Pour me les demander, vous prenez bien le temps.

Mme LA RESSOURCE.

Je veux, aux yeux de tous, vous en faire avanie,
A toute heure, en tous lieux.

LE MARQUIS.

Hé! vous rêvez, ma mie.

Mme LA RESSOURCE.

Voici le grand merci d'obliger des ingrats.
Après l'avoir tiré d'un aussi vilain pas....
Baste....

LA COMTESSE, à madame la Ressource.

Parlez, parlez

LE JOUEUR.

Mme LA RESSOURCE.

Non, non; il est trop rude
D'aller de ses parents montrer la turpitude.

LA COMTESSE.

Comment donc?

LE MARQUIS, à part.

Ah! je grille.

Mme LA RESSOURCE.

Au Châtelet, sans moi,
On le verroit encor vivre aux dépends du roi.

NÉRINE.

Quoi! monsieur le Marquis....

Mme LA RESSOURCE.

Lui, Marquis! c'est Lépine.
Je suis marquise donc, moi qui suis sa cousine?
Son père étoit huissier à verge dans le Mans.

LE MARQUIS.

(à part.)

Vous en avez menti. Maugrebleu des parents!

Mme LA RESSOURCE.

Mon oncle n'étoit pas huissier? Qu'il t'en souvienne.

LE MARQUIS.

Son nom étoit connu dans le Haut et Bas-Maine.

NÉRINE.

Votre père étoit donc un marquis exploitant?

ANGÉLIQUE.

Vous aviez là, ma sœur, un fort illustre amant.

Mme LA RESSOURCE.

C'est moi qui l'ai nourri quatre mois, sans reproche,

ACTE V, SCENE IV.

Quand il vint à Paris en guêtres par le coche.

LE MARQUIS.

D'accord, puisqu'on le sait, mon père étoit huissier,
Mais huissier à cheval; c'est comme chevalier.
Cela n'empêche pas que dans ce jour, madame,
Nous ne mettions à fin une si belle flamme :
Jamais ce feu pour vous ne fut si violent ;
Et jamais tant d'appas....

LA COMTESSE.

Taisez-vous, insolent.

LE MARQUIS.

Insolent! moi qui dois honorer votre couche,
Et par qui vous devez quelque jour faire souche !

LA COMTESSE.

Sors d'ici, malheureux; porte ailleurs ton amour.

LE MARQUIS.

Oui! l'on agit de même avec les gens de cour !
On reconnoît si mal le rang et le mérite !
J'en suis, parbleu, ravi. Pour le coup je vous quitte.
J'ai, pour briller ailleurs, mille talents acquis ;
Le ciel vous tienne en joie. Allons, saute Marquis !

(Il sort.)

SCÈNE V.

LA COMTESSE, ANGÉLIQUE, DORANTE, NÉRINE, Mme LA RESSOURCE.

LA COMTESSE.

Je n'y puis plus tenir, ma sœur, et je vous laisse.
Avec qui vous voudrez finissez de tendresse ;
Coupez, taillez, rognez, je m'en lave les mains.
Désormais, pour toujours, je renonce aux humains.

SCÈNE VI.

DORANTE, ANGÉLIQUE, NÉRINE, Mme LA RESSOURCE.

DORANTE.

Ils prennent leur parti.

Mme LA RESSOURCE.

                La rencontre est plaisante !
Je l'ai démarquisé bien loin de son attente :
J'en voudrois faire autant à tous les faux marquis.

NÉRINE.

Vous auriez, par ma foi, bien à faire à Paris.
Il est tant de traitants qu'on voit, depuis la guerre,
En modernes seigneurs sortir de dessous terre,
Qu'on ne s'étonne plus qu'un laquais, un pied-plat,
De sa vieille mandille achète un marquisat.

ACTE V, SCENE VI.

ANGÉLIQUE, à madame la Ressource.

Vous avez découvert ici bien du mystère.

Mme LA RESSOURCE.

De quoi s'avise-t-il de me rompre en visière ?
Mais aux grands mouvements qu'en ce lieu je puis voir,
Madame se marie.

NÉRINE.

Oui, vraiment, dès ce soir.

Mme LA RESSOURCE, fouillant dans sa poche.

J'en ai bien de la joie. Il faut que je lui montre
Deux pendants de brillants que j'ai là de rencontre.
J'en ferai bon marché. Je crois que les voilà ;
Ils sont des plus parfaits. Non, ce n'est pas cela ;
C'est un portrait de prix, mais il n'est pas à vendre.

NÉRINE.

Faites-le voir.

Mme LA RESSOURCE.

Non, non, on doit me le reprendre.

NÉRINE, le lui arrachant.

Oh ! je suis curieuse ; il faut me montrer tout.
Que les brillants sont gros ! Ils sont fort de mon goût.
Mais que vois-je, grands dieux ! Quelle surprise extrême !
Aurois-je la berlue ? Eh ! ma foi, c'est lui-même.
Ah !... (Elle fait un grand cri.)

ANGÉLIQUE.

Qu'as-tu donc, Nérine ? et te trouves-tu mal ?

NÉRINE.

Votre portrait, madame, en propre original.

ANGÉLIQUE.

Mon portrait! Es-tu folle?

NÉRINE, pleurant.

Ah, ma pauvre maîtresse!
Faut-il vous voir ainsi durement mise en presse!

Mme LA RESSOURCE.

Que veut dire ceci?

ANGÉLIQUE.

Tu te trompes. Vois mieux.

NÉRINE.

Regardez donc vous-même, et voyez par vos yeux.

ANGÉLIQUE.

Tu ne te trompes point, Nérine, c'est lui-même;
C'est mon portrait, hélas! qu'en mon ardeur extrême
Je viens de lui donner pour prix de ses amours,
Et qu'il m'avoit juré de conserver toujours.

Mme LA RESSOURCE.

Votre portrait! Il est à moi, sans vous déplaire.
Et j'ai prêté dessus mille écus à Valère.

ANGÉLIQUE.

Juste ciel!

NÉRINE.

Le fripon!

DORANTE, prenant le portrait.

Je veux aussi le voir.

Mme LA RESSOURCE.

Ce portrait m'appartient, et je prétends l'avoir.

DORANTE, à madame la Ressource.

Laissez-moi le garder un moment, je vous prie:

ACTE V, SCENE VI.

C'est la seule faveur qu'on m'ait faite en ma vie.

ANGÉLIQUE.

C'en est fait : pour jamais je le veux oublier.

NÉRINE, à Angélique.

S'il met votre portrait ainsi chez l'usurier,
Étant encore amant, il vous vendra, madame,
A beaux deniers comptants, quand vous serez sa femme.

(à madame la Ressource.)

Mais le voici qui vient. A trois ou quatre pas,
De grâce, éloignez-vous, et ne vous montrez pas.

Mme LA RESSOURCE.

Mais pourquoi....

DORANTE.

Du portrait ne soyez plus en peine.

Mme LA RESSOURCE, se retirant au fond de la scène.

Lorsque je le verrai, j'en serai plus certaine.

SCÈNE VII.

VALÈRE, ANGÉLIQUE, DORANTE, HECTOR, NÉRINE, Mme LA RESSOURCE, au fond du théâtre.

VALÈRE.

QUEL bonheur est le mien ! Enfin voici le jour,
Madame, où je dois voir triompher mon amour.
Mon cœur tout pénétré.... Mais, ciel ! quelle tristesse,
Nérine, a pu saisir ta charmante maîtresse ?
Est-ce ainsi que tantôt ?...

NÉRINE.

Bon ! ne savez-vous pas ?
Les filles sont, monsieur, tantôt haut, tantôt bas.

VALÈRE.

Hé quoi ! changer si tôt !

ANGÉLIQUE.

Ne craignez point, Valère,
Les funestes retours de mon humeur légère :
Le portrait dont ma main vous a fait possesseur
Vous est un sûr garant que vous avez mon cœur.

VALÈRE.

Que ce tendre discours me charme et me rassure !

NÉRINE, à part.

Tu ne seras heureux, par ma foi, qu'en peinture.

ANGÉLIQUE.

Quiconque a mon portrait, sans crainte de rival,
Doit avoir la copie avec l'original.

VALÈRE.

Madame, en ce moment, que mon âme est contente !

ANGÉLIQUE.

Ne consentez-vous pas à ce parti, Dorante ?

DORANTE.

Je veux ce qui vous plaît : vos ordres sont pour moi
Les décrets respectés d'une suprême loi.
Votre bouche, madame, a prononcé sans feindre ;
Et mon cœur subira votre arrêt sans se plaindre.

HECTOR, bas, à Valère.

De l'arrêt tout du long il va payer les frais.

ACTE V, SCENE VII.

ANGÉLIQUE.

Valère, vous voyez pour vous ce que je fais.

VALÈRE.

Jamais tant de bontés....

ANGÉLIQUE.

Montrez donc, sans attendre,
Le portrait que de moi vous avez voulu prendre;
Et que votre rival sache à quoi s'en tenir.

VALÈRE, *fouillant dans sa poche.*

Soit.... Mais permettez-moi de vous désobéir.
C'est mon oncle : en voyant de mon amour ce gage,
Il joûroit, à vos yeux, un mauvais personnage.
Vous savez bien qui l'a.

ANGÉLIQUE.

Vous pouvez le montrer :
Il verra mon portrait sans se désespérer.

DORANTE.

Madame au plus heureux accordant la victoire,
Le triomphe est trop beau pour n'en pas faire gloire.

VALÈRE, *fouillant toujours dans sa poche.*

Puisque vous le voulez, il faut vous le chercher :
Mais je n'aurai du moins rien à me reprocher.
Vous voulez un témoin, il faut vous satisfaire.

HECTOR, *apercevant madame la Ressource.*

Ah! nous sommes perdus, j'aperçois l'usurière.

VALÈRE.

(à Hector.)

C'est votre faute, si.... Qu'as-tu fait du portrait?

HECTOR.

Du portrait?

VALÈRE.

Oui, maraud; parle, qu'en as-tu fait?

HECTOR, tendant la main par-derrière, dit bas à madame la Ressource:

Madame la Ressource, un moment sans paroître,
Prêtez-nous notre gage.

VALÈRE.

Ah, chien! ah, double traître!
Tu l'as perdu.

HECTOR.

Monsieur....

VALÈRE, mettant l'épée à la main.

Il faut que ton trépas....

HECTOR, à genoux.

Ah, monsieur! arrêtez, et ne me tuez pas.
Voyant dans ce portrait madame si jolie,
Je l'ai mis chez un peintre; il m'en fait la copie.

VALÈRE.

Tu l'as mis chez un peintre!

HECTOR.

Oui, monsieur.

VALÈRE.

Ah, maraud!
Va, cours me le chercher, et reviens au plus tôt.

DORANTE, montrant le portrait.

Épargnez-lui ces pas. Il n'est plus temps de feindre.
Le voici.

ACTE V, SCENE VII.

HECTOR, à part.

Nous voilà bien achevés de peindre!
Ah, carogne!

VALÈRE, à Angélique.

Le peintre....

ANGÉLIQUE, à Valère.

Avec de vains détours,
Ingrat, ne croyez pas qu'on m'abuse toujours.

VALÈRE.

Madame, en vérité, de telles épithètes
Ne me vont point du tout.

ANGÉLIQUE.

Perfide que vous êtes!
Ce portrait, que tantôt je vous avois donné,
Pour le gage d'un cœur le plus passionné,
Malgré tous vos serments, parjure, à la même heure,
Vous l'avez mis en gage!

VALÈRE.

Ah! qu'à vos yeux je meure....

ANGÉLIQUE.

Ah! cessez de vouloir plus long-temps m'outrager,
Cœur lâche.

HECTOR, bas, à Valère.

Nous devions tantôt le dégager;
Et contre mon avis vous avez fait la chose.

Mme LA RESSOURCE.

De tous vos débats, moi, je ne suis point la cause;
Et je prétends avoir mon portrait, s'il vous plaît.

DORANTE.

Laissez-le-moi garder ; j'en paîrai l'intérêt
Si fort qu'il vous plaira.

SCÈNE VIII.

GÉRONTE, ANGÉLIQUE, VALÈRE, DORANTE,
NÉRINE, Mme LA RESSOURCE, HECTOR.

GÉRONTE, à Angélique.

Que mon âme est ravie
De voir qu'avec mon fils un tendre hymen vous lie !
J'attends depuis long-temps ce fortuné moment.

NÉRINE.

Son cœur ressent, je crois, le même empressement.

GÉRONTE.

De vous trouver ici je suis ravi, mon frère.
Vous prenez, croyez-moi, comme il faut cette affaire ;
Et l'hymen de madame, à vous en parler net,
N'étoit, en vérité, point du tout votre fait.

DORANTE.

Il est vrai.

GÉRONTE, à Angélique.

Le notaire en ce lieu va se rendre ;
Avec lui nous prendrons le parti qu'il faut prendre.

NÉRINE.

Oh ! par ma foi, monsieur, vous ne prendrez qu'un rat ;
Et le notaire peut remporter son contrat.

GÉRONTE.

Comment donc ?

ANGÉLIQUE.

    Autrefois mon cœur eut la foiblesse
De rendre à votre fils tendresse pour tendresse ;
Mais la fureur du jeu dont il est possédé,
Pour mon portrait enfin son lâche procédé,
Me font ouvrir les yeux ; et, contre mon attente,
En ce moment, monsieur, je me donne à Dorante.
 (à Dorante.)
Acceptez-vous ma main ?

DORANTE.

      Ah ! je suis trop heureux
Que vous vouliez encor....

GÉRONTE, à Hector.

       Parle, toi, si tu veux ;
Explique ce mystère.

HECTOR.

     Oh ! par ma foi, je n'ose ;
Ce récit est trop triste en vers ainsi qu'en prose.

GÉRONTE.

Parle donc.

HECTOR.

    Pour avoir mis, sans réflexion,
Le portrait de madame, une heure, en pension
 (montrant madame la Ressource.)
Chez cette chienne-là, que Lucifer confonde,
On nous donne un congé le plus cruel du monde.

GÉRONTE.

Sans vouloir davantage ici l'interroger,
Sa folle passion m'en fait assez juger.

J'ai peine à retenir le courroux qui m'agite.
Fils indigne de moi, va, je te déshérite ;
Je ne veux plus te voir, après cette action,
Et te donne cent fois ma malédiction.

(Il sort.)

SCÈNE IX.

ANGÉLIQUE, VALÈRE, DORANTE, NÉRINE, Mme LA RESSOURCE, HECTOR.

HECTOR.

Le beau présent de noce!

ANGÉLIQUE, à Valère, donnant la main à Dorante.

A jamais je vous laisse.
Si vous êtes heureux au jeu comme en maîtresse,
Et si vous conservez aussi mal ses présents,
Vous ne ferez, je crois, fortune de long-temps.

Mme LA RESSOURCE, à Dorante.

Et mon portrait, monsieur, vous plaît-il me le rendre ?

DORANTE.

Vous n'aurez rien perdu dans ces lieux pour attendre,
Ni toi, Nérine, aussi. Suivez-moi toutes deux.
(à Valère.)
Quelque autre fois, monsieur, vous serez plus heureux.

(Il sort.)

SCÈNE X.

Mme LA RESSOURCE, VALÈRE, NÉRINE, HECTOR.

Mme LA RESSOURCE, *faisant la révérence à Valère.*
En toute occasion soyez sûr de mon zèle.
        (Elle sort.)

HECTOR, *à madame la Ressource.*
Adieu, tison d'enfer, fesse-mathieu femelle.

SCÈNE XI.

NÉRINE, VALÈRE, HECTOR.

NÉRINE, *à Valère.*
Grace au ciel, ma maîtresse a tiré son enjeu.
Vous épouser, monsieur, c'étoit jouer gros jeu.
   (Elle sort, en lui faisant la révérence.)

SCÈNE XII.

VALÈRE, HECTOR.

(Hector fait la révérence à son maître, et va pour sortir.)

VALÈRE.
Où vas-tu donc ?

HECTOR.
Je vais à la bibliothéque

Prendre un livre, et vous lire un traité de Sénèque.

VALÈRE.

Va, va, consolons-nous, Hector : et quelque jour
Le jeu m'acquittera des pertes de l'amour.

FIN DU JOUEUR.

LE DISTRAIT,

COMÉDIE EN CINQ ACTES,

Représentée pour la première fois le lundi
2 décembre 1697.

AVERTISSEMENT

SUR LE DISTRAIT.

Cette comédie a été représentée, pour la première fois, le lundi 2 décembre 1697.

Elle a eu peu de succès dans sa nouveauté, et n'a été représentée que quatre fois. L'auteur, découragé, n'a pas osé la remettre sur la scène. Ce ne fut qu'en 1731 (plus de vingt ans après sa mort), que les comédiens hasardèrent de la reprendre. Cette pièce eut alors un succès complet, succès qui ne s'est pas démenti par la suite.

On a accusé Regnard d'avoir dû la réussite de sa pièce à La Bruyère, qui, dit-on, lui a fourni les principaux traits de son premier personnage; on ajoute qu'il n'a fait autre chose que de mettre une partie du morceau de La Bruyère en action, et l'autre partie en récit.

On ne nous saura sûrement pas mauvais gré de rapporter ici le portrait que donne La Bruyère du *Distrait*. On verra le parti que Regnard en a tiré, et l'on appréciera les obligations qu'il doit à l'auteur qu'il a imité.

« Ménalque descend son escalier, ouvre sa
« porte pour sortir, il la referme; il s'aperçoit

« qu'il est en bonnet de nuit, et venant à mieux
« s'examiner, il se trouve rasé à moitié; il voit
« que son épée est mise du côté droit, que ses bas
« sont rabattus sur ses talons, et que sa chemise
« est par-dessus ses chausses. S'il marche dans les
« places, il se sent tout d'un coup rudement
« frapper à l'estomac ou au visage; il ne soup-
« çonne point ce que ce peut être, jusqu'à ce
« qu'ouvrant les yeux et se réveillant, il se trouve,
« ou devant un limon de charrette, ou derrière
« un long ais de menuiserie que porte un ouvrier
« sur ses épaules. On l'a vu une fois heurter du
« front contre celui d'un aveugle, s'embarrasser
« dans ses jambes, et tomber avec lui, chacun
« de son côté à la renverse. Il lui est arrivé plu-
« sieurs fois de se trouver tête pour tête à la
« rencontre d'un prince, et sur son passage, se
« reconnoître à peine, et n'avoir que le loisir de se
« coller à un mur pour lui faire place. Il cherche,
« il brouille, il crie, il s'échauffe, il appelle ses
« valets l'un après l'autre : on lui perd tout, on
« lui égare tout. Il demande ses gants qu'il a
« dans ses mains[1], semblable à cette femme qui
« prenoit le temps de demander son masque,
« lorsqu'elle l'avoit sur son visage. Il entre à
« l'appartement et passe sous un lustre où sa
« perruque s'accroche et demeure suspendue ;
« tous les courtisans regardent et rient : Ménalque

[1] Voyez les scènes III, IV et V du second acte.

« regarde aussi, et rit plus haut que les autres ; il
« cherche des yeux dans toute l'assemblée où est
« celui qui montre ses oreilles, et à qui il manque
« une perruque. S'il va par la ville, après avoir
« fait quelque chemin, il se croit égaré ; il s'émeut,
« et il demande où il est à des passants qui lui
« disent précisément le nom de sa rue. Il entre
« ensuite dans sa maison d'où il sort précipitam-
« ment, croyant qu'il s'est trompé. Il descend
« du Palais, et trouvant au bas du grand degré
« un carrosse qu'il prend pour le sien, il se met
« dedans, le cocher touche, et croit ramener son
« maître dans sa maison. Ménalque se jette hors
« de la portière, traverse la cour, monte l'esca-
« lier, parcourt l'antichambre, la chambre, le
« cabinet ; tout lui est familier, rien ne lui est
« nouveau ; il s'assied, il se repose, il est chez
« soi. Le maître arrive, celui-ci se lève pour le
« recevoir ; il le traite fort civilement, le prie de
« s'asseoir, et croit faire les honneurs de sa cham-
« bre : il parle, il rêve, il reprend la parole ; le
« maître de la maison s'ennuie et demeure étonné ;
« Ménalque ne l'est pas moins, et ne dit pas ce
« qu'il en pense ; il a affaire à un fâcheux, à un
« homme oisif qui se retirera à la fin ; il l'espère,
« et il prend patience ; la nuit arrive qu'il est à
« peine détrompé [1]. Une autre fois il rend visite

---

[1] Voici la manière dont Regnard a imité ce morceau. On verra qu'il a enchéri sur son original, et que l'aventure qu'il raconte est

« à une femme, et se persuadant bientôt que
« c'est lui qui la reçoit, il s'établit dans son fau-
« teuil et ne songe nullement à l'abandonner : il
« trouve ensuite que cette dame fait ses visites
« longues, il attend à tout moment qu'elle se
« lève, et le laisse en liberté ; mais comme cela
« tire en longueur, qu'il a faim, et que la nuit
« est déjà avancée, il la prie à souper; elle rit,
« et si haut, qu'elle le réveille. Lui-même se
« marie le matin, l'oublie le soir, et découche
« la nuit de ses noces; et quelques années après
« il perd sa femme, elle meurt entre ses bras, il
« assiste à ses obsèques, et le lendemain, quand
« on lui vient dire qu'on a servi, il demande si

plus comique et a plus de vraisemblance. C'est Carlin, valet du Distrait, qui parle. Acte I, scène II.

Sortant d'une maison, l'autre jour, par bévue,
Pour son carrosse il prit celui qui dans la rue
Se trouva le premier. Le cocher touche et croit
Qu'il mène son vrai maître à son logis, tout droit.
Léandre arrive, il monte, il va, rien ne l'arrête;
Il entre en une chambre où la toilette est prête,
Où la dame du lieu, qui ne s'endormoit pas,
Attendoit son époux couchée entre deux draps.
Il croit être en sa chambre; et d'un air de franchise,
Assez diligemment il se met en chemise,
Prend la robe de chambre et le bonnet de nuit;
Et bientôt il alloit se mettre dans le lit,
Lorsque l'époux arrive. Il tempête, il s'emporte,
Le veut faire sortir, mais non pas par la porte;
Quand mon maître étonné se sauva de ce lieu
Tout en robe de chambre, ainsi qu'il plut à Dieu.
Mais un moment plus tard, pour t'achever mon conte,
Le maître du logis en avoit pour son compte.

« sa femme est prête, et si elle est avertie. C'est
« lui encore qui entre dans une église, et prenant
« l'aveugle qui est collé à la porte pour un pilier
« et sa tasse pour le bénitier, y plonge la main, la
« porte à son front, lorsqu'il entend tout d'un
« coup le pilier qui parle, et qui lui offre des
« oraisons. Il s'avance dans la nef, il croit voir
« un prie-dieu ; il se jette lourdement dessus, la
« machine plie, s'enfonce, et fait des efforts pour
« crier : Ménalque est surpris de se voir à genoux
« sur les jambes d'un fort petit homme, appuyé
« sur son dos, les deux bras passés sur ses épaules
« et ses deux mains jointes et étendues qui lui
« prennent le nez et lui ferment la bouche ; il se
« retire confus et va s'agenouiller ailleurs. Il tire
« un livre pour faire sa prière, et c'est sa pan-
« toufle qu'il a prise pour ses Heures et qu'il a
« mise dans sa poche avant que de sortir. Il n'est
« pas hors de l'église qu'un homme de livrée court
« après lui, le joint, lui demande en riant s'il n'a
« point la pantoufle de Monseigneur ; Ménalque
« lui montre la sienne, et lui dit : Voilà toutes
« les pantoufles que j'ai sur moi. Il se fouille néan-
« moins, et tire celle de l'évêque de ***, qu'il
« vient de quitter, qu'il a trouvé malade auprès
« de son feu, et dont, avant de prendre congé de
« lui, il a ramassé la pantoufle, comme l'un de
« ses gants qui étoit à terre ; ainsi Ménalque s'en
« retourne chez soi avec une pantoufle de moins.

« Il a une fois perdu au jeu tout l'argent qui est
« dans sa bourse, et voulant continuer de jouer,
« il entre dans son cabinet, ouvre une armoire,
« y prend sa cassette, en tire ce qui lui plaît,
« croit la remettre où il l'a prise; il entend aboyer
« dans son armoire, qu'il vient de fermer : étonné
« de ce prodige, il l'ouvre une seconde fois, et
« il éclate de rire d'y voir son chien qu'il a serré
« pour sa cassette. Il joue au trictrac; il demande
« à boire, on lui en apporte : c'est à lui à jouer,
« il tient le cornet d'une main et un verre de
« l'autre; et comme il a une grande soif, il avale
« les dés et presque le cornet, jette le verre d'eau
« dans le trictrac et inonde celui contre qui il
« joue. Et dans une chambre où il est familier,
« il crache sur le lit, et jette son chapeau à terre,
« en croyant faire tout le contraire. Il se promène
« sur l'eau, et il demande quelle heure il est; on
« lui présente une montre : à peine l'a-t-il re-
« çue, que ne songeant plus ni à l'heure ni à la
« montre, il la jette dans la rivière comme une
« chose qui l'embarrasse [1]. Lui-même écrit une
« longue lettre, met de la poudre dessus à plu-
« sieurs reprises et jette toujours la poudre dans
« l'encrier. Ce n'est pas tout : il écrit une seconde
« lettre; et après les avoir cachetées toutes
« deux, il se trompe à l'adresse [2]. Un duc et pair

[1] Voyez la scène VIII du troisième acte.
[2] Ce trait a peut-être donné à Regnard l'idée du jeu de théâtre de la scène IX du quatrième acte, et de la méprise des lettres.

« reçoit l'une de ces deux lettres, et en l'ouvrant
« y lit ces mots : Maître Olivier, ne manquez
« pas, sitôt la présente reçue, de m'envoyer ma
« provision de foin.... Son fermier reçoit l'autre,
« il l'ouvre et se la fait lire ; on y trouve ces
« mots : Monseigneur, j'ai reçu avec une soumis-
« sion aveugle les ordres qu'il a plu à votre gran-
« deur.... Lui-même encore écrit une lettre pen-
« dant la nuit, et, après l'avoir cachetée, il
« éteint sa bougie ; il ne laisse pas d'être surpris
« de ne voir goutte, et il sait à peine comment
« cela est arrivé. Ménalque descend l'escalier du
« Louvre, un autre le monte, à qui il dit : C'est
« vous que je cherche. Il le prend par la main,
« le fait descendre avec lui, traverse plusieurs
« cours, entre dans les salles, en sort, il va, il
« revient sur ses pas ; il regarde enfin celui qu'il
« traîne après soi depuis un quart d'heure : il est
« étonné que ce soit lui, il n'a rien à lui dire ; il
« lui quitte la main et tourne d'un autre côté.
« Souvent il vous interroge, et il est déjà bien loin
« de vous quand vous songez à lui répondre, ou
« bien il vous demande en courant comment se
« porte votre père, et comme vous lui dites qu'il
« est fort mal, il vous crie qu'il en est bien aise. Il
« vous trouve quelque autre fois sur son chemin;
« il est ravi de vous rencontrer ; il sort de chez
« vous pour vous entretenir d'une certaine chose;
« il contemple votre main. Vous avez là, dit-il,

« un beau rubis : est-il balais ? Il vous quitte et
« continue sa route : voilà l'affaire importante
« dont il avoit à vous parler. Se trouve-t-il en
« campagne, il dit à quelqu'un qu'il le trouve
« heureux d'avoir pu se dérober à la cour pen-
« dant l'automne, et d'avoir passé dans ses terres
« tout le temps de Fontainebleau ; il tient à d'au-
« tres d'autres discours, puis revenant à celui-ci :
« Vous avez eu, lui dit-il, de beaux jours à Fon-
« tainebleau, vous y avez sans doute beaucoup
« chassé. Il commence ensuite un conte qu'il ou-
« blie d'achever. Il rit en lui-même, il éclate d'une
« chose qui lui passe par l'esprit ; il répond à sa
« pensée, il chante entre ses dents, il siffle, il se
« renverse dans une chaise, il pousse un cri plaintif,
« il bâille, il se croit seul. S'il se trouve à un repas,
« on voit le pain se multiplier insensiblement sur
« son assiette ; il est vrai que ses voisins en man-
« quent, aussi-bien que de couteaux et de four-
« chettes dont il ne les laisse pas jouir long-temps.
« On a inventé aux tables une grande cuillère
« pour la commodité du service ; il la prend, la
« plonge dans le plat, l'emplit, la porte à sa
« bouche, et il ne sort pas d'étonnement de voir
« répandu sur son linge et sur ses habits le potage
« qu'il vient d'avaler. Il oublie de boire pendant
« tout le dîné ; ou s'il s'en souvient et qu'il trouve
« que l'on lui donne trop de vin, il en flaque plus
« de la moitié au visage de celui qui est à sa droite ;

« il boit le reste tranquillement, et ne comprend
« pas pourquoi tout le monde éclate de rire de
« ce qu'il a jeté à terre ce qu'on lui a versé de
« trop. Il est un jour retenu au lit par quelque
« incommodité ; on lui rend visite : il y a un
« cercle d'hommes et de femmes dans sa ruelle
« qui l'entretiennent ; et en leur présence il sou-
« lève sa couverture et crache dans ses draps. On
« le mène aux Chartreux, on lui fait voir un
« cloître orné d'ouvrages, tous de la main d'un
« excellent peintre. Le religieux qui les lui ex-
« plique parle de saint Bruno, du chanoine et de
« son aventure, en fait une longue histoire, et la
« montre dans l'un de ces tableaux. Ménalque
« qui, pendant la narration, est hors du cloître
« et bien loin au-delà, y revient enfin, et de-
« mande au père si c'est le chanoine ou saint Bruno
« qui est damné. Il se trouve par hasard avec une
« jeune veuve, il lui parle de son défunt mari,
« lui demande comment il est mort. Cette femme,
« à qui ce discours renouvelle ses douleurs, pleure,
« sanglote et ne laisse pas de reprendre tous les
« détails de la maladie de son époux, qu'elle con-
« duit depuis la veille de sa fièvre qu'il se portoit
« bien jusqu'à l'agonie. Madame, lui demande
« Ménalque, qui l'avoit apparemment écoutée
« avec attention, n'aviez-vous que celui-là [1] ? Il

---

[1] Scène VI, acte IV. Léandre répond au Chevalier, qui lui parle de son père :

    Et n'avez-vous jamais eu que ce père-là ?

« s'avise un matin de faire tout hâter dans sa cui-
« sine, il se lève avant le fruit et prend congé
« de la compagnie ; on le voit ce jour-là en tous
« les endroits de la ville, hormis en celui où il a
« donné un rendez-vous précis pour cette affaire
« qui l'a empêché de dîner, et l'a fait sortir à pied
« de peur que son carrosse ne le fît attendre.
« L'entendez-vous crier, gronder, s'emporter
« contre l'un de ses domestiques? Il est étonné
« de ne le point voir. Où peut-il être? dit-il. Que
« fait-il? qu'est-il devenu? Qu'il ne se présente
« plus devant moi, je le chasse dès à cette heure.
« Le valet arrive, à qui il demande fièrement
« d'où il vient. Il lui répond qu'il vient de l'en-
« droit où il l'a envoyé, et il lui rend un fidèle
« compte de sa commission¹. Vous le prendriez
« souvent pour tout ce qu'il n'est pas : pour un
« stupide; car il n'écoute point, et il parle encore
« moins : pour un fou; car, outre qu'il parle tout
« seul, il est sujet à de certaines grimaces et à des
« mouvements de tête involontaires : pour un
« homme fier et incivil ; car vous le saluez, et il
« passe sans vous regarder, ou il vous regarde
« sans vous rendre le salut : pour un inconsidéré ;
« car il parle de banqueroute au milieu d'une
« famille où il y a cette tache, d'exécution et
« d'échafaud devant un homme dont le père y a
« monté, de roture devant les roturiers qui sont
« riches et qui se donnent pour nobles. De même

---

¹ Voyez le commencement de la scène VIII du troisième acte.

« il a dessein d'élever auprès de soi un fils naturel
« sous le nom et le personnage d'un valet; et
« quoiqu'il veuille le dérober à la connoissance
« de sa femme et de ses enfants, il lui échappe
« de l'appeler son fils dix fois le jour. Il a pris
« aussi la résolution de marier son fils à la fille
« d'un homme d'affaires, et il ne laisse pas de
« dire de temps en temps, en parlant de sa maison
« et de ses ancêtres, que les Ménalque ne se sont
« jamais mésalliés. Enfin il n'est ni présent ni
« attentif dans une compagnie à ce qui fait le
« sujet de la conversation; il pense et il parle
« tout à la fois, mais la chose dont il parle est
« rarement celle à laquelle il pense : aussi ne
« parle-t-il guère conséquemment et avec suite.
« Où il dit non, souvent il faut dire oui; et où il
« dit oui, croyez qu'il veut dire non. Il a, en
« vous répondant si juste, les yeux fort ouverts,
« mais il ne s'en sert point; il ne regarde, ni vous,
« ni personne, ni rien qui soit au monde [1]. Tout
« ce que vous pouvez tirer de lui, et encore dans
« le temps qu'il est le plus appliqué et d'un meil-
« leur commerce, ce sont ces mots: Oui vrai-

---

[1] Voyez le portrait que Carlin fait de son maître, acte II, scène I.

Il rêve fort à rien, il s'égare sans cesse;
Il cherche, il trouve, il brouille, il regarde sans voir.
Quand on lui parle blanc, soudain il répond noir;
Il vous dit non pour oui; pour oui, non : il appelle
Une femme monsieur; et moi, mademoiselle.

« ment ! C'est vrai : Bon ! Tout de bon ? Oui-dà :
« Je pense que oui ; Assurément : Ah, ciel ! et
« quelques autres monosyllabes qui ne sont pas
« même placés à propos. Jamais aussi il n'est avec
« ceux avec qui il paroît être ; il appelle sérieu-
« sement son laquais monsieur, et son ami il l'ap-
« pelle la Verdure ; il dit Votre Révérence à un
« prince du sang, et Votre Altesse à un jésuite ;
« il entend la messe, le prêtre vient à éternuer,
« il lui dit : Dieu vous assiste. Il se trouve avec un
« magistrat : cet homme, grave par son carac-
« tère, vénérable par son âge et par sa dignité,
« l'interroge sur un événement, et lui demande
« si cela est ainsi ; Ménalque lui répond : Oui,
« mademoiselle. Il revient une fois de la cam-
« pagne, ses laquais en livrée entreprennent de
« le voler et y réussissent ; ils descendent de son
« carrosse, lui portent un bout de flambeau
« sous la gorge, lui demandent la bourse, et il
« la rend. Arrivé chez soi, il raconte son aven-
« ture à ses amis, qui ne manquent pas de l'inter-
« roger sur les circonstances, et il leur dit : De-
« mandez à mes gens, ils y étoient. »

C'est moins un caractère particulier que donne La Bruyère qu'un recueil de faits de distractions. Regnard a fait usage de plusieurs de ces faits, mais il en a d'autres qui lui appartiennent ; et l'on peut juger, par le rapprochement que nous avons fait de ceux dont il a fait usage, combien il est injuste de leur attribuer tout le succès de la comédie, au point de dire que Regnard n'a fait que mettre le morceau de La Bruyère, partie en action, partie en récit.

Un reproche plus essentiel que l'on a fait à ce poète, c'est d'avoir choisi un sujet vicieux et d'avoir mis sur la scène un ridicule *prétendu*, parce que, dit-on, il ne dépend point de nous d'être ou de n'être point distraits ; c'est, non un ridicule, ni même un vice, mais un défaut purement physique : et l'on ajoute qu'il a été aussi déraisonnable de mettre sur la scène un distrait, qu'il le seroit d'y mettre un boiteux, un aveugle, etc.

On convient que cette critique est juste à certains égards. Cependant on observe que la distraction est plus souvent un vice d'habitude qu'un défaut naturel. Nous sommes distraits, parce que notre imagination, trop fortement occupée d'un objet quelconque, ne nous permet pas la moindre attention sur les choses qui nous environnent ; c'est pourquoi ce défaut est communément celui des personnes occupées de grandes affaires. Il est donc possible de prévenir ce défaut et de s'en corriger, et ce n'est point un rire barbare que celui qu'excitent les méprises plaisantes que la distraction peut produire.

Lors de la reprise du *Distrait*, en 1731, l'abbé Pellegrin fit imprimer, dans le *Mercure de France*, du mois de juillet de la même année, une critique de cette pièce qui ne mérite pas la peine d'être réfutée.

Il reproche à Regnard de n'avoir produit que des caractères vicieux. Le chevalier est un petit-maître du plus mauvais ton, bas et crapuleux ; madame Grognac est une grondeuse insupportable et une mauvaise mère ; Valère, une espèce d'imbécile qui a une affection déraisonnable pour son neveu, le chevalier ; enfin Léandre, qui est le principal personnage de la pièce, et celui dont il a voulu *étaler le principal ridicule,* n'est qu'une espèce de fou. L'intrigue de la pièce est misérable, et le dénoûment une mauvaise copie de celui de nos *Femmes savantes*. Le critique finit par cette phrase : Cela n'empêche pas qu'on ne doive rendre à M. Regnard la justice qui lui est due ; c'est que personne n'a mieux possédé que lui le talent de faire rire, et *c'est par là que ses pièces de théâtre sont plus aimées qu'elles ne sont estimées.*

C'est ainsi que s'exprimoit sur le compte d'un de nos poètes comiques les plus estimables, un misérable auteur qui n'étoit connu au théâtre que par ses chutes, et dont le nom, ainsi que celui de Cotin, ne servira jamais qu'à caractériser la médiocrité. Mais qu'en est-il arrivé ? La critique de l'abbé est demeurée ensevelie dans le *Mercure,* où personne ne s'avisera jamais d'aller la lire, et la comédie de Regnard jouit et jouira toujours du succès le plus mérité.

Le caractère du distrait est celui d'un homme vertueux et ridicule, qui intéresse par les qualités de son cœur, en même temps qu'il nous fait rire par les travers de son esprit; ainsi Molière avoit produit auparavant les mêmes effets dans son rôle du misanthrope.

Le chevalier est un libertin tel que l'étoient autrefois nos petits-maîtres, et le portrait chargé qu'en a fait Regnard en étoit d'autant plus propre à les faire rougir de la bassesse de leurs inclinations et de la dépravation de leurs mœurs.

La foiblesse de Valère pour ce jeune débauché, provient de l'extrême pusillanimité de son caractère; c'est un de ces timides vieillards qui savent étaler les meilleures maximes du monde et sont incapables d'agir. Ce caractère contraste avec celui de madame Grognac. Celle-ci est une vieille quinteuse, bizarre, hargneuse, qui ne voit, dans la soumission et dans la douceur de sa fille Isabelle, que de nouveaux sujets d'émouvoir sa bile.

L'intrigue n'est point aussi misérable que le prétend le critique; tous les incidents sont heureusement amenés et très plaisants. Le dénoûment est préparé; on parle dès la première scène de l'oncle agonisant dont Léandre doit hériter: on n'est donc pas aussi étonné d'apprendre à la fin de la pièce qu'il a déshérité son neveu, qu'on est surpris, dans *les Femmes savantes*, d'entendre parler du jugement d'un procès, et d'une banqueroute, dont il n'avoit jusque-là été nullement question.

L'auteur des *Proverbes dramatiques* a su nous donner une petite pièce du *Distrait*, très plaisante, et dans laquelle il a mis en action des faits de distractions autres que ceux employés par Regnard.

La comédie de Regnard se joue très souvent, et est toujours vue avec plaisir.

NOMS DES ACTEURS

QUI ONT JOUÉ DANS LA COMÉDIE DU DISTRAIT, DANS SA NOUVEAUTÉ, EN 1697.

Léandre, *le sieur Beaubourg.* Clarice, Mlle *Dancourt.* Mme Grognac, Mlle *Desbrosses.* Isabelle, Mlle *Raisin* [1]. Le Chevalier, *le sieur Baron* [2]. Valère, *le sieur Guérin.* Lisette, Mlle *Beauval.* Carlin, *le sieur La Thorillière.*

[1] Françoise Pitel de Longchamp, femme de Jean-Baptiste Raisin, comédien, a été conservée lors de la réunion des troupes, en 1680. Cette actrice doubloit mademoiselle Dancourt, et jouoit aussi en second les amoureuses tragiques. Elle s'est retirée du théâtre en 1701, et est morte en 1721.

[2] Cet acteur étoit fils du fameux Baron. Il se nommoit Étienne Baron, et remplissoit avec quelque succès les seconds rôles tragiques, et les premiers dans le haut comique. Il est mort en 1711.

PERSONNAGES.

LÉANDRE, Distrait.

CLARICE, amante de Léandre.

Madame GROGNAC.

ISABELLE, fille de madame Grognac.

LE CHEVALIER, frère de Clarice, et amant d'Isabelle.

VALÈRE, oncle de Clarice et du Chevalier.

LISETTE, servante d'Isabelle.

CARLIN, valet de Léandre.

Un Laquais.

La scène est à Paris, dans une maison commune.

LE DISTRAIT,

COMÉDIE.

ACTE PREMIER.

SCÈNE I.

VALÈRE, Mme GROGNAC.

VALÈRE.

Quoi ! toujours opposée à toute une famille ?

Mme GROGNAC.

Oui.

VALÈRE.

Vous ne voulez point marier votre fille ?

Mme GROGNAC.

Non.

VALÈRE.

Quand on vous en parle, on vous met en courroux.

Mme GROGNAC.

Oui.

VALÈRE.

Vous ne prendrez point des sentiments plus doux ?

Mme GROGNAC.

Non.

VALÈRE.

Fort bien! Non, oui, non : beau discours! vos répliques
Me paroissent, pour moi, tout-à-fait laconiques.
Mais, pour mieux raisonner avec vous là-dessus,
Et pour rendre un moment le discours plus diffus,
Dites-moi, s'il vous plaît, la véritable cause
Qui vous fait rejeter les partis qu'on propose.
Ce fameux partisan, par exemple, pourquoi?...

Mme GROGNAC.

Hé fi, monsieur! fi donc! vous radotez, je croi :
Il est trop riche.

VALÈRE.

Ah! ah! nouvelle est la maxime.

Mme GROGNAC.

Gagne-t-on en cinq ans un million sans crime?
Je hais ces fort-vêtus qui, malgré tout leur bien,
Sont un jour quelque chose, et le lendemain rien.

VALÈRE.

Et ce jeune marquis, cet homme d'importance?
Vous ne lui pouvez pas reprocher sa naissance :
Il a les airs de cour, parle haut, chante, rit;
Il est bien fait; il a du cœur et de l'esprit.

Mme GROGNAC.

Il est trop gueux.

VALÈRE.

Fort bien! La réponse est honnête;
Et vous avez toujours quelque défaite prête.
Il s'offre deux partis, vous les chassez tous deux :
Le premier est trop riche, et le second trop gueux.

ACTE I, SCENE I.

Dans vos brusques humeurs je ne puis vous comprendre.
Comment prétendez-vous que soit fait votre gendre?

Mme GROGNAC.

Je prétends qu'il soit fait comme on n'en trouve point;
Qu'il soit posé, discret, accompli de tout point;
Qu'il ait, avec du bien, une honnête naissance;
Qu'il ne fasse point voir ces traits de pétulance,
Ces actions de fou, ces airs évaporés,
Dignes productions des cerveaux mal timbrés;
Qu'il ait auprès du sexe un peu de politesse;
Qu'il mêle à ses discours certain air de sagesse;
Qu'il ne soit point enfin, pour tout dire de lui,
Comme les jeunes gens que je vois aujourd'hui.

VALÈRE.

Cet homme à rencontrer sera très difficile;
Et, si vous le trouvez, je vous tiens fort habile.
Vous nous en faites voir un rare et beau portrait:
Et si vous ne voulez de gendre qu'ainsi fait,
Quoique Isabelle soit et riche et de famille,
Elle court grand hasard de vivre et mourir fille.

Mme GROGNAC.

Non: Léandre est l'époux que je veux lui donner.

VALÈRE.

Léandre!

Mme GROGNAC.

Ce parti semble vous étonner!
Mais c'est un fait, monsieur, dont peu je me soucie;
Et je le trouve, moi, selon ma fantaisie.
Je sais bien qu'à parler de lui sans passion,

Il est particulier en sa distraction ;
Il répond rarement à ce qu'on lui propose ;
On ne le voit jamais à lui dans nulle chose :
Mais ce n'est pas un crime enfin d'être ainsi fait.
On peut être, à mon sens, homme sage et distrait.

VALÈRE.

Je croyois, à parler aussi sans artifice,
Qu'il avoit quelque goût pour ma nièce Clarice.

Mme GROGNAC.

Oh bien ! je vous apprends que vous vous abusiez ;
Et, pour vous détromper, il faut que vous sachiez
Que je suis dès long-temps liée à sa famille ;
Et que, pour m'engager à lui donner ma fille,
L'oncle dont il attend sa fortune et son bien,
D'un dédit mutuel cimenta ce lien.
Léandre est allé voir cet oncle à l'agonie,
Et j'attends son retour pour la cérémonie.
Si je n'avois en vue un tel engagement,
Il n'auroit pas chez moi pris un appartement.
Vous qui logez céans avecque votre nièce,
Vous êtes tous les jours témoin de sa tendresse.

VALÈRE.

Mais m'assurerez-vous que Léandre, en son cœur,
Malgré votre dédit, n'ait point une autre ardeur ;
Et que, d'une autre part, votre fille Isabelle
A vos intentions n'ait pas un cœur rebelle ?

Mme GROGNAC.

Léandre aime ma fille ; et ma fille fera,
Lorsque j'aurai parlé, tout ce qu'il me plaira.

ACTE I, SCENE I.

C'est une fille simple, à mes désirs sujette :
Et je voudrois bien voir qu'elle eût quelque amourette !

VALÈRE.

Il faut que sur ce point nous la fassions parler ;
Son cœur s'expliquera sans rien dissimuler.

Mme GROGNAC.

D'accord. Lisette ! holà ! Lisette ! De la vie
On ne vit dans Paris femme si mal servie.
Lisette !

SCÈNE II.

LISETTE, Mme GROGNAC, VALÈRE.

LISETTE.

Hé bien, Lisette ! Est-ce fait ? Me voilà.

Mme GROGNAC.

Que fait ma fille ?

LISETTE.

Quoi ! ce n'est que pour cela ?
Vous avez bonne voix. Quel bruit ! A vous entendre,
J'ai cru qu'à la maison le feu venoit de prendre.

Mme GROGNAC.

Vous plairoit-il vous taire, et finir vos discours ?

LISETTE.

Oh ! vous grondez sans cesse.

Mme GROGNAC.

Et vous parlez toujours.
Répondez seulement à ce que l'on souhaite.

Que fait ma fille ?

LISETTE.

Elle est, madame, à sa toilette.

Mme GROGNAC.

Toujours à sa toilette, et devant un miroir !
Voilà tout son emploi du matin jusqu'au soir.

LISETTE.

Vous parlez bien à l'aise, avec votre censure.
Il m'a fallu trois fois réformer sa coiffure.
Nous avons toutes deux enragé tout le jour
Contre un maudit crochet qui prenoit mal son tour.

Mme GROGNAC.

Belle occupation, vraiment ! Qu'elle descende.
Dites-lui de ma part qu'ici je la demande.

LISETTE.

Je vais vous l'amener.

SCÈNE III.

VALÈRE, Mme GROGNAC.

VALÈRE.

N'allez pas la gronder,
Ni par votre air sévère ici l'intimider.

Mme GROGNAC.

Mon Dieu ! je sais assez comme il faut se conduire,
Et je ne dirai rien que ce qu'il faudra dire.
La voilà. Vous verrez quels sont ses sentiments.

SCÈNE IV.

ISABELLE, LISETTE, Mme GROGNAC, VALÈRE.

Mme GROGNAC, à Isabelle.

Venez, mademoiselle, et saluez les gens.
(Isabelle fait la révérence.)
Plus bas ; encor plus bas. O ciel ! quelle ignorance !
Ne savoir pas encor faire la révérence,
Depuis trois ans et plus qu'elle apprend à danser !

LISETTE.

Son maître tous les jours vient pourtant l'exercer :
Mais que peut-on apprendre en trois ans ?

Mme GROGNAC, à Lisette.

A se taire.

LISETTE, bas.

Elle a bien aujourd'hui l'esprit atrabilaire.
(haut.)
Nous attendons encore un maître italien,
Qui doit venir tantôt.

Mme GROGNAC, à Lisette.

Je vous le défends bien.
Je ne veux point chez moi gens de cette sequelle ;
Ce sont courtiers d'amour pour une demoiselle.
(à Isabelle.)
Levez la tête. Encor. Soyez droite. Approchez.
Faut-il tendre toujours le dos quand vous marchez ?
Présentez mieux la gorge, et baissez cette épaule.

LISETTE, à part.

C'est du soir au matin un éternel contrôle.

Mme GROGNAC, à Isabelle.

Avancez, s'il vous plaît, et répondez à tout.
Parlez. Le mariage est-il de votre goût?

(Isabelle rit.)

VALÈRE.

Elle rit. Bon, tant mieux; j'en tire un bon augure.

LISETTE.

Voilà ce qui s'appelle un ris d'après nature.

Mme GROGNAC, à Isabelle.

Quoi! vous avez le front de rire, et devant nous!
Vous ne rougissez pas quand on parle d'époux!

ISABELLE.

J'ignorois qu'une fille, au mot de mariage,
D'une prompte rougeur dût couvrir son visage.
Je dois vous obéir : et, quand je l'entendrai,
Puisque vous le voulez, d'abord je rougirai.

LISETTE, à part.

Quel heureux naturel!

Mme GROGNAC.

Les époux sont bizarres,
Brutaux, capricieux, impérieux, avares :
On devroit s'en passer, si l'on avoit bon sens.

ISABELLE.

N'étoient-ils pas ainsi tous faits de votre temps?
Vous n'avez pas laissé d'en prendre un étant fille.

Mme GROGNAC.

Vous êtes dans l'erreur. Rodillard de Choupille,

Noble au bec de corbin [1], grand gruyer [2] de Berry,
Et qui fut votre père, étant bien mon mari,
M'enleva malgré moi ; sans cela, de ma vie,
De me donner un maître il ne m'eût pris envie.

LISETTE.

La même chose un jour pourra nous arriver.

ISABELLE.

On ne fait donc point mal à se faire enlever?

Mme GROGNAC.

Hé bien, vit-on jamais un esprit plus reptile?
Puis-je avoir jamais fait une telle imbécile?
C'est une grosse bête, et qui n'est propre à rien.

LISETTE, à part.

Elle est bien votre fille, et vous ressemble bien.

Mme GROGNAC, à Lisette.

Euh ! plaît-il ?

LISETTE.

   Vous m'avez ordonné le silence.

Mme GROGNAC.

Vous pourriez à la fin lasser ma patience.

VALÈRE, à madame Grognac.

Je veux plus doucement la sonder sur ce point.

(à Isabelle.)

Voulez-vous un mari ?

ISABELLE.

   Je n'en demande point :

---

[1] On appeloit ainsi des gentilshommes de la garde du roi, à cause de la ressemblance de leurs armes à un bec de corbeau. (MÉNAGE.)

[2] *Gruyer*, officier des forêts.

Mais, s'il s'en rencontroit quelqu'un qui pût me plaire,
Je pourrois l'accepter, ainsi qu'a fait ma mère.

Mme GROGNAC, à Isabelle.

Comment donc ?

VALÈRE, à madame Grognac.

Avec elle agissons sans aigreur.

(à Isabelle.)

Çà, dites-moi, quelqu'un vous tiendroit-il au cœur ?

ISABELLE.

Ah !

LISETTE, à Isabelle.

Bon ! courage !

VALÈRE, à Isabelle.

Allons, parlez-nous sans rien craindre.

ISABELLE.

Je sens, lorsque je vois un petit homme à peindre....

VALÈRE.

Hé bien donc ?

ISABELLE.

Je sens là je ne sais quoi qui plaît ;
Mais je ne saurois bien vous dire ce que c'est.

LISETTE.

Oh ! je le sais bien, moi : c'est l'amour qui murmure.

Mme GROGNAC, à Isabelle.

J'apprends avec plaisir une telle aventure.
Et quel est, s'il vous plaît, ce jeune adolescent
Qui vous fait ressentir ce mouvement naissant ?

ISABELLE.

Ah ! si vous le voyiez, vous l'aimeriez vous-même.

Il me dit tous les jours qu'il m'estime, qu'il m'aime :
Il pleure quand il veut. Tu sais comme il est fait,
Lisette; et tu nous peux en faire le portrait.

LISETTE.

C'est un petit jeune homme à quatre pieds de terre,
Homme de qualité, qui revient de la guerre;
Qu'on voit toujours sautant, dansant, gesticulant;
Qui vous parle en sifflant, et qui siffle en parlant;
Se peigne, chante, rit, se promène, s'agite;
Qui décide toujours pour son propre mérite;
Qui près du sexe encor vit assez sans façon.

VALÈRE.

Mais, c'est le Chevalier.

LISETTE.

Vous avez dit son nom.

Mme GROGNAC.

Qui? ce fou?

VALÈRE.

S'il n'a pas le bonheur de vous plaire,
Songez qu'il m'appartient. C'est un jeune homme à faire.
Il a de la valeur; il est bien à la cour.

Mme GROGNAC.

Qu'il s'y tienne.

VALÈRE.

Il sera très riche quelque jour :
Il peut lui convenir de bien, d'esprit et d'âge.

ISABELLE.

Il est tout fait pour moi, l'on ne peut davantage.

Mme GROGNAC.

De quel front, s'il vous plaît, sans mon consentement,

Osez-vous bien penser à quelque attachement?
Vous êtes bien hardie et bien impertinente!
VALÈRE.
L'amour du Chevalier pourroit être innocente.
Mme GROGNAC.
L'amour du Chevalier n'est point du tout mon fait.
J'ai fait, pour son mari, choix d'un autre sujet:
Le dédit pour Léandre en est une assurance.
Que votre Chevalier cherche une autre alliance:
Je ne l'ai jamais vu; mais on m'en a parlé
Comme d'un petit fat et d'un écervelé;
Et je vous défends, moi, de le voir de la vie.
ISABELLE.
Je ne le verrai point, vous serez obéie;
Mes yeux trop curieux n'iront point le chercher:
Mais lui, s'il veut me voir, puis-je l'en empêcher?
Mme GROGNAC.
A ces simplicités qui sortent de sa bouche,
A cet air si naïf, croiroit-on qu'elle y touche?
Mais c'est une eau qui dort, dont il faut se garder.
ISABELLE.
Vous êtes avec moi toujours prête à gronder.
Je parois toute sotte alors qu'on me querelle,
Et cela me maigrit.
Mme GROGNAC.
   Taisez-vous, péronnelle.
Rentrez; et là-dedans allez voir si j'y suis.
VALÈRE.
Si vous vouliez pourtant écouter quelque avis....

Mme GROGNAC.

Je ne prends point d'avis, je suis indépendante.

VALÈRE.

Je le sais; mais....

Mme GROGNAC.

Adieu. Je suis votre servante.

VALÈRE.

Mais, madame, entre nous, il est de la raison....

Mme GROGNAC.

Mais, monsieur, entre nous, quand de votre façon,
Vous aurez, s'il se peut encor, garçon ou fille,
Je n'irai point chez vous régler votre famille :
De vos enfants alors vous pourrez disposer
Tout à votre plaisir, sans que j'aille y gloser.

(à Isabelle.)

Allons vite, rentrez : faites ce qu'on ordonne.

SCÈNE V.

VALÈRE, LISETTE.

LISETTE.

La madame Grognac a l'humeur hérissonne ;
Et je ne vois pas, moi, son esprit se porter
A l'hymen que tantôt vous vouliez contracter.

VALÈRE.

J'avois dessein de faire une double alliance ;
Mais ce dédit fâcheux étourdit ma prudence.
Léandre a pour Clarice un penchant dans le cœur ;

Et si pour Isabelle il a feint quelque ardeur,
C'étoit pour obéir à la voix importune
D'un oncle fort âgé, dont dépend sa fortune.

LISETTE.

La mère d'Isabelle est un diable en procès ;
Je crains que notre amour n'ait un mauvais succès.

VALÈRE.

Le temps et la raison la changeront peut-être ;
Et mon neveu pourra.... Mais je le vois paroître.

SCÈNE VI.

LE CHEVALIER, VALÈRE, LISETTE.

LE CHEVALIER, riant.

Bonjour, mon oncle. Ah, ah! Lisette, te voilà!
Je ne veux de ma vie oublier celui-là.

LISETTE, au Chevalier.

Faites-nous, s'il vous plaît, la grâce de nous dire
Le sujet si plaisant qui vous excite à rire.

LE CHEVALIER.

Oh, parbleu! si je ris, ce n'est pas sans sujet.
Léandre, ce rêveur, cet homme si distrait,
Vient d'arriver en poste ici couvert de crotte :
Le bon est qu'en courant il a perdu sa botte,
Et que, marchant toujours, enfin il s'est trouvé
Une botte de moins quand il est arrivé.

LISETTE.

De ces distractions il est assez capable.

LE CHEVALIER.

L'aventure est comique, ou je me donne au diable.
Mais ce n'est rien encore; et son valet m'a dit
(Je le crois aisément) que le jour qu'il partit
Pour aller voir mourir son oncle en Normandie,
Il suivit le chemin qui mène en Picardie,
Et ne s'aperçut point de sa distraction
Que quand il découvrit les clochers de Noyon.

LISETTE.

Il a pris le plus long pour faire sa visite.

LE CHEVALIER, à Valère.

Fussiez-vous descendu du lugubre Héraclite
De père en fils, parbleu, vous rirez de ce trait.
Vous faites le Caton; riez donc tout-à-fait,
Mon oncle; allons, gai, gai; vous avez l'air sauvage.

VALÈRE.

Vous, n'aurez-vous jamais celui d'un homme sage?
Faudra-t-il qu'en tous lieux vos airs extravagants,
Vos ris immodérés donnent à rire aux gens?

LE CHEVALIER.

Si quelqu'un rit de moi, moi je ris de bien d'autres.
Vous condamnez mes airs, et je blâme les vôtres;
Et, dans ce beau conflit, ce que je trouve bon,
C'est que nous prétendons avoir tous deux raison.
Pour moi, je n'ai pas tort. Il faut bien que je rie
De tout ce que je vois tous les jours dans la vie.
Cette vieille qui va marchander des galants,
Comme un autre feroit du drap chez les marchands;
Cidalise, qu'on sait avoir l'âme si bonne,

Qu'elle aime tout le monde, et n'éconduit personne;
Lucinde, qui, pour rendre un adieu plus touchant,
Jusque sur la frontière accompagne un amant,
Ne sont pas des sujets qui doivent faire rire?
Parbleu, vous vous moquez.

VALÈRE.

Hé bien! votre satire
S'exerce-t-elle assez? D'un trait envenimé
Toujours l'honneur du sexe est par vous entamé.
Celles dont vous vantez mille faveurs reçues,
De vos jours bien souvent vous ne les avez vues.
Sur ce cruel défaut ne changerez-vous point?

LE CHEVALIER fait deux ou trois pas de ballet.

Il ne prêche pas mal. Passez au second point,
Je suis déjà charmé. Que dis-tu de ma danse,
Lisette?

LISETTE.

Vous dansez tout-à-fait en cadence.

VALÈRE.

Vous vous faites honneur d'être un franc libertin;
Vous mettez votre gloire à tenir bien du vin;
Et lorsque, tout fumant d'une vineuse haleine,
Sur vos pieds chancelants vous vous tenez à peine,
Sur un théâtre alors vous venez vous montrer :
Là, parmi vos pareils on vous voit folâtrer;
Vous allez vous baiser comme des demoiselles;
Et, pour vous faire voir jusque sur les chandelles,
Poussant l'un, heurtant l'autre, et comptant vos exploits,
Plus haut que les acteurs vous élevez la voix;

Et tout Paris, témoin de vos traits de folie,
Rit plus cent fois de vous que de la comédie.

LE CHEVALIER.

Votre troisième point sera-t-il le plus fort?
Soyez bref en tout cas, car Lisette s'endort;
Moi, je bâille déjà.

VALÈRE.

Moi, votre train de vie
Cent fois bien autrement et me lasse et m'ennuie;
Et je serai contraint de faire à votre sœur
Le bien que je voulois faire en votre faveur.
Votre père en mourant, ainsi que votre mère,
Vous laissèrent de bien une somme légère :
Et, pour vous établir le reste de vos jours,
Vous devez de moi seul attendre du secours.

LE CHEVALIER.

Mais que fais-je donc tant, monsieur, ne vous déplaise,
Pour trouver ma conduite à tel excès mauvaise?
J'aime, je bois, je joue, et ne vois en cela
Rien qui puisse attirer ces réprimandes-là.
Je me lève fort tard, et je donne audience
A tous mes créanciers.

LISETTE.

Oui : mais en récompense,
Vous donnez peu d'argent.

LE CHEVALIER.

De là, je pars sans bruit,
Quand le jour diminue et fait place à la nuit,
Avec quelques amis, et nombre de bouteilles

Que nous faisons porter, pour adoucir nos veilles,
Chez des femmes de bien dont l'honneur est entier,
Et qui de leur vertu parfument le quartier.
Là, nous perçons la nuit d'une ardeur sans égale ;
Nous sortons au grand jour pour ôter tout scandale ;
Et chacun, en bon ordre, aussi sage que moi,
Sans bruit, au petit pas, se retire chez soi.
Cette vie innocente est-elle condamnée ?
Ne faire qu'un repas dans toute une journée !
Un malade, entre nous, se conduiroit-il mieux ?

LISETTE.

Vous êtes trop réglé.

LE CHEVALIER, à Valère.

Voyez-le par vos yeux.
Nous sommes cinq amis que la joie accompagne,
Qui travaillons ce soir en bon vin de Champagne.
Vous serez le sixième, et vous paîrez pour nous ;
Car à cinq chevaliers, en nous cotisant tous,
Et ramassant écus, livres, deniers, oboles,
Nous n'avons encor pu faire que deux pistoles.

LISETTE.

Heureux le cabaret, monsieur, qui vous attend !
Vous voilà cinq seigneurs bien en argent comptant

VALÈRE.

Mais n'êtes-vous pas fou ?...

LE CHEVALIER.

A propos de folie,
Savez-vous que dans peu, monsieur, je me marie ?

ACTE I, SCENE VI.

(à Lisette.)

Comment gouvernes-tu cet objet de mes vœux ?

LISETTE.

Monsieur....

LE CHEVALIER.

S'apprête-t-elle à couronner mes feux ?
C'est un petit bijou que toute sa personne,
Que je veux mettre en œuvre, et que j'affectionne :
(à Valère.)
Elle est jeune, elle est riche ; et de la tête aux pieds,
Vous en seriez charmé, si vous la connoissiez.

VALÈRE.

Je la connois : mais vous, connoissez-vous sa mère ?
Elle ne prétend pas songer à cette affaire.

LE CHEVALIER.

Elle ne prétend pas ! Il faut que nous voyions
Qui des deux doit avoir quelques prétentions.
Elle ne prétend pas ! Parbleu, le mot me touche ;
Je veux apprivoiser cet animal farouche.

LISETTE.

L'apprivoiser ! monsieur ? Vous perdrez votre temps,
Et vous prendrez plutôt la lune avec les dents.

LE CHEVALIER, à Lisette.

Nous allons voir ; suis-moi.

VALÈRE.

Hé ! doucement, de grâce :
Ralentissez un peu cette amoureuse audace.
A vous voir, on vous croit partir pour un assaut.
Et chez les gens ainsi s'en va-t-on de plein saut ?

LE CHEVALIER.

Elle ne prétend pas ! Ah ! vous pouvez lui dire
Que nous sommes instruits comme il faut se conduire ;
Et nous savons la règle établie en tel cas.
Je la trouve admirable ! elle ne prétend pas !

VALÈRE.

Je n'épargnerai rien pour la rendre capable
De prendre à votre amour un parti convenable.
Vous, cependant, tâchez, avec des airs plus doux,
A mériter le choix qu'on peut faire de vous.

LE CHEVALIER.

J'y penserai, mon oncle. Adieu.

SCÈNE VII.

LE CHEVALIER, LISETTE.

LE CHEVALIER.

Toi, fine mouche,
Va conter mon amour à l'objet qui me touche.
Une affaire à présent m'empêche de le voir :
Je vais tâter du vin dont nous ferons ce soir
Une ample effusion ; et cependant, la belle,
Accepte ce baiser de moi pour Isabelle.

(Il veut l'embrasser.)

LISETTE.

Modérez les transports de vos convulsions.
Je ne me charge point de vos commissions :
Donnez-les à quelque autre, ou faites-les vous-même.

ACTE I, SCÈNE VII.

LE CHEVALIER.

J'adore ta maîtresse, et je sens que je t'aime
Aussi par contre-coup.

LISETTE.

Monsieur, retirez-vous;
Vous pourriez me blesser; je crains les contre-coups.

SCÈNE VIII.

LISETTE, seule.

Quel amant ! Pour raison importante il diffère
D'aller voir sa maîtresse : et quelle est cette affaire ?
Il va tâter du vin ! Ma foi, les jeunes gens,
A ne rien déguiser, aiment bien en ce temps !
Heu ! les femmes, déjà si souvent attrapées,
Seront-elles encor par les hommes dupées ?
Aimera-t-on toujours ces petits vilains-là ?
Maudit soit le premier qui nous ensorcela !
Mais à bon chat bon rat ; et ce n'est pas merveille,
Si les femmes souvent leur rendent la pareille.

FIN DU PREMIER ACTE.

ACTE SECOND.

SCÈNE I.

LISETTE, CARLIN.

LISETTE.

Avec plaisir, Carlin, je te vois dans ces lieux.

CARLIN.

Fraîchement débarqué, je parois à tes yeux,
Et mes cheveux encor sont sous la papillote.

LISETTE.

Hé bien, ton maître enfin a-t-il trouvé sa botte?

CARLIN.

Et qui diable déjà t'a conté de ses tours?

LISETTE.

Je sais tout.

CARLIN.

Il m'en fait bien d'autres tous les jours.
Hier encore, en mangeant un œuf sur son assiette,
Il prit, sans y songer, son doigt pour sa mouillette,
Et se mordit, morbleu, jusques au sang.

LISETTE.

Je crois
Qu'il n'y retourna pas une seconde fois.

CARLIN.

Sortant d'une maison, l'autre jour, par bévue,
Pour son carrosse il prit celui qui dans la rue
Se trouva le premier. Le cocher touche, et croit
Qu'il mène son vrai maître à son logis, tout droit.
Léandre arrive, il monte, il va, rien ne l'arrête ;
Il entre en une chambre où la toilette est prête,
Où la dame du lieu, qui ne s'endormoit pas,
Attendoit son époux couchée entre deux draps.
Il croit être en sa chambre ; et, d'un air de franchise,
Assez diligemment il se met en chemise,
Prend la robe de chambre et le bonnet de nuit ;
Et bientôt il alloit se mettre dans le lit,
Lorsque l'époux arrive. Il tempête, il s'emporte,
Le veut faire sortir, mais non pas par la porte ;
Quand mon maître étonné se sauva de ce lieu
Tout en robe de chambre, ainsi qu'il plut à Dieu.
Mais un moment plus tard, pour t'achever mon conte,
Le maître du logis en avoit pour son compte.

LISETTE.

Ton récit est charmant. Mais, raillerie à part,
Dis-moi, qu'avez-vous fait depuis votre départ ?

CARLIN.

Nous venons, mon enfant, de courre un bénéfice.

LISETTE.

Un bénéfice, toi ?

CARLIN.

Pour te rendre service.
Mais nos soins empressés ne nous ont rien valu ;

Et le diable a sur nous jeté son dévolu.
LISETTE.
Explique-toi donc mieux.
CARLIN.
Ah, Lisette! j'enrage.
Notre espoir dans le port vient de faire naufrage.
Nous croyions hériter, du côté maternel,
D'un oncle.... ah, ciel! quel oncle! il est oncle éternel.
Nous attendions en paix que son âme à toute heure
Passât de cette vie en une autre meilleure;
Nous le laissions mourir à sa commodité;
Quand, un beau jour enfin, le ciel, par charité,
A fait tomber sur lui deux ou trois pleurésies,
Qu'escortoient en chemin nombre d'apoplexies.
Nous partons aussitôt, faisant partout *flores*,
Sûrs de trouver déjà le bon homme *ad patres*.
Mais fol et vain espoir! vermisseaux que nous sommes!
Comme le ciel se rit des vains projets des hommes!
Écoute la noirceur de ce maudit vieillard.
LISETTE.
Vous êtes arrivés sans doute un peu trop tard,
Et quelque autre avant vous....
CARLIN.
Non.
LISETTE.
Il auroit peut-être
En faveur de quelqu'un déshérité ton maître?
CARLIN.
Point.

ACTE II, SCÈNE I.

LISETTE.
Il a déclaré, se voyant sur sa fin,
Quelque enfant provenu d'un hymen clandestin?

CARLIN.
Non. Il ne fit jamais d'enfants, par avarice.

LISETTE.
Parle donc, si tu veux.

CARLIN.
　　　　　　　Le vieillard, par malice,
Malgré nos vœux ardents n'a pas voulu mourir.

LISETTE.
Le trait est vraiment noir, et ne peut se souffrir.

CARLIN.
Par trois fois de ma main il a pris l'émétique,
Et je n'en donnois pas une dose modique;
J'y mettois double charge, afin que par mes soins
Le pauvre agonisant en languît un peu moins :
Mais par trois fois, le sort, injuste, inexorable,
N'a point donné les mains à ce soin charitable;
Et le bon homme enfin, à quatre-vingt-neuf ans,
Malgré sa fièvre lente et ses redoublements,
Sa fluxion, son rhume, et ses apoplexies,
Son crachement de sang, et ses trois pleurésies,
Sa goutte, sa gravelle, et son prochain convoi
Déjà tout préparé, se porte mieux que moi.

LISETTE.
Votre course n'a pas produit grand avantage.

CARLIN.
Nous en avons été pour les frais du voyage :

Mais nous avons laissé Poitevin tout exprès
Pour prendre sur les lieux nos petits intérêts.
Il doit de temps en temps nous donner des nouvelles;
Et nous nous conduirons par ses avis fidèles.

LISETTE.

Sans avoir donc rien fait, vous voilà de retour !
Je vous applaudis fort. Mais comment va l'amour?
Ton maître aime toujours ?

CARLIN.

Cela n'est pas croyable.
Je le vois pour Clarice amoureux comme un diable,
C'est-à-dire beaucoup ; mais comme il est distrait,
Son esprit se promène encor sur quelque objet
Le dédit que son oncle a fait pour Isabelle
Partage son amour, et le tient en cervelle.
Je sais que ta maîtresse a de naissants appas,
Et surtout de grands biens, que Clarice n'a pas ;
Mais mon maître est fidèle, et son âme est pétrie
De la plus fine fleur de la galanterie :
Il ne ressemble pas à quantité d'amants ;
C'est un homme, morbleu, tout plein de sentiments.

LISETTE.

Mais, s'il aime Clarice ensemble et ma maîtresse,
Que puis-je faire, moi, pour servir sa tendresse ?
Les épousera-t-il toutes deux ?

CARLIN.

Pourquoi non ?
Il le fera fort bien dans sa distraction.
C'est un homme étonnant et rare en son espèce :

Il rêve fort à rien, il s'égare sans cesse;
Il cherche, il trouve, il brouille, il regarde sans voir;
Quand on lui parle blanc, soudain il répond noir;
Il vous dit non pour oui; pour oui, non; il appelle
Une femme, monsieur; et moi, mademoiselle;
Prend souvent l'un pour l'autre; il va sans savoir où.
On dit qu'il est distrait; mais moi, je le tiens fou :
D'ailleurs fort honnête homme, à ses devoirs austère,
Exact et bon ami, généreux, doux, sincère,
Aimant, comme j'ai dit, sa maîtresse en héros :
Il est et sage et fou; voilà l'homme en deux mots.

LISETTE.

Si Léandre ressent une tendresse extrême
Pour Clarice, Isabelle est prise ailleurs de même,
Et pour le Chevalier son cœur s'est découvert.

CARLIN.

Tant mieux. Il nous faudra travailler de concert
Pour détourner le coup de ce dédit funeste;
Et l'amour avec nous achèvera le reste.

LISETTE.

De tes soins empressés nous attendrons l'effet.

CARLIN.

Soit. Adieu donc. Mon maître est dans son cabinet;
Il m'attend. J'ai voulu, comme le cas me touche,
Apprendre, en arrivant, ta santé par ta bouche.

LISETTE.

Je me porte la la ; mais toi?

CARLIN.

                      Coussi, coussi.

En très bonne santé j'arriverois ici,
Si je n'étois porteur d'une large écorchure.
LISETTE.
Bon ! c'est des postillons l'ordinaire aventure.
Jusqu'au revoir. Adieu, beau courrier offensé.[1]
(Elle sort.)

CARLIN.
Ce n'est pas là, coquine, où le bât m'a blessé.
Mon cœur est plus navré de ton humeur sévère.

SCÈNE II.

CARLIN, seul.

CETTE friponne-là seroit bien mon affaire.
Mais mon maître paroît, il tourne ici ses pas.

---

[1] Ce vers et le suivant sont conformes à l'édition originale, à celles de 1714, de 1728, de 1731; voici la VARIANTE des éditions modernes :
Adieu, courrier malencontreux.
CARLIN.
Mon grand mal est celui que m'ont fait tes beaux yeux.
(G. A. C.)

SCÈNE III.

LÉANDRE, CARLIN.

CARLIN.

Il rêve, il parle seul, et ne m'aperçoit pas.

LÉANDRE, *se promenant sur le théâtre en rêvant, un de ses bas déroulé.*

Je ne sais si l'absence, aux amants peu propice,
Ne m'a point effacé de l'esprit de Clarice.
On en trouve bien peu de ces cœurs généreux,
Qui, dans l'éloignement, sachent garder leurs feux;
Un moment les éteint, ainsi qu'il les fit naître.

CARLIN.

Me mettant face à face, il me verra peut-être.

LÉANDRE *heurte Carlin sans s'en apercevoir.*

Je serois bien à plaindre, aimant comme je fais,
Qu'un autre profitât du fruit de ses attraits.
Plus je ressens d'amour, plus j'ai d'inquiétude.
Je ne puis demeurer dans cette incertitude;
Je veux entrer chez elle, et sans perdre de temps.
Carlin, va me chercher mon épée et mes gants.

CARLIN.

J'y cours, et je reviens, monsieur, à l'heure même.

SCÈNE IV.

LÉANDRE, seul.

Je suis plus que jamais dans une peine extrême.
Si mon oncle fût mort, j'aurois, à mon retour,
Disposé de mon cœur en faveur de l'amour.
Mais je vois tout d'un coup mon attente trompée.

SCÈNE V.

CARLIN, LÉANDRE.

CARLIN.
Je ne trouve, monsieur, ni les gants ni l'épée.
LÉANDRE.
Tu ne les trouves point! Voilà comme tu fais!
Ce qu'on te voit chercher ne se trouve jamais.
Je te dis qu'à l'instant ils étoient sur ma table.
CARLIN.
Mais j'ai cherché partout, ou je me donne au diable.
Il faut donc qu'un lutin soit venu les cacher.
(Il s'aperçoit que Léandre a son épée et ses gants.)
Ah! ah! le tour est bon, et j'avois beau chercher.
Dormez-vous? veillez-vous?
LÉANDRE.
        Quoi! que veux-tu donc dire?
CARLIN.
Fi donc! arrêtez-vous, monsieur: voulez-vous rire?

(à part.)

Il en tient un peu là. Sa présence d'esprit
A chaque instant du jour me charme et me ravit.

LÉANDRE.

Mais dis-moi donc, maraud....

CARLIN.

Ah, la belle équipée!
Hé! sont-ce là vos gants? est-ce là votre épée?

LÉANDRE.

Ah, ah!

CARLIN.

Ah, ah!

LÉANDRE.

Je rêve, et j'ai certain ennui....

CARLIN, à part.

Ce ne sera pas là le dernier d'aujourd'hui.

LÉANDRE.

Tout autre objet, Carlin, met mon cœur au supplice.
Je veux bien l'avouer, je n'aime que Clarice.
Ma famille prétend, attendu mes besoins,
Que j'épouse Isabelle, et je feins quelques soins.
Son bien me remettroit en fort bonne figure;
Mais je brûle, Carlin, d'une flamme trop pure.
Biens, fortune, intérêts, gloire, sceptre, grandeur,
Rien ne sauroit bannir Clarice de mon cœur;
Je ressens de la voir la plus ardente envie....
Quelle heure est-il?

CARLIN.

Il est six heures et demie.

LÉANDRE.

Fort bien. Qui te l'a dit?

CARLIN.

Comment! qui me l'a dit?
(à part.)
Palsambleu, c'est l'horloge. Il perd, ma foi, l'esprit.

LÉANDRE, riant.

Mais connois-tu comment la chose est avenue,
Et par quel accident ma botte s'est perdue?
Je l'avois ce matin en montant à cheval.

CARLIN.

Riez, c'est fort bien fait, le trait est sans égal.
Mais, à propos de botte, un sort doux et propice
Tout à souhait ici vous amène Clarice.
Mettez, de grâce, un frein à votre vertigo,
Et n'allez pas ici faire de quiproquo.

SCÈNE VI.

CLARICE, LÉANDRE, CARLIN.

LÉANDRE, à Clarice.

J'ALLOIS m'offrir à vous, flatté de l'espérance
D'adoucir les tourments de près d'un mois d'absence.
Vous êtes à mes yeux plus belle que jamais;
Chaque jour, chaque instant augmente vos attraits;
A chaque instant aussi mon amoureuse flamme
Croît comme vos appas....

(à Carlin.)
Un fauteuil à madame.
(Carlin apporte un fauteuil, Léandre s'assied dessus.)

CLARICE.

Chaque amant parle ainsi ; mais souvent, de retour,
Il oublie avec lui de ramener l'amour.
Notre sexe autrefois changeoit, c'étoit la mode ;
Le premier en amour il prit cette méthode :
Les hommes ont depuis trouvé cela si doux,
Qu'ils sont dans ce grand art bien plus savants que nous.

CARLIN, voyant que son maître a pris le fauteuil, apporte un tabouret à Clarice.

Madame, vous plaît-il de vous mettre à votre aise ?
Nous n'avons qu'un fauteuil ici, ne vous déplaise,
Et mon maître s'en sert, comme vous pouvez voir.

CLARICE, à Carlin.

Je te suis obligée, et ne veux point m'asseoir.

(à Léandre.)

Si je vous aimois moins, je serois plus tranquille.
A m'alarmer toujours l'amour me rend habile.
Je crains autant que j'aime ; et mes foibles appas
Sur vos distractions ne me rassurent pas.
J'appréhende en secret que quelque amour nouvelle....

LÉANDRE.

Non, je n'aime que vous, adorable Isabelle.

CARLIN, bas, à Léandre.

Isabelle ! Clarice.

LÉANDRE.

Et mes vœux les plus doux

Sont de passer mes jours et mourir avec vous.
Isabelle....

CARLIN, bas, à Léandre.

Clarice.

LÉANDRE.

A pour moi mille charmes ;
L'amour prend dans ses yeux ses plus puissantes armes ;
Isabelle est....

CARLIN, bas, à Léandre.

Clarice.

LÉANDRE.

A mes yeux un tableau
De tout ce que jamais le ciel fit de plus beau.

CLARICE, à Carlin.

Qu'entends-je ? Justes dieux ! ton maître est infidèle ;
Son erreur me fait voir qu'il adore Isabelle.
Je suis au désespoir ; et je sens dans mon cœur
Mon amour outragé se changer en fureur.

LÉANDRE, sortant de sa rêverie.

Quel sujet tout à coup vous a mise en colère,
Madame ? Ce maraud a-t-il pu vous déplaire ?

CLARICE.

Si quelqu'un me déplaît en ce moment, c'est vous.

LÉANDRE.

Moi ?

CLARICE.

Vous.

LÉANDRE.

Quoi ! je pourrois exciter ce courroux !

CLARICE.
Vous êtes un ingrat, un lâche, un infidèle :
Suivez, servez, aimez, adorez Isabelle.
LÉANDRE, à Carlin.
Ah ! maraud, qu'as-tu dit ?
CARLIN.
Hé bien ! ne voilà pas ?
J'aurai fait tout le mal.
LÉANDRE, à Clarice.
J'adore vos appas ;
Et je veux que du ciel la vengeance et la foudre
Me punisse à vos yeux, et me réduise en poudre,
Si mon cœur, tout à vous, adore un autre objet.
CARLIN.
Ne jurez pas, monsieur ; vous êtes trop distrait.
CLARICE.
Vous aimez Isabelle ; et de quelle assurance
Prononcez-vous un nom dont mon amour s'offense ?
LÉANDRE.
J'ai parlé d'Isabelle ? eh ! vous voulez, je croi,
Éprouver mon amour, ou vous railler de moi.
Moi, parler devant vous d'autre que de vous-même,
Vous, qui m'occupez seule, et que seule aussi j'aime !
CARLIN.
Il faudroit, par ma foi, qu'il eût perdu l'esprit.
LÉANDRE.
De ce cruel soupçon ma tendresse s'aigrit ;
Vos yeux vous sont garants qu'il ne m'est pas possible
Que pour quelque autre objet je devienne sensible.

Ah, madame! à propos, vous avez quelque accès
Auprès du rapporteur que j'ai dans mon procès.
Écrivez-lui, de grâce, un mot pour mon affaire.
CLARICE.
Volontiers.
CARLIN, à part.
A propos, est là fort nécessaire.
CLARICE.
Quels que soient vos discours pour me persuader,
J'aime trop, pour ne pas toujours appréhender ;
Mais ces distractions, qui vous sont naturelles,
Me rassurent un peu de mes frayeurs mortelles.
Je vous juge innocent, et crois que votre erreur
Provient de votre esprit plus que de votre cœur.
LÉANDRE.
Avec ces sentiments vous me rendez justice.
CARLIN, à Clarice.
Je suis sa caution, il n'a point de malice.
Mais le dédit pourroit traverser vos desseins.
CLARICE.
Mon oncle, sur ce point, nous prêtera les mains;
Il aime fort mon frère, et toute son envie
Seroit de voir un jour sa fortune établie :
Pour lui-même à la cour il brigue un régiment.
LÉANDRE.
Je m'offre à le servir pour avoir l'agrément.
CARLIN.
Tout à propos ici le voilà qui se montre.

SCÈNE VII.

LE CHEVALIER, LÉANDRE, CLARICE, CARLIN.

LE CHEVALIER, embrassant Léandre.
Hé! bon jour, mon ami. Quelle heureuse rencontre!
LÉANDRE, au Chevalier.
(à Carlin:)
Monsieur, avec plaisir.... Quel est cet homme-là?
CARLIN.
C'est le Chevalier.
LÉANDRE.
Ah!
LE CHEVALIER.
Quoi! ma sœur, te voilà?
Je t'en sais fort bon gré. Viens-tu par inventaire,
Du cœur de ton amant te porter héritière?
CLARICE.
Mais dis-moi, seras-tu toujours fou, Chevalier?
LE CHEVALIER.
C'est un charmant objet qu'un nouvel héritier;
Et le noir est pour moi la couleur favorite:
Un amant en grand deuil a toujours son mérite;
Et quand, comme Carlin, on seroit mal formé,
Du moment qu'on hérite, on est sûr d'être aimé.
CARLIN.
Comment! comme Carlin! Sachez que, sans reproche,
Votre comparaison est odieuse, et cloche.

Chacun vaut bien son prix. Carlin, dans certains cas,
Pour certains chevaliers ne se donneroit pas.

LE CHEVALIER, à Carlin.

Tu te fâches, mon cher! Il faut que je t'embrasse.
L'oncle a donc fait la chose enfin de bonne grâce?
As-tu trouvé le coffre à ton gré copieux?
Ses écus, ses louis étoient-ils neufs ou vieux?

CARLIN, au Chevalier.

Nous n'y prenons pas garde; et toujours avec joie
Nous recevons l'argent tel que Dieu nous l'envoie.

LE CHEVALIER.

(Il chante.)

Le bon homme est donc mort? J'en ai bien du regret.

CLARICE.

Cela se voit assez.

CARLIN.

L'air vient fort au sujet.

LE CHEVALIER.

Je te le veux chanter; j'en ai fait la musique,
Et les vers, dont chacun vaut un poëme épique.

AIR.

« Je me console au cabaret
« Des rigueurs d'une Iris qui rit de ma tendresse.
« Là mon amour expire, et Bacchus en secret
    « Succède aux droits de ma maîtresse.
Là mon amour expire.... (*bis.*)

CARLIN.

Au cabaret, c'est là mourir au champ d'honneur.

ACTE II, SCENE VII.

LE CHEVALIER, chantant.

« Et Bacchus en secret
« Succède, succède....

Ce bémol est-il fin, et va-t-il droit au cœur ?

« Succède....

Qu'en dis-tu ?

CARLIN.

Mais je dis que dans cet air si doux
Bacchus est plus habile à succéder que nous.

LE CHEVALIER répète.

« Succède aux droits de ma maîtresse. »

(à Léandre.)

Que vous semble, monsieur, et de l'air et des vers ?

LÉANDRE, sortant de la rêverie où il a été pendant la scène, prend Clarice par le bras, croyant parler au Chevalier, et la tire à un des bouts du théâtre.

Vos intérêts en tout m'ont toujours été chers ;
J'étois fort serviteur de monsieur votre père,
Et je vous veux servir de la bonne manière.

CLARICE, à Léandre.

Je me sens obligée à votre honnêteté.

LÉANDRE, craignant d'être entendu, la ramène à l'autre côté du théâtre.

Je crois que nous serions mieux de l'autre côté.

LE CHEVALIER fait le même jeu de théâtre avec Carlin.

J'ai de ma part aussi quelque chose à te dire.
Il faut nous divertir....

CARLIN.

Quel diantre ! est-ce pour rire ?

LÉANDRE, à Clarice.

Je suis, comme l'on sait, assez bien près du roi,
Je veux vous faire avoir un régiment.

CLARICE.

A moi ?

LÉANDRE.

A vous-même.

LE CHEVALIER, à Carlin.

Ton maître au moins n'est pas trop sage.

CARLIN, au Chevalier.

D'accord. Il vous ressemble en cela davantage.

LÉANDRE, à Clarice.

Vous avez du service, un nom, de la valeur :
Il faut vous distinguer dans un poste d'honneur.

CLARICE.

Mais regardez-moi bien.

LÉANDRE.

Ah ! je vous fais excuse,
Madame ; et maintenant je vois que je m'abuse.
J'ai cru qu'au Chevalier....

LE CHEVALIER.

Ma sœur, un régiment !

CARLIN.

Ce seroit de milice un nouveau supplément ;
Et, si chaque famille armoit une coquette,
Cette troupe, je crois, seroit bientôt complète.

LE CHEVALIER.

Cet homme-là, ma sœur, t'aime à perdre l'esprit.

CLARICE.

Je m'en flatte en secret ; du moins il me le dit.

LE CHEVALIER, à Léandre.

Je crois bien que vos vœux tendent au mariage :
Ma sœur en vaut la peine ; elle est belle, elle est sage.

LÉANDRE.

Ah, monsieur ! point du tout.

LE CHEVALIER.

     Comment donc ! point du tout ?
Cette grâce, cet air....

LÉANDRE.

     Il n'est point de mon goût.

LE CHEVALIER.

Cependant, vous l'aimez ?

LÉANDRE.

     Oui, j'aime la musique ;
Mais, si vous voulez bien qu'en ami je m'explique,
Votre air n'a point ce tour tendre, agréable, aisé,
Et le chant, entre nous, m'en paroît trop usé.

LE CHEVALIER.

Et qui vous parle ici de vers et de musique ?
Cet amant-là, ma sœur, est tout-à-fait comique.

LÉANDRE.

Vous chantiez à l'instant ; et ne parliez-vous pas
De votre air ?

LE CHEVALIER.

Non, vraiment.

LÉANDRE.

     J'ai donc tort, en ce cas.

LE CHEVALIER.

Je vous entretenois ici de votre flamme;
Et voulois pour ma sœur faire expliquer votre âme,
Savoir si vous l'aimez.

LÉANDRE.

Si je l'aime, grands dieux!
Ne m'interrogez point, et regardez ses yeux.

LE CHEVALIER.

Vous avez le goût bon. Si je n'étois son frère,
Près d'elle on me verroit pousser bien loin l'affaire;
Mais je suis pris ailleurs. Près d'un objet vainqueur
Je fais à petit bruit mon chemin en douceur.
J'ai jusqu'ici conduit mon affaire en silence;
J'abhorre le fracas, le bruit, la turbulence;
Et je vais pour chercher cet objet de mes feux.

SCÈNE VIII.

LÉANDRE, CARLIN, CLARICE.

LÉANDRE, à Clarice.

Puisque vous désirez si tôt quitter ces lieux,
Souffrez donc, s'il vous plaît, que je vous reconduise.

(Il met un gant, et présente à Clarice la main qui est nue.)

CARLIN, à Léandre.

Vous donnez une main pour l'autre, par méprise.

LÉANDRE ôte le gant qu'il avoit.

Il est vrai.

CLARICE, à Léandre.

Demeurez, et ne me suivez pas.

ACTE II, SCENE VIII.

LÉANDRE.

Je veux jusque chez vous accompagner vos pas.

(*Il donne la main à Clarice jusqu'au milieu du théâtre, et la quitte pour parler à Carlin.*)

(*Clarice sort.*)

SCÈNE IX.

LÉANDRE, CARLIN.

LÉANDRE.

J'ai, Carlin, en secret, un ordre à te prescrire ;
Écoute.... Je ne sais ce que je voulois dire....
Va chez mon horloger, et reviens au plus tôt.
Prends de ce tabac.... Non, tu n'iras que tantôt.

CARLIN, *à part.*

Le beau secret, ma foi !

SCÈNE X.

LE CHEVALIER, LÉANDRE, CARLIN.

LÉANDRE *retourne pour donner la main à Clarice, et la donne au Chevalier.*

Souffrez ici sans peine
Qu'à votre appartement, madame, je vous mène.

LE CHEVALIER, *contrefaisant la voix de femme.*

Vous êtes trop honnête, il n'en est pas besoin.

LÉANDRE, *s'apercevant qu'il parle au Chevalier.*

Vous êtes encor là ! Je vous croyois bien loin.

Je cherchois votre sœur, et ma peine est extrême....
LE CHEVALIER.
Vous ne vous trompez pas, c'est une autre elle-même.
Mais si jamais, monsieur, vous êtes son époux,
Dans vos distractions défiez-vous de vous.
Une femme suffit, tenez-vous à la vôtre ;
N'allez pas, par méprise, en conter à quelque autre.
Ma sœur n'est pas ingrate ; et, sans égard aux frais,
Elle vous le rendroit avec les intérêts.
Adieu, monsieur. Je suis tout à votre service.

SCÈNE XI.

LÉANDRE, CARLIN.

LÉANDRE.
Je cherche vainement, et ne vois point Clarice.
CARLIN.
N'étant plus en ce lieu, vous ne sauriez la voir.
LÉANDRE.
Ah, mon pauvre Carlin ! je suis au désespoir.
Que je suis malheureux ! Contre moi tout conspire.
J'avois dans ce moment cent choses à lui dire.
Ne perdons point de temps ; sortons, suivons ses pas :
Je ne suis plus à moi quand je ne la vois pas.
CARLIN.
Et quand vous la voyez, c'est cent fois pis encore.

SCÈNE XII.

CARLIN, seul.

Il auroit bien besoin de deux grains d'ellébore.
Il étoit moins distrait hier qu'il n'est aujourd'hui :
Cela croît tous les jours. Je me gâte avec lui.
On m'a toujours bien dit qu'il falloit dans la vie
Fuir autant qu'on pouvoit mauvaise compagnie :
Mais je l'aime, et je sais qu'un cœur qui n'est point faux
Doit aimer ses amis avec tous leurs défauts.

FIN DU SECOND ACTE.

ACTE TROISIÈME.

SCÈNE I.

ISABELLE, LISETTE.

LISETTE.

Grace au ciel, à la fin vous quittez la toilette;
Votre mère aujourd'hui doit être satisfaite.
De notre diligence on peut se prévaloir;
Il n'est encore, au plus, que sept heures du soir.

ISABELLE.

Il me semble pourtant que j'aurai peine à plaire,
Et je n'ai pas les yeux si vifs qu'à l'ordinaire.
Ma mère en est la cause, et ce qu'elle me dit
Me brouille tout le teint, me sèche et m'enlaidit.

LISETTE.

Elle enrage à vous voir si grande et si bien faite.
La loi devroit contraindre une mère coquette,
Quand la beauté la quitte, ainsi que les amants,
Et qu'elle a fait sa charge environ cinquante ans,
D'abjurer la tendresse, et d'avoir la prudence
De faire recevoir sa fille en survivance.

ISABELLE.

Que ce seroit bien fait! car enfin, en amour,

Il faut, n'est-il pas vrai? que chacun ait son tour.
LISETTE.
Oui, la chanson le dit. Dites-moi, je vous prie,
Si pour le Chevalier votre âme est attendrie.
Est-ce estime? est-ce amour?
ISABELLE.
     Oh! je n'en sais pas tant.
LISETTE.
Mais encor?
ISABELLE.
    Je ne sais si ce que mon cœur sent
Se peut nommer amour; mais enfin je t'avoue
Que j'ai quelque plaisir d'entendre qu'on le loue :
Par un destin puissant et des charmes secrets,
Je me trouve attachée à tous ses intérêts;
Je rougis, je pâlis, quand il s'offre à ma vue :
S'il me quitte, des yeux je le suis dans la rue;
Mais que te dis-je, hélas! mon cœur partout le suit.
Ses manières, son air, occupent mon esprit;
Et souvent, quand je dors, d'agréables mensonges
M'en présentent l'image au milieu de mes songes.
Est-ce estime? est-ce amour?
LISETTE.
     C'est ce que vous voudrez;
Mais enfin c'est un mal dont vous ne guérirez
Qu'avec un récipé d'un hymen salutaire,
Et je veux m'employer à finir cette affaire.
Le Chevalier, tout franc, est bien mieux votre fait.
Léandre a de l'esprit; mais il est trop distrait.

Il vous faut un mari d'une humeur plus fringante,
Léger dans ses propos, qui toujours danse ou chante;
Qui vole incessamment de plaisirs en plaisirs,
Laissant vivre sa femme au gré de ses désirs,
S'embarrassant fort peu si ce qu'elle dépense
Vient d'un autre ou de lui. C'est cette nonchalance
Qui nourrit la concorde, et fait que dans Paris
Les femmes, plus qu'ailleurs, adorent leurs maris.

ISABELLE.

Tu sais bien que ma mère est d'une humeur étrange:
Crois-tu que son esprit à ce parti se range?
Elle m'a défendu de voir le Chevalier.

LISETTE.

Sans se voir on ne peut pourtant se marier.
Ne vous alarmez point : nous trouverons peut-être
Quelque moyen heureux que l'amour fera naître,
Qui pourra tout d'un coup nous tirer d'embarras.
Un sort heureux déjà conduit ici ses pas.

SCÈNE II.

ISABELLE, LE CHEVALIER, LISETTE.

LE CHEVALIER, dansant et sifflant, à Isabelle.

JE vous trouve à la fin. Ah! bonjour ma princesse;
Vous avez aujourd'hui tout l'air d'une déesse;
Et la mère d'Amour, sortant du sein des mers,
Ne parut point si belle aux yeux de l'univers.
De votre amour pour moi je veux prendre ce gage.

(Il lui baise la main.)

ISABELLE.

Monsieur le Chevalier....

LISETTE, au Chevalier.

Allons donc, soyez sage.
Comme vous débutez !

LE CHEVALIER, à Lisette.

Nous autres gens de cour,
Nous savons abréger le chemin de l'amour.
Voudrois-tu donc me voir, en amoureux novice,
De l'amour à ses pieds apprendre l'exercice,
Pousser de gros soupirs, serrer le bout des doigts ?
Je ne fais point, morbleu ! l'amour comme un bourgeois ;

(à Isabelle.)

Je vais tout droit au cœur. Le croiriez-vous, la belle ?
Depuis dix ans et plus je cherche une cruelle,
Et je n'en trouve point, tant je suis malheureux !

LISETTE.

Je le crois bien, monsieur, vous êtes dangereux.

LE CHEVALIER, à Isabelle.

J'ai bien bu cette nuit ; et, sans fanfaronnades,
A votre intention j'ai vidé cent rasades.
Mon feu, qui dans le vin s'éteint le plus souvent,[1]
Reprend vigueur pour vous, et s'irrite en buvant.
Il fait, parbleu, bien chaud.

(Il ôte sa perruque, et la peigne.)

[1] VARIANTE des éditions modernes :
Ah ! le verre à la main, qu'il faisoit beau nous voir !
Il fait, parbleu, grand chaud.
ISABELLE.
Voulez-vous vous asseoir ?

LISETTE.

                La manière est plaisante.
Vous voulez nous montrer votre tête naissante;
Ce regain de cheveux est encor bon à voir.

ISABELLE, au Chevalier.

Vous êtes mal debout : voulez-vous vous asseoir?
Lisette, des fauteuils.

LE CHEVALIER.

            Point de fauteuil, de grâce.

ISABELLE.

Oh! monsieur, je sais bien....

LE CHEVALIER.

                Un fauteuil m'embarrasse.
Un homme là-dedans est tout enveloppé;
Je ne me trouve bien que dans un canapé.

(à Lisette.)

Fais-m'en approcher un pour m'étendre à mon aise.

LISETTE.

Tenez-vous sur vos pieds, monsieur, ne vous déplaise.
J'enrage quand je vois des gens qu'à tout moment
Il faudroit étayer comme un vieux bâtiment,
Couchés dans des fauteuils, barrer une ruelle.
Et mort non de ma vie! une bonne escabelle;
Soyez dans le respect. Nos pères autrefois
Ne s'en portoient que mieux sur des meubles de bois.

ISABELLE.

Paix donc; ne lui dis rien, Lisette, qui le blesse.

LISETTE, à Isabelle.

Bon, bon! il faut apprendre à vivre à la jeunesse.

ACTE III, SCENE II.

LE CHEVALIER.

Lisette est en courroux. Çà, changeons de discours.
Comment suis-je avec vous? M'adorez-vous toujours?
Cette maman encor fait-elle la hargneuse?
C'est un vrai porc-épic.

ISABELLE.

Elle est toujours grondeuse :
Elle m'a depuis peu défendu de vous voir.

LE CHEVALIER.

De me voir? Elle a tort. Sans me faire valoir,
Je prétends vous combler d'une gloire parfaite;
Car ce n'est qu'en mari que mon cœur vous souhaite.

ISABELLE.

En mari! mais, monsieur, vous êtes chevalier :
Ces gens-là ne sauroient, dit-on, se marier.

LE CHEVALIER.

Quel abus! Nous faisons tous les jours alliance
Avec tout ce qu'on voit de femmes dans la France.

LISETTE, *entendant madame Grognac.*

Ah! Madame Grognac!

ISABELLE.

Ah! Monsieur, sauvez-vous.
Sortez. Non, revenez.

LISETTE.

Où nous cacherons-nous?

LE CHEVALIER.

Laissez, laissez-moi seul affronter la tempête.

LISETTE.

Ne vous y jouez pas. Il me vient dans la tête

Un dessein qui pourra nous tirer d'embarras.
Elle sait votre nom, mais ne vous connoît pas:
Nous attendons un maître en langue italienne;
Faites ce maître-là, pour nous tirer de peine.

ISABELLE.

Elle approche, elle vient. O ciel!

LE CHEVALIER.

C'est fort bien dit.
En cette occasion j'admire ton esprit.
J'ai, par bonheur, été deux ans en Italie.

SCÈNE III.

Mme GROGNAC, ISABELLE, LE CHEVALIER, LISETTE.

Mme GROGNAC, à Isabelle.

AH! vraiment, je vous trouve en bonne compagnie.
Quel est cet homme-là?

LISETTE.

Ne le voit-on pas bien?
C'est, comme on vous a dit, ce maître italien
Qui vient montrer sa langue.

Mme GROGNAC.

Il prend bien de la peine.
Ma fille, pour parler, n'a que trop de la sienne.
Qu'elle apprenne à se taire, elle fera bien mieux.

LE CHEVALIER, à Isabelle.

Un grand homme disoit que s'il parloit aux dieux,
Ce seroit espagnol; italien aux femmes;

ACTE III, SCENE III.

L'amour par son accent se glisse dans leurs âmes :
A des hommes, françois ; et suisse à des chevaux.
Das dich der donder schalcq.

LISETTE.

      Ah, juste ciel ! quels mots !

Mme GROGNAC.

Comme je ne veux point qu'elle parle à personne,
Sa langue lui suffit, et je la trouve bonne.

LE CHEVALIER, à Isabelle.

Or je vous disois donc tantôt que l'adjectif
Devoit être d'accord avec le substantif.
Isabella bella, c'est vous, belle Isabelle.
 (bas.)
Amante fedele, c'est moi, l'amant fidèle,
Qui veut toute sa vie adorer vos appas.
   (Madame Grognac s'approche pour écouter.)
 (haut, à Isabelle.)
Il faut les accorder en genre, en nombre, en cas.

Mme GROGNAC, au Chevalier.

Tout votre italien est plein d'impertinence.

LE CHEVALIER, à madame Grognac.

Ayez pour la grammaire un peu de révérence.
 (à Isabelle.)
Il faut présentement passer au verbe actif ;
Car moi, dans mes leçons, je suis expéditif.
Nous allons commencer par le verbe *amo,* j'aime.
Ne le voulez-vous pas ?

ISABELLE.

      Ma joie en est extrême.

LISETTE, au Chevalier.

Elle a pour vos leçons l'esprit obéissant.

LE CHEVALIER, à Isabelle.

Conjuguez avec moi, pour bien prendre l'accent.
Io amo, j'aime.

ISABELLE.

Io amo, j'aime.

LE CHEVALIER.

Vous ne le dites pas du ton que je demande.

(à madame Grognac.)

Vous me pardonnez bien si je la réprimande.

(à Isabelle.)

Il faut plus tendrement prononcer ce mot-là :
Io amo, j'aime.

ISABELLE, fort tendrement.

Io amo, j'aime.

LE CHEVALIER.

Le charmant naturel, madame, que voilà !
Aux dispositions qu'elle m'a fait paroître,
Elle en saura bientôt trois fois plus que son maître.

(à Isabelle.)

Je suis charmé. Voyons si d'un ton naturel
Vous pourrez aussi bien dire le pluriel.

Mme GROGNAC.

Elle en dit déjà trop, monsieur; et dans les suites
Il faudra, s'il vous plaît, supprimer vos visites.

LE CHEVALIER.

J'ai trop bien commencé pour ne pas achever.

SCÈNE IV.

VALÈRE, LE CHEVALIER, Mme GROGNAC, ISABELLE, LISETTE.

VALÈRE, au Chevalier.

Ah! je suis, mon neveu, ravi de vous trouver.
(à madame Grognac.)
Madame, vous voyez, sans trop de complaisance,
Un gentilhomme ici d'assez belle espérance ;
Et s'il pouvoit vous plaire, il seroit trop heureux.

LISETTE, à part.

Que le diable t'emporte !

ISABELLE, à part.

Eh ! contre-temps fâcheux !

Mme GROGNAC, à Valère.

Votre neveu ! Comment !

VALÈRE.

Il a su se produire,
Et n'a pas eu besoin de moi pour s'introduire.

Mme GROGNAC, au Chevalier.

Vous n'êtes pas, monsieur, un maître italien ?

VALÈRE.

Lui ? c'est le Chevalier.

LE CHEVALIER.

Il est vrai, j'en convien ;
Cela n'empêche pas que, dans quelques familles,
Je ne montre parfois l'italien aux filles.

Mme GROGNAC, à Isabelle.

Comment, impertinente!

LE CHEVALIER, à madame Grognac.

Ah! point d'emportement.

Mme GROGNAC, à Isabelle.

Après vous avoir dit....

LE CHEVALIER, à madame Grognac.

Madame, doucement;
N'allez pas, devant moi, gronder mes écolières.

Mme GROGNAC, au Chevalier.

Mêlez-vous, s'il vous plaît, monsieur, de vos affaires.

(à Isabelle.)

Lorsque je vous défends....

LE CHEVALIER, à madame Grognac.

Pour calmer ce courroux,
J'aime mieux vous baiser, maman.

Mme GROGNAC, au Chevalier.

Retirez-vous.
Je ne suis point, monsieur, femme que l'on plaisante.

LE CHEVALIER prend madame Grognac par la main,
chante, et la fait danser par force.

Je veux que nous dansions ensemble une courante.

VALÈRE, les séparant, et mettant le Chevalier dehors.

C'est trop pousser la chose; allons, retirez-vous.

SCÈNE V.

VALÈRE, Mme GROGNAC, ISABELLE, LISETTE.

VALÈRE, à madame Grognac.

Et vous, pour éviter de vous mettre en courroux,
Dans votre appartement rentrez, je vous en prie.

Mme GROGNAC, s'en allant.

Ouf! ouf! je n'en puis plus.

SCÈNE VI.

VALÈRE, ISABELLE, LISETTE.

LISETTE, à Valère.

      Mais quelle étourderie!
Pour éviter le bruit, j'avois trouvé moyen
De le faire passer pour maître italien;
Et vous êtes venu....

VALÈRE.

     Mon imprudence est haute;
Mais je veux sur-le-champ réparer cette faute.
Je m'en vais la rejoindre, et tâcher de calmer
Son esprit violent, prompt à se gendarmer.

          (Il sort.)

SCÈNE VII.

LISETTE, ISABELLE.

LISETTE.
Voila, je vous l'avoue, une fâcheuse affaire.
ISABELLE.
N'as-tu pas ri, Lisette, à voir danser ma mère ?
LISETTE.
Comment donc ! vous riez, et vous ne craignez pas
La foudre toute prête à tomber en éclats !
ISABELLE.
Laissons pour quelque temps passer ici l'orage.
Léandre vient; il faut nous ranger du passage.
Écoutons un moment; nous n'oserions sortir.
De ses distractions il faut nous divertir ;
Il ne manquera pas d'en faire ici paroître.
LISETTE.
Je le veux. Demeurons sans nous faire connoître.
Écoutons.

SCÈNE VIII.

LÉANDRE, CARLIN; ISABELLE et LISETTE
dans le fond du théâtre.

LÉANDRE.
D'où viens-tu ? parle donc, réponds-moi.
Je ne te vois jamais, quand j'ai besoin de toi.

ACTE III, SCENE VIII.

CARLIN.

J'exécute votre ordre avez zèle, ou je meure.
Vous avez oublié que, depuis un quart d'heure,
De dix commissions il vous plut me charger.
J'ai vu le rapporteur, le tailleur, l'horloger;
Et voilà votre montre enfin raccommodée :
Elle sonne à présent.

LÉANDRE prenant la montre.

Il me l'a bien gardée.

CARLIN.

Vous m'avez commandé de même d'acheter
De bon tabac d'Espagne; en voilà pour goûter.

LÉANDRE prend le papier où est le tabac.

Voyons.

CARLIN.

C'est du meilleur qu'on puisse jamais prendre,
Dont on frauda les droits en revenant de Flandre.

LÉANDRE jette la montre, croyant jeter le tabac.

Quel horrible tabac ! tu veux m'empoisonner.

CARLIN.

La montre ! ah ! voilà bien pour la faire sonner !
Quelle distraction, monsieur, est donc la vôtre?

LÉANDRE.

Oh ! je n'y pensois pas ; j'ai jeté l'un pour l'autre.

CARLIN.

Ne vous voilà pas mal ! La montre cette fois
Va revoir l'horloger tout au moins pour six mois.

LÉANDRE.

Cours à l'appartement de l'aimable Clarice;

Sache si pour la voir le moment est propice;
Peins-lui bien mon amour, et quel est mon chagrin
D'avoir manqué tantôt à lui donner la main.
Va vite, cours, reviens.

CARLIN, mettant la montre à son oreille.

La montre est tout en pièces.
Vous devriez, monsieur, exercer vos largesses,
Et m'en faire présent....

LÉANDRE.

Va donc, ne tarde pas.
Je t'attends.

CARLIN.

J'obéis, et reviens sur mes pas.

SCÈNE IX.

LÉANDRE, ISABELLE, LISETTE.

ISABELLE.

Approchons-nous.

LÉANDRE, croyant parler à Carlin, et sans voir Isabelle et Lisette.

Carlin, j'attends tout de ton zèle.
Si Clarice venoit à parler d'Isabelle,
Dis-lui bien que mon cœur n'en fut jamais touché;
Par de plus nobles nœuds je me sens attaché.
Isabelle est jolie; au reste, peu capable
De fixer le penchant d'un homme raisonnable.
Malgré les faux dehors de sa simplicité,
Elle est coquette au fond.

LISETTE, à Isabelle.

     La curiosité
Vous pourra coûter cher, aux sentiments qu'il montre.

LÉANDRE, croyant répondre à Carlin.

Mais me parleras-tu toujours de cette montre ?
Hé bien, c'est un malheur. Fais-lui bien concevoir
Qu'Isabelle sur moi n'eut jamais de pouvoir,
Et que mon oncle en vain veut faire une alliance
Dont mon amour murmure, et dont mon cœur s'offense.

ISABELLE.

Il ne m'aime pas trop, Lisette.

LÉANDRE, croyant répondre à Carlin.

       Oui, l'on le dit.
Cette Lisette-là lui tourne mal l'esprit ;
C'est une babillarde, en intrigues habile,
Et qui, dans un besoin, pourroit montrer en ville.

LISETTE, à Isabelle.

Voilà donc mon paquet, et vous le vôtre aussi.
Lui dirai-je à la fin que vous êtes ici ?

LÉANDRE.

Oui, tu pourras lui dire. Avec impatience
J'attendrai ton retour ; va, cours en diligence.
Que les hommes sont fous d'empoisonner leurs jours
Par des dégoûts cruels qu'ils ont dans leurs amours !
Je savoure à longs traits le poison qui me tue.

LISETTE.

C'est pendant trop de temps nous cacher à sa vue ;
Et je veux l'attaquer. Monsieur, si par hasard
Vous vouliez bien sur nous jeter quelque regard....

LÉANDRE, sans les voir.

Sans ce fâcheux dédit qui vient troubler ma joie,
Je passerois des jours filés d'or et de soie.

LISETTE.

Vous voulez bien, monsieur, me permettre à mon tour
De vous féliciter sur votre heureux retour?

LÉANDRE, sans les voir.

Au pouvoir de l'amour c'est en vain qu'on résiste.

LISETTE.

Monsieur, par charité....

LÉANDRE, sans les voir.

Que le ciel vous assiste.

LISETTE.

Sommes-nous donc déjà des objets de pitié?
(à Isabelle.)
De tout ce qu'on me dit vous êtes de moitié.
(à Léandre.)
Tournez les yeux sur nous.

(Elle le tire par la manche.)

LÉANDRE.

Ah! te voilà, Lisette!

LISETTE.

Et ma maîtresse aussi.

LÉANDRE, à Isabelle.

Que ma joie est parfaite!
Jamais rien de plus beau ne s'offrit aux regards;
Les amours près de vous volent de toutes parts.
Aux coups de vos beaux yeux qui pourroit se soustraire?
Et qu'on seroit heureux si l'on pouvoit vous plaire!

ACTE III, SCENE IX.

ISABELLE, à Léandre.

Bon! votre cœur pour moi ne fut jamais touché;
Par de plus nobles nœuds vous êtes attaché :
Je suis un peu jolie; au reste, peu capable
De fixer le penchant d'un homme raisonnable :
Malgré les faux dehors de ma simplicité,
Je suis coquette au fond.

LÉANDRE.

    C'est une fausseté.
Lisette, tu devrois, dans le soin qui t'anime,
Lui faire prendre d'elle une plus juste estime :
Tu gouvernes son cœur.

LISETTE.

    Oui, quelqu'un me l'a dit.
Cette Lisette-là lui tourne mal l'esprit;
C'est une babillarde, en intrigues habile,
Et qui pourroit montrer, en un besoin, en ville.
Votre panégyrique a pour nous des appas.
Quel peintre! Par ma foi, vous ne nous flattez pas.

LÉANDRE, à part.

Ah, maraud de Carlin! dans peu ton imprudence
Recevra de ma main sa juste récompense.

LISETTE.

J'entends venir quelqu'un. Ah, ciel! quel embarras!
C'est madame Grognac qui revient sur ses pas.

ISABELLE.

Lisette, que dis-tu?

LISETTE.

    Votre mère en personne.

ISABELLE.

Quel parti prendre, ô ciel! je tremble, je frissonne.
Sa brusque humeur sur nous pourroit bien éclater:
Aidez-moi, s'il vous plaît, monsieur, à l'éviter.

LÉANDRE.

Vous cacher à ses yeux est chose assez facile;
Mon cabinet pour vous doit être un sûr asile;
Entrez-y.

ISABELLE.

Volontiers. Mais que personne au moins
Ne puisse nous y voir.

(Isabelle et Lisette entrent dans le cabinet de Léandre.)

LÉANDRE.

Fiez-vous à mes soins.

SCÈNE X.

Mme GROGNAC, LÉANDRE.

Mme GROGNAC.

Je ne la trouve point. Monsieur, où donc est-elle?

LÉANDRE.

Qui, madame?

Mme GROGNAC.

Ma fille.

LÉANDRE.

Eh! qui donc?

Mme GROGNAC.

Isabelle.

ACTE III, SCENE X.

Que j'aurois de plaisir, avec deux bons soufflets,
A venger pleinement les affronts qu'on m'a faits!
Mais je ne perdrai pas ici toute ma peine,
Puisqu'il faut aussi bien que je vous entretienne,
Et vous dise en deux mots que je veux, dès ce jour,
Votre oncle vif ou mort, terminer votre amour.
Vous savez ses desseins, et qu'un dédit m'engage,
Monsieur, à vous donner ma fille....

LÉANDRE.

En mariage?

Mme GROGNAC.

Comment donc? Oui, monsieur, en mariage, oui;
Et je prétends, de plus, que ce soit aujourd'hui.
Je ne puis plus long-temps voir traîner cette affaire,
Et je vais ordonner qu'on m'amène un notaire :
C'est un point résolu, monsieur, dans mon cerveau;
La garde d'une fille est un trop lourd fardeau.

SCÈNE XI.

LÉANDRE, seul.

Ce dédit m'embarrasse et me tient en cervelle.

SCÈNE XII.

CARLIN, CLARICE, LÉANDRE.

CARLIN, à Léandre.

J'ai fait ce que vos feux attendoient de mon zèle,
Et j'amène Clarice.

LÉANDRE.

Ah, madame! en ces lieux
Quel bonheur tout nouveau vous présente à mes yeux?

CLARICE.

Malgré votre dédit, je viens ici vous dire
Que mon oncle à nos feux est tout prêt de souscrire.
Mon cœur en est charmé; mais je crains votre humeur,
Et qu'une autre que moi ne règne en votre cœur.

LÉANDRE.

Ces soupçons mal fondés me font trop d'injustice;
Et je n'aime que vous, adorable Clarice.

SCÈNE XIII.

LÉANDRE, CLARICE, CARLIN, un Laquais.

LE LAQUAIS, à Clarice.

Mon maître ici m'envoie avec ce mot d'écrit.

(Il sort.)

(Clarice lit.)

CARLIN, au Laquais qui sort.

Ce petit joufflu-là montre avoir de l'esprit.

SCÈNE XIV.

LÉANDRE, CLARICE, CARLIN.

CLARICE, à Léandre.

De votre rapporteur je reçois cette lettre :
Vous pouvez de ses soins bientôt tout vous promettre.

ACTE III, SCENE XIV.

Je vous quitte un moment, et je monte là-haut
Pour lui faire réponse, et reviens au plus tôt.

LÉANDRE, l'arrêtant.

Si dans mon cabinet vous vouliez bien écrire,
Vous auriez plus tôt fait.

CLARICE.

Je craindrois de vous nuire.

LÉANDRE.

Vous me ferez plaisir, madame, assurément.

CLARICE.

Puisque vous le voulez, j'en use librement.
Je vais le supplier de vous faire justice,
Et de continuer à vous rendre service.
J'aurai fait en deux mots.

SCÈNE XV.

LÉANDRE, CARLIN.

CARLIN.

Vos feux sont en bon train.
Je vous vois bientôt prêts à vous donner la main :
Le ciel jusques au bout nous garde de disgrâce !

SCÈNE XVI.

LISETTE, LÉANDRE, CARLIN.

LISETTE, dans le cabinet.

Sortons, sortons, madame; il faut quitter la place.

SCÈNE XVII.

LÉANDRE, CARLIN.

CARLIN.

Dans votre cabinet, monsieur, j'entends du bruit.
Que veut dire cela? N'est-ce point un esprit
Qui lutine Clarice?

LÉANDRE.

Ah! je vois ma méprise.
Carlin, tout est perdu! j'ai fait une sottise.
En plaçant là Clarice, en mon esprit distrait,
Je n'ai pas réfléchi que dans le même endroit
J'avois mis Isabelle.

CARLIN.

Isabelle! Ah! j'enrage.
Nous allons bientôt voir arriver du carnage.
Êtes-vous fou, monsieur?

SCÈNE XVIII.

ISABELLE, CLARICE, LISETTE, LÉANDRE, CARLIN.

CARLIN.

Mais qu'est-ce que je vois!
Quelle prospérité! Pour une, en voilà trois.

ISABELLE, à Clarice.

Vous pouvez dans ce lieu tout à votre aise écrire,

ACTE III, SCENE XVIII.

Et tant qu'il vous plaira ; pour moi, je me retire.

CLARICE.

Vous avez eu le temps, pour vous, tout à loisir,
D'y pouvoir, sans témoins, remplir votre désir.[1]

LÉANDRE.

Le hasard, malgré moi, dans ce lieu vous assemble,
Mon dessein n'étoit point de vous y mettre ensemble.

(à Isabelle.)

Votre mère tantôt....

ISABELLE.

Je suis au désespoir.

LÉANDRE, à Clarice.

Madame, vous saurez....

CLARICE.

Je ne veux rien savoir.

LÉANDRE, à Isabelle.

Je n'ai pas réfléchi que....

ISABELLE, s'en allant.

Vous êtes un traître.

---

[1] VARIANTE des éditions modernes :

Non pas, c'est moi qui sors, et le laisse avec vous :
Je sais qu'on ne doit pas troubler un rendez-vous.

SCÈNE XIX.

LÉANDRE, CLARICE, LISETTE, CARLIN.

LÉANDRE, à Clarice.

Le hasard....

CLARICE, s'en allant.

Devant moi gardez-vous de paroître.

SCÈNE XX.

LISETTE, LÉANDRE, CARLIN.

LISETTE, à Carlin.

Tu nous as fait le tour; mais vingt coups de bâton,
Dans peu, monsieur Carlin, nous en feront raison.

(Elle sort.)

SCÈNE XXI.

CARLIN, LÉANDRE.

CARLIN.

Je tombe de mon haut.

LÉANDRE.

Moi, je me désespère.
Allons de l'une et l'autre arrêter la colère.

(Il sort.)

SCÈNE XXII.

CARLIN, seul.

Courons-y donc : je crains quelque accident cruel ;
Et ces deux filles-là se vont battre en duel.

FIN DU TROISIÈME ACTE.

ACTE QUATRIÈME.

SCÈNE I.

VALÈRE, CLARICE.

CLARICE.

De vos soins généreux je vous suis obligée :
Mais, depuis un moment, mon âme est bien changée.

VALÈRE.

Plaît-il ?

CLARICE.

Je ne veux plus me marier.

VALÈRE.

Comment !
D'où vous peut donc venir un si prompt changement ?

CLARICE.

J'ai pensé mûrement aux soins du mariage,
Aux chagrins presque sûrs où son joug nous engage,
A cette liberté que l'on perd sans retour :
L'hymen est trop souvent un écueil pour l'amour.
Je ne me sens point propre aux soins d'une famille ;
Et, tout considéré, j'aime mieux rester fille.

VALÈRE.

Je sais bien que l'hymen peut avoir ses dégoûts ;
Chaque état a les siens, et nous les sentons tous.

Cependant vous vouliez de moi ce bon office.
CLARICE.
D'accord; mais plus on voit de près le précipice,
Plus nos sens étonnés frémissent du danger.
Léandre est pris ailleurs; et, pour le dégager,
Votre application peut-être seroit vaine.
VALÈRE.
Calmez-vous; je prétends y réussir sans peine.
Léandre sent pour vous une sincère ardeur :
Je pourrois bien ici répondre de son cœur;
Et ce n'est qu'un devoir de pure obéissance
Qui retient jusqu'ici son esprit en balance.

SCÈNE II.

LE CHEVALIER, VALÈRE, CLARICE.

LE CHEVALIER.
Ah, mon oncle! parbleu, je vous trouve à propos
Pour vous laver la tête, et vous dire deux mots.
VALÈRE.
Le début est nouveau.
LE CHEVALIER.
              Se peut-il qu'à votre âge
Vous n'ayez pas encor les airs d'un homme sage?
Si j'en faisois autant, je passerois chez vous
Pour un franc étourdi. La, la, répondez-nous.
VALÈRE.
J'ai tort; mais....

LE CHEVALIER.
Mais, mais, mais !
CLARICE.
Quelle est votre querelle ?
LE CHEVALIER.
Je m'étois introduit tantôt chez Isabelle,
Que j'aime à la fureur, et qui m'aime encor plus;
J'y passois pour un autre; et monsieur, là-dessus,
Est venu brusquement gâter tout le mystère,
Et m'a mal à propos fait connoître à la mère.
Parlez; n'est-il pas vrai ?
VALÈRE.
D'accord, mon cher neveu;
Mais je réparerai ma faute.
LE CHEVALIER.
Eh, ventrebleu !
C'est un étrange cas. Faut-il que la jeunesse
Apprenne maintenant à vivre à la vieillesse,
Et qu'on trouve des gens, avec des cheveux gris,
Plus étourdis cent fois que nos jeunes marquis ?
Je n'y connois plus rien. Dans le siècle où nous sommes,
Il faut fuir dans les bois, et renoncer aux hommes.
VALÈRE.
Je veux vous marier, et votre sœur aussi.
LE CHEVALIER.
Ma sœur ? vous vous moquez.
VALÈRE.
Pourquoi donc ce souci ?

LE CHEVALIER, à Valère.

Quelle injustice, ô ciel! On me vole, on me pille.
Cela n'est point dans l'ordre; et l'on sait qu'une fille,
Pour enrichir un frère, en faire un gros seigneur,
Doit renoncer au monde.

CLARICE.

On connoît ton bon cœur,
Et je sais qui t'oblige à parler de la sorte;
C'est l'amour de mon bien.

LE CHEVALIER.

Oui, le diable m'emporte.

VALÈRE.

Je prétends lui donner cinquante mille écus,
Vous réservant, à vous, de mon bien le surplus;
Et je veux aujourd'hui terminer cette affaire.

SCÈNE III.

LE CHEVALIER, CLARICE.

LE CHEVALIER.

VEUX-TU que sur ce point je m'explique en bon frère?
Tu sais bien qu'entre nous nous parlons assez net.
Un hymen, quel qu'il soit, n'est point du tout ton fait.
Te voilà faite au tour, nul soin ne te travaille;
Et le premier enfant te gâteroit la taille.
Crois-moi, le mariage est un triste métier.

CLARICE.

Mon frère, cependant, tu veux te marier.

LE CHEVALIER.

Le devoir d'une femme engage à mille choses ;
On trouve mainte épine où l'on cherchoit des roses :
Le plaisir de l'hymen est terrestre et grossier.

CLARICE.

Mon frère, cependant, tu veux te marier.

LE CHEVALIER.

Parlons à cœur ouvert, et confessons la dette.
Je suis un peu coquet, tu n'es pas mal coquette :
Notre mère l'étoit, dit-on, en son vivant ;
Nous chassons tous de race, et le mal n'est pas grand.
Si quelque amant venoit frapper ta fantaisie,
Tu pourrois avec lui faire quelque folie.

CLARICE.

Mon frère, cependant....

LE CHEVALIER.

     Tu vas te récrier,
Mon frère, cependant, tu veux te marier.
Quel diable ! tu réponds toujours la même prose.

CLARICE.

Mais tu me dis aussi toujours la même chose.

SCÈNE IV.

LE CHEVALIER, CLARICE, LISETTE.

LISETTE.

Bonjour, monsieur. Depuis votre maudit jargon,
La madame Grognac est pire qu'un dragon ;
Et je viens vous chercher ici pour vous apprendre

ACTE IV, SCENE IV.

Qu'elle veut dès ce soir finir avec Léandre.
Elle m'a commandé de lui faire venir
Un notaire.

LE CHEVALIER.

Bon, bon ! il faut la prévenir.

LISETTE, apercevant Clarice.

Ah ! vous voilà, madame ? Eh ! dites-moi, de grâce,
Au cabinet encor venez-vous prendre place ?
Quelque nouvel amant, en dépit des jaloux,
Vous donne-t-il ici quelque autre rendez-vous ?

LE CHEVALIER.

Comment ! un rendez-vous ? Que dis-tu ? prends bien garde ;
C'est ma sœur.

LISETTE.

Votre sœur ! peste, quelle égrillarde !

CLARICE.

Pour faire une réponse aux termes d'un billet,
Léandre a bien voulu m'ouvrir son cabinet,
Où j'ai trouvé d'abord Isabelle enfermée.

LE CHEVALIER.

Isabelle !

CLARICE.

Et Lisette.

LE CHEVALIER.

Ah ! petite rusée !
Avant le mariage on me fait de ces tours !
L'augure est vraiment bon pour nos futurs amours !

LISETTE.

Ici mal à propos votre esprit se gendarme ;

Le mal est donc bien grand pour faire un tel vacarme !
Ne vous souvient-il plus du maître italien,
Et de cette courante à contre-cœur ?

LE CHEVALIER.

Hé bien ?

LISETTE.

Hé bien, pour éviter le retour de la dame,
Qui pestoit contre nous, et juroit dans son âme,
Nous avons fait retraite au cabinet, sans bruit :
Clarice est arrivée en ce même réduit
Pour écrire une lettre ; et voilà le mystère.

LE CHEVALIER.

L'une écrit une lettre, et l'autre fuit sa mère ;
Et toutes deux d'abord s'en vont chez un garçon :
C'est prendre son parti. L'asile est vraiment bon !

CLARICE.

Lisette, tu remets le calme dans mon âme ;
Mon soupçon se dissipe, et fait place à ma flamme.
Peut-être à tes discours j'ajoute trop de foi ;
Mais Léandre aujourd'hui triomphe encor de moi.

LE CHEVALIER, *l'arrêtant.*

Écoute donc, ma sœur.

CLARICE.

Que me veux-tu, mon frère ?

LE CHEVALIER.

Mets-toi dans un couvent ; tu ne saurois mieux faire.

CLARICE.

Je prends comme je dois tes conseils là-dessus ;
Mais l'avis ne vaut pas cinquante mille écus.

SCÈNE V.

LE CHEVALIER, LISETTE.

LE CHEVALIER.
Voila ce que me vaut ta légère cervelle.
Le maudit instrument qu'une langue femelle !
De ses soupçons jaloux pourquoi la guéris-tu ?
LISETTE.
Comment ! de ma maîtresse effleurer la vertu !
J'entends venir quelqu'un. Adieu, je me retire.

SCÈNE VI.

LE CHEVALIER, LÉANDRE, CARLIN.

LE CHEVALIER, à part.
C'est Léandre ; tant mieux, j'ai deux mots à lui dire.
(à Léandre.)
Un sort heureux, monsieur, vous présente à mes yeux.
LÉANDRE, à Carlin.
Peut-être elle pourra revenir en ces lieux.
LE CHEVALIER, à Léandre.
Je sais que vous voulez devenir mon beau-frère ;
C'est fort bien fait à vous : ma sœur a de quoi plaire ;
Elle est riche en vertus ; pour en argent comptant,
Je crois, sans la flatter, qu'elle ne l'est pas tant.
Quand mon père mourut, il nous laissa, pour vivre,

Ses dettes à payer, et sa manière à suivre :
C'est, comme vous voyez, peu de bien que cela.

LÉANDRE, au Chevalier.

Et n'avez-vous jamais eu que ce père-là ?

LE CHEVALIER rit.

Comment ?

LÉANDRE.

Que cette sœur, monsieur, j'ai voulu dire.

CARLIN.

L'erreur est pardonnable ; il ne faut point tant rire.

LE CHEVALIER.

Je sais votre naissance et votre probité,
Et je suis fort content de vous par ce côté.
Vous n'avez qu'un défaut qui partout vous décèle ;
Dans le fond cependant c'est une bagatelle ;
Mais je serois content de vous en voir défait.
Vous êtes accusé d'être un peu trop distrait ;
Et tout le monde dit que cette léthargie
Fait insulte au bon sens, et vise à la folie.

LÉANDRE.

Chacun ne peut pas être aussi sage que vous :
Tous les hommes, monsieur, sont différemment fous ;
Chacun a sa folie, et j'ai grâce à vous rendre
De ne trouver en moi qu'un défaut à reprendre.

LE CHEVALIER.

Ce que je vous en dis n'est que par amitié ;
Et je vous trouve, moi, trop sage de moitié.
On ne m'entend jamais censurer ni médire,
Et je ne dis ici que ce que j'entends dire.

ACTE IV, SCENE VI.

LÉANDRE.

On parle volontiers ; mais un homme d'esprit
Doit donner rarement créance à ce qu'on dit.
De louange et d'encens les hommes sont avares ;
Ils font rarement grâce aux vertus les plus rares ;
Au lieu qu'avec plaisir, d'une langue sans frein,
De leurs traits médisants ils chargent le prochain.
Je suis toujours en garde, et n'ai pas voulu croire
Cent bruits semés de vous, fâcheux à votre gloire.

LE CHEVALIER.

Que peut-on, s'il vous plaît, monsieur, dire de moi ?
On n'insultera pas ma naissance, je croi.

LÉANDRE.

Non.

LE CHEVALIER.

Nul dans l'univers ne peut dire, je gage,
Que dans l'occasion je manque de courage.

LÉANDRE.

Non.

LE CHEVALIER.

Peut-on m'accuser d'être fourbe, flatteur,
Fat, insolent, ingrat, suffisant, imposteur ?

LÉANDRE.

(Il prend sa tabatière, la renverse ; prend ses gants pour son mouchoir.)

Non, vous dis-je, monsieur ; et je ne vois personne
Qui de ces vices-là seulement vous soupçonne :
Mais on ne me dit pas de vous autant de bien
Que je souhaiterois. On dit (je n'en crois rien)

Qu'en discours vous prenez un peu trop de licence;
Qu'on ne peut se soustraire à votre médisance;
Que vous parlez toujours avant que de penser;
Que tout votre mérite est de chanter, danser;
Que, pour vous faire croire homme à bonne fortune,
Vous passez en hiver les nuits au clair de lune,
A souffler dans vos doigts, et prendre vos ébats
Sur la porte d'Iris, qui ne vous connoît pas;
Que souvent vous prenez trop de vin de Champagne,
Et qu'il faut que toujours quelqu'un vous accompagne,
Pour pouvoir vous montrer votre chemin la nuit,
Et même quelquefois vous reporter au lit.
Enfin, que sais-je, moi? l'on charge ma mémoire
De cent mauvais récits que je ne veux pas croire:
Et tout homme prudent doit se garder toujours
De donner trop crédit à de mauvais discours.

LE CHEVALIER.

Adieu, Carlin, adieu.

CARLIN.

Monsieur de la musique,
Redites-nous encor ce petit air bachique.

SCÈNE VII.

LÉANDRE, CARLIN.

CARLIN.

Vous avez fort bien fait de lui river son clou.
C'est bien à faire à lui de vous appeler fou;

ACTE IV, SCENE VII.

Et vous deviez encor lui mieux laver la tête.

LÉANDRE.

J'ai bien un autre soin qui m'occupe et m'arrête.
Tu t'imagines bien que Clarice en courroux
Se livre tout entière à ses transports jaloux,
Et m'accable des noms d'ingrat et d'infidèle.
D'une autre part aussi que peut dire Isabelle?

CARLIN.

Vous avez tort. Faut-il qu'à chaque instant du jour
Votre distraction nous fasse quelque tour?
Vous avez de l'esprit et de la politesse;
Vous raisonnez parfois comme un sage de Grèce;
Et d'autres fois aussi vos faits et vos raisons
Vous font croire échappé des Petites-Maisons.

LÉANDRE.

Mais sais-tu bien, maraud, qu'avec ta remontrance,
Tu te feras chasser?

CARLIN.

Monsieur, en conscience,
Je ne veux point du tout ici vous corriger.

LÉANDRE.

Ma manière est fort bonne, et n'en veux point changer.
Je ne ressemble point aux hommes de notre âge,
Qui masquent en tout temps leur cœur et leur visage.
Mon défaut prétendu, mon peu d'attention,
Fait la sincérité de mon intention.
Je ne prépare point avec effronterie
Dans le fond de mon cœur d'indigne menterie;
Je dis ce que je pense, et sans déguisement;

Je suis, sans réfléchir, mon premier mouvement ;
Un esprit naturel me conduit et m'anime :
Je suis un peu distrait, mais ce n'est pas un crime.

CARLIN.

Ce n'est pas un grand mal. Pour être bel esprit,
Il faut avec mépris écouter ce qu'on dit,
Rêver dans un fauteuil, répondre en coq-à-l'ânes,
Et voir tous les mortels ainsi que des profanes.
Au suprême degré vous avez ce défaut,
Et bien d'autres encor.

LÉANDRE.

(Pendant ce couplet, il ôte la cravate à son valet par distraction.)

Te tairas-tu, maraud?...
Un cerveau foible, étroit, qui ne tient qu'une chose,
Peut répondre en tout temps à ce qu'on lui propose ;
Mais celui qui comprend toujours plus d'un objet
Peut bien être excusé s'il est un peu distrait.

CARLIN remet sa cravate.

Je vous excuse aussi. Mais permettez, de grâce,
Que je remette ici chaque chose en sa place ;
Il n'est pas encor temps que je m'aille coucher.

LÉANDRE déboutonne son valet.

C'est le moindre défaut qu'on puisse reprocher.
Est-il juste, après tout, que l'on s'assujettisse
A répondre à cent sots selon leur sot caprice?
Ce qu'on pense vaut mieux cent fois que leurs discours.
J'irois de ma pensée interrompre le cours,
Pour un jeune étourdi qui me rompt les oreilles
De ses travaux fameux d'amour et de bouteilles ;

Pour un plaisant qui vient de son bruit m'enivrer,
Qui croit me faire rire, et qui me fait pleurer;
Pour un fastidieux qui n'a pour l'ordinaire,
Ni le don de parler, ni l'esprit de se taire!

CARLIN, *remettant son justaucorps.*

Mais voyez, je vous prie ¹, quelle distraction!

¹ Quoiqu'il y ait une faute de mesure dans ce vers, je n'ai point admis la correction qui en a été faite diversement par plusieurs éditeurs. Les uns ont mis : *Mais, de grâce, voyez quelle distraction;* d'autres, *Mais voyez, s'il vous plaît.* L'édition originale porte : *Je vous prie.* Il est très probable que l'auteur a écrit ainsi, comme on le rencontre en d'autres endroits de ses ouvrages. Les critiques n'ont pas manqué de signaler les incorrections du style de Regnard, ses fautes contre la versification, les fausses rimes, etc. Mais si l'on se permettoit de corriger dans chaque édition les imperfections reprochées à l'auteur, et dues en partie à la facilité de son travail, sur quoi resteroient fondées les critiques? Cette note se rapporte donc également à toutes les fautes de ce genre, qui ont été respectées, lorsqu'il n'existoit pas de différences avec les éditions premières. Voici d'ailleurs sur quel ton, aussi plaisant que raisonnable, Regnard répond lui-même à ces vétilleux critiques qui s'effarouchent de la moindre faute. L'exemple est tout-à-fait semblable :

> Je sais trop comme tout va,
> L'envi*e* jamais ne mourra.

« Vous qui vous escrimez de la rime, vous allez dire qu'il y a
« un *e* de trop à ce dernier vers : je le sais aussi-bien que vous ;
« mais si on ne me donne cette licence et de pareilles, je quitte dès
« à présent le métier de poète de la troupe, que je fais à mon
« grand regret, et aux dépens de mes ongles, qui sont déjà assez
« courts. Je ne suis que trop rebuté de la profession, et, sans les
« petits profits que nous autres rimailleurs attrapons auprès des
« filles, il y auroit long-temps que j'aurois vendu ma charge à bon
« marché. » (G. A. C.)

LÉANDRE.

Je crains pour mon amour quelque altération.
La belle est en courroux ; toute mon innocence
Ne me rassure pas, et je crains sa présence.

CARLIN.

Je vous dirai, monsieur, pour sortir d'embarras,
Comme ordinairement j'en use en pareil cas.
Il faudroit qu'une lettre, écrite d'un beau style,
Pût vous rendre près d'elle un accès plus facile.
Mandez-lui que tantôt ce que vous avez fait
N'est qu'un coup d'étourdi.

LÉANDRE.

Je serai satisfait,
Si la lettre produit l'effet que tu l'espères.[1]

CARLIN.

Une lettre, monsieur, remet bien des affaires;
Et trois ou quatre mots, en hâte barbouillés,

---

[1] Ce vers et le suivant sont conformes à l'édition originale. Dans les éditions suivantes, on les a corrigés de plusieurs manières; ce qui ne peut manquer d'arriver toutes les fois qu'un éditeur hasarde le premier un changement, chacun pensant faire mieux que son devancier. L'édition de 1714, celles de 1728, de 1750, portent :

Si la lettre a l'effet, Carlin, que tu l'espères.

Celle de 1731 :

Si la lettre a l'effet, ainsi que tu l'espères.

Les éditions modernes :

Si la lettre, Carlin, a l'effet que j'espère.
CARLIN.
Une lettre, monsieur, remet bien une affaire.

(G. A. C.)

Font souvent embrasser des amants bien brouillés.
LÉANDRE.
En cette occasion, Carlin, je te veux croire.
Va vite me chercher la table et l'écritoire.
CARLIN.
Je vais, je cours, je vole, et je reviens à vous.

SCÈNE VIII.

LÉANDRE, seul.

Je veux la rassurer de ses soupçons jaloux,
Dissiper son erreur. Oui, charmante Clarice,
Vous verrez que mon cœur, dépouillé d'artifice,
Ne brûle que pour vous d'un véritable feu ;
Et ma main, sur-le-champ, en va signer l'aveu.

SCÈNE IX.

CARLIN, LÉANDRE.

CARLIN, présentant un livre à son maître.
Tenez, monsieur, voilà....
LÉANDRE.
Comment ! es-tu donc ivre ?
Pour écrire un billet tu m'apportes un livre !
CARLIN.
Ah ! vous avez raison. On hurle avec les loups ;
Et je serai bientôt aussi distrait que vous.

Votre absence d'esprit est une maladie
Qui se gagne aisément.

LÉANDRE.

Eh! tais-toi, je te prie;
Ne me fatigue point par tes mauvais discours.
Les valets sont fâcheux, et font tout à rebours.

CARLIN, apportant une table et une écritoire.

Pour écrire, à ce coup, j'apporte toute chose.

LÉANDRE s'assied pour écrire.

Donne-moi promptement.

CARLIN.

Voyons de votre prose.
Si pour vous d'Apollon les trésors sont ouverts,
Vous pouvez même aussi vous escrimer en vers,
En sonnet, en ballade, en ode, en élégie.
Le sexe aime les vers.

LÉANDRE change plusieurs fois de plume, qu'il trempe dans la poudre pour le cornet.

Quelque mauvais génie
Des plumes que je prends vient empêcher l'effet.

CARLIN.

Je le crois bien, monsieur; car voilà le cornet,
Et dans le poudrier vous trempiez votre plume.

LÉANDRE.

Tu peux avoir raison; c'est contre ta coutume.

CARLIN, à part.

L'écriture est un art bien utile aux amants!
Petits soins, rendez-vous, doux raccommodements,
Promesse d'épouser, plainte, douceur, rupture,

ACTE IV, SCENE IX.

Tout cela se trafique avecque l'écriture.
Si le papier qui sert aux amoureux billets
Coûtoit comme celui qu'on emploie au Palais,
Cette ferme en un an produiroit plus de rente
Que le papier timbré ne peut rendre en quarante.

    LÉANDRE renversant sur sa lettre le cornet pour la poudre.

Ma lettre est achevée....

               CARLIN.

                      Ah! perdez-vous l'esprit?
Vous versez à grands flots l'encre sur votre écrit.
Quelle est donc, s'il vous plaît, cette façon de peindre?

               LÉANDRE.

De mon esprit trop prompt c'est à moi de me plaindre.

           CARLIN, montrant la lettre.

Le bel écrit, ma foi, pour un traité de paix!
On croira qu'un démon en a formé les traits;
Les experts écrivains s'y donneront au diable:
Je tiens dès à présent la lettre indéchiffrable.

           LÉANDRE se remet à écrire.

Il faut recommencer, le mal n'est pas bien grand.
Je ne plains point, Carlin, la peine que je prend.

               CARLIN.

C'est très bien fait. Mais moi, je plains fort Isabelle.

              LÉANDRE.

Isabelle?

               CARLIN.

    Oui, monsieur.

           LÉANDRE, écrivant.

                    Ne me parle point d'elle.

CARLIN.

Soit. Quand d'une cruelle on veut toucher le cœur,
C'est un style éloquent qu'un billet au porteur,
Qui vaut mieux qu'un discours rempli de fariboles.
Si vous vous en serviez....

LÉANDRE.

Fais trève à tes paroles.

CARLIN, à part.

Quand une belle voit, comme par supplément,
Quatre doigts de papier plié bien proprement
Hors du corps de la lettre, et qu'avant sa lecture,
(Car c'est toujours par là que l'on fait l'ouverture)
On voit du coin de l'œil sur ce petit papier....

(Léandre écoute Carlin, et par distraction écrit ce qu'il dit.)

« Monsieur, par la présente, il vous plaira payer
« Deux mille écus comptant, aussitôt lettre vue,
« A Damoiselle (en blanc), d'elle valeur reçue....»
Et Dieu sait la valeur ! un discours aussi rond
Fait taire l'éloquence et l'art de Cicéron.

LÉANDRE, écrivant.

Cela peut être vrai pour de serviles âmes
Qui trafiquent d'un cœur.

CARLIN.

Aujourd'hui bien des femmes
Se mêlent du trafic.

LÉANDRE.

J'ai fini. Je n'ai plus
Qu'à cacheter ma lettre, et mettre le dessus.

ACTE IV, SCENE IX.

CARLIN.

Le ciel en soit loué! Me voilà hors de crise.
Je tremblois de vous voir faire quelque méprise.
Vous avez plus d'esprit que je ne l'eusse cru;
Et j'attendois encore un trait de votre cru.

LÉANDRE.

Tu deviens insolent.

CARLIN.

Ce n'est que par tendresse.

LÉANDRE.

Tiens, porte de ce pas la lettre à son adresse.
De ton zèle empressé j'attends tout dans ce jour,
Et me remets sur toi du soin de mon amour.

CARLIN.

Pour vous servir plus vite en cette conjoncture,
Je m'en vais emprunter les ailes de Mercure.

SCÈNE X.

CARLIN, seul.

Allons nous acquitter de notre honnête emploi;
Remettons deux amants.... Mais qu'est-ce que je voi?
« Pour Isabelle. » Oh diable! aurois-je la berlue?
Quelque nuage épais m'obscurcit-il la vue?
Mais non, j'ai, grâce au ciel, encore deux bons yeux.
Monsieur, monsieur!... Il est déjà loin de ces lieux.
Il me semble pourtant que, selon tout indice,
Le billet que je tiens doit aller à Clarice.

Mais le nom d'Isabelle est peint sur ce papier.
Ne me joûroit-il point un tour de son métier?
Il se peut faire aussi qu'il instruise Isabelle
De l'état de son cœur, et qu'il rompe avec elle,
Lui donne en peu de mots son congé par écrit.
Oui, voilà ce que c'est, et le cœur me le dit.
Ah! qu'un maître est heureux quand un valet habile
A la conception et légère et facile!
Il peut se fourvoyer sans rien appréhender;
Et de tels serviteurs sont nés pour commander.

FIN DU QUATRIÈME ACTE.

ACTE CINQUIÈME.

SCÈNE I.

ISABELLE, LISETTE, CARLIN.

ISABELLE, tenant une lettre ouverte.

Croit-il que de mon cœur je sois embarrassée,
Et que de l'engager on ait eu la pensée?

CARLIN, à Isabelle.

Je ne dis pas cela.

LISETTE, à Carlin.

Dans son petit cerveau
Pense-t-il que l'on soit bien tenté de sa peau,
Et de la tienne aussi?

CARLIN, à Lisette.

Je ne l'ai pas trop rude.

ISABELLE.

Pour m'outrager encore, il a mis tant d'étude
A m'offrir un billet pour Clarice dicté!

CARLIN, à part.

Le traître a fait le coup, je m'en suis bien douté.

ISABELLE.

Mon parti sur ce point est fort facile à prendre.

CARLIN, à Isabelle.

Madame, écoutez-moi....

ISABELLE.

Je ne veux rien entendre.

CARLIN.

Mais, de grâce, un seul mot.

LISETTE.

Sors d'ici, malheureux :
Va-t'en porter ailleurs ton cartel amoureux.

CARLIN.

On ne traita jamais un courrier de la sorte.

LISETTE.

Détalons.

CARLIN.

Vous saurez....

LISETTE.

Gagneras-tu la porte ?

CARLIN.

Mais tu perds le respect ; je suis ambassadeur.

LISETTE.

Sortiras-tu d'ici, postillon de malheur ?

SCÈNE II.

ISABELLE, LISETTE.

LISETTE.

Il est enfin parti, malgré son éloquence.
Mais d'un autre côté le Chevalier s'avance.

SCÈNE III.

LE CHEVALIER, ISABELLE, LISETTE.

LE CHEVALIER, à Isabelle.

Hé bien ! la mère encor fait-elle le lutin ?
Pourrons-nous nous soustraire à son brusque chagrin ?

ISABELLE.

Vous savez son humeur. Ah, juste ciel ! je tremble ;
Elle peut revenir et nous trouver ensemble.

LE CHEVALIER.

Que ce soin ne vous fasse aucune impression :
Je vous prends en ces lieux sous ma protection.
N'êtes-vous pas ma femme ? Et pour hâter les choses,
J'ai dressé le contrat moi-même avec les clauses,
Dont mon oncle est porteur.

LISETTE.

                      Tout est bien avancé,
Puisque déjà par vous le contrat est dressé ;
Et l'aveu de la mère est une bagatelle.

ISABELLE.

Nous aurons de la peine à venir à bout d'elle.

LE CHEVALIER.

Avant d'accorder tout à mon juste transport,
Je veux sur son esprit faire un dernier effort,
Me jeter à ses pieds, lui dire mes alarmes,
Crier, gémir, pleurer, car j'ai le don des larmes.
Lisette m'appuîra. Malgré son noir chagrin,

Nous la flatterons tant, qu'il faudra bien enfin
Qu'elle me cède un bien dont mon amour est digne.

LISETTE.

Bon, bon ! plus on la flatte, et plus elle égratigne;
C'est un esprit rétif, et qu'on ne réduit pas.
Mais je vois votre sœur tourner ici ses pas.

SCÈNE IV.

LE CHEVALIER, CLARICE, ISABELLE, LISETTE.

LE CHEVALIER, à Clarice.

Hé bien, ma chère sœur, quel soin ici t'amène ?
Et quelle intention est maintenant la tienne ?
As-tu pris ton parti ?

CLARICE.

J'espère qu'à la fin
Mon oncle avec Léandre unira mon destin.

ISABELLE, à Clarice.

Tant mieux. Mais puisque enfin vous épousez Léandre,
L'amitié, la raison, m'obligent à vous rendre
Un billet amoureux qu'il m'écrit. Le voici.

CLARICE.

De Léandre ?

ISABELLE.

De lui.

LE CHEVALIER, à Isabelle.

Quel rôle fais-je ici ?

ACTE V, SCENE IV.

Un rival odieux auroit pu vous écrire ?

ISABELLE, au Chevalier.

De ce qui s'est passé je saurai vous instruire.
Suivez-moi seulement, et demeurez en paix.

(à Clarice.)

Tenez, voilà la lettre, et le cas que j'en fais.
Adieu.

LE CHEVALIER.

(à Isabelle.)

Bonsoir, ma sœur. Il faut aller, madame,
Faire un dernier effort pour couronner ma flamme.

SCÈNE V.

CLARICE, seule.

L'AI-JE bien entendu ? Dois-je en croire mes yeux ?
Mais je puis sur-le-champ m'éclaircir encor mieux.
Lisons. « Pour Isabelle. » O ciel ! je suis trahie.
Je vois, je tiens, je sens toute sa perfidie.
Mais je vois son valet.

SCÈNE VI.

CARLIN, CLARICE.

CLARICE.

APPROCHE, monstre affreux,
Ministre impertinent d'un maître malheureux.

A qui va cette lettre ? Est-ce pour Isabelle ?

CARLIN.

Madame, c'est pour elle, et ce n'est pas pour elle.

CLARICE.

Avec ces vains détours penses-tu me tromper ?
Voyons. Demeure là ; ne crois pas m'échapper.

(Elle lit.)

« Je suis au désespoir, mademoiselle, que l'aven-
« ture du cabinet vous ait donné quelque soupçon de
« ma fidélité. »
Viens çà, maraud ; réponds, parle.

(Elle le prend par la cravate.)

CARLIN.

Miséricorde !
Cette lettre est pour nous la pomme de discorde.
Ouf, hai ! je n'en puis plus ; vous serrez le sifflet.
Mais du moins, jusqu'au bout lisez donc le billet.

CLARICE.

Que je lise, maraud ! Que veux-tu qu'il m'apprenne ?
De ses déloyautés ne suis-je pas certaine ?

CARLIN.

Si mon maître est ingrat, puis-je mais de cela ?
Mais il vient ; vous pouvez l'étrangler : le voilà.

SCÈNE VII.

LÉANDRE, CLARICE, CARLIN.

(Léandre est plongé dans la rêverie.)

CLARICE, à part.

J'ai peine, en le voyant, à tenir ma colère.

CARLIN, bas, à Clarice.

Ne parlons pas trop haut, de peur de le distraire.

CLARICE.

Vous voilà donc, monsieur! Cherchez-vous en ces lieux
Que ma rivale encor se présente à mes yeux?

LÉANDRE, sortant de sa rêverie.

Ah! madame.... à propos, avez-vous lu ma lettre?

CLARICE.

Oui, traître! ma rivale a su me la remettre :
Je la tiens d'Isabelle ; et le cas qu'elle en fait
Peut me venger assez de ton lâche forfait.

LÉANDRE.

Un autre que Carlin en vos mains l'a remise?
Le maraud! je saurai châtier sa méprise ;
Je le roûrai de coups ; le coquin tous les jours
Lasse ma patience, et me fait de ces tours.
Je le vois. Viens çà, traître; aux dépens de ta vie
Je veux tirer raison de cette perfidie.
Tu mourras de ma main.

CARLIN.

        Ah! monsieur, doucement.
Grâce ; je n'ai point fait encor mon testament.

(à part.)
Non, je n'ai jamais vu de pièce d'écriture
Faire tant de procès.

LÉANDRE.
Parle sans imposture.
Qu'as-tu fait de ma lettre? et quel affreux démon
Te pousse à me trahir d'une telle façon?

CARLIN.
Moi, monsieur, vous trahir! je vous sers avec zèle;
Je l'ai mise avec soin dans les mains d'Isabelle.

LÉANDRE, tirant son épée.
Et voilà pour ta mort l'arrêt tout prononcé.

CARLIN.
Quelle faute ai-je fait?

LÉANDRE.
Quelle faute, insensé!

CARLIN.
Oui, vous avez raison de vous faire justice.

LÉANDRE.
Ne t'avois-je pas dit de la rendre à Clarice?

CARLIN.
A Clarice, monsieur? je veux être pendu,
Si je me ressouviens de l'avoir entendu.

LÉANDRE.
Mais le dessus écrit suffit pour te confondre.
A ce témoin muet que pourras-tu répondre?
(à Clarice.)
Pour lui faire sentir son peu de jugement,
De grâce, prêtez-moi cette lettre un moment.

ACTE V, SCENE VII.

CARLIN, à part.

Bon! c'est où je l'attends.

LÉANDRE.

Viens, tête sans cervelle,
Lis avec moi, bourreau; lis donc.... « Pour Isabelle. »

CARLIN.

Pouf! il faut l'avouer, vous avez, à mon gré,
La présence d'esprit au suprême degré.
Lis donc, bourreau, lis donc.

LÉANDRE.

Ah! de grâce, madame,
Pardonnez mon erreur en faveur de ma flamme :
Mon cœur n'a point de part au crime de ma main.

CLARICE.

Vous tâchez, inconstant, à me séduire en vain;
Mais je ne reçois point un grossier artifice.

CARLIN.

Je réponds pour mon maître : il n'a point de malice;
Et s'il n'étoit point fou...., je veux dire distrait,
Ce seroit, je vous jure, un garçon tout parfait.

LÉANDRE.

Mais si vous avez lu le dedans de ma lettre,
De ces soupçons cruels elle a dû vous remettre.

CLARICE.

Ma curiosité m'en a fait lire assez;
Je n'en ai que trop lu.

CARLIN.

Mon dieu! recommencez.
En changeant le dessus, nous changeons bien la thèse.

Vous avez le bras bon, soit dit par parenthèse.

CLARICE lit.

« Je suis au désespoir que l'aventure du cabinet « vous ait pu donner quelque soupçon de ma fidélité. « Votre rivale ne servira qu'à rendre votre triomphe « plus parfait. Monsieur, par la présente, il vous « plaira payer à damoiselle (en blanc), d'elle valeur « reçue, et Dieu sait la valeur. »

CARLIN.

Fi donc, madame, fi! vous moquez-vous de moi ?
Cela n'est point écrit.

CLARICE.

Vois donc.

CARLIN, à Léandre.

Ah! par ma foi,
Votre méprise ici me paroît fort étrange.
Quoi! vos billets d'amour sont des lettres de change?
Vous aurez bientôt fait votre paix à ce prix.

LÉANDRE.

C'est ce malheureux-là qui, pendant que j'écris,
M'embarrasse l'esprit de ses impertinences.

CARLIN.

J'ai diablement d'esprit; on écrit mes sentences.

CLARICE continue de lire.

« Oui, belle Clarice, je n'adore que vous, et fais « tout mon bonheur de vous aimer le reste de ma « vie. »

CARLIN, à Clarice.

Vous trouvez maintenant les termes plus coulants,

ACTE V, SCENE VII.

Et vous ne venez plus pour étrangler les gens.

CLARICE.

Je respire. Ah, Carlin! c'est une joie extrême
De trouver innocent un coupable qu'on aime;
Et que, sans nul effort, on fait un prompt retour
Des mouvements jaloux aux transports de l'amour!

LÉANDRE.

A mes distractions faites grâce, madame;
Nul autre objet que vous ne règne dans mon âme.

CARLIN, à Clarice.

C'est une vérité; le plaisir qu'il reçoit
Fait qu'il ne vous croit pas où souvent il vous voit.
Voici monsieur votre oncle. A vos vœux tout conspire.

SCÈNE VIII.

VALÈRE, LÉANDRE, CLARICE, CARLIN.

VALÈRE, à Léandre.

Avec empressement, monsieur, je viens vous dire
Que mon plaisir seroit de pouvoir, en ce jour,
Au gré de vos souhaits contenter votre amour.

LÉANDRE, à Valère.

Je crois qu'à mes désirs vous n'êtes point contraire.

VALÈRE.

Je donne volontiers les mains à cette affaire.
Mais il faut du dédit encor vous délier,
Et procurer de plus l'hymen du Chevalier.
Nous nous trouvons toujours dans une peine extrême.

CARLIN.

Il me vient dans l'esprit un petit stratagème.
(à Léandre.)
La vieille ne songeoit, dans votre engagement,
Qu'au bien qu'on vous devoit laisser par testament?

LÉANDRE.

Non, sans doute.

CARLIN.

L'on peut dresser quelque machine,
Faire jouer sous main quelque secrète mine....

VALÈRE.

J'ai déjà dans ma poche un contrat.

CARLIN.

Bon! tant mieux,
La mère ne sait point que je suis en ces lieux;
Elle ne m'a point vu; je puis aisément dire
Ce que pour vous servir mon adresse m'inspire.

VALÈRE.

Mais, crois-tu....

CARLIN.

Laissez-moi, l'affaire est dans le sac.

VALÈRE.

J'entends venir quelqu'un. C'est madame Grognac.

CARLIN.

Je vais tout préparer pour que la mine joue;
Et vous, ne manquez pas de pousser à la roue.

SCENE IX.

VALÈRE, Mme GROGNAC, ISABELLE, LE CHEVALIER, CLARICE, LÉANDRE.

LE CHEVALIER, à madame Grognac.

Le dessein en est pris : je ne vous quitte point
Que je ne sois enfin satisfait sur ce point.
Je prétends, malgré vous, devenir votre gendre :
Vous ne sauriez mieux faire; et, pour vous en défendre,
Vous avez beau jurer, pester, tempêter....

Mme GROGNAC, au Chevalier.

Ouais !
Je vous trouve plaisant ! Au gré de mes souhaits
Je ne pourrai donc pas disposer de ma fille ?
Je ne veux point, monsieur, de fou dans ma famille.

LE CHEVALIER.

La, la.... doucement.

Mme GROGNAC.

Paix.

ISABELLE.

Ma mère....

Mme GROGNAC.

Taisez-vous.

LE CHEVALIER.

Un peu de naturel.

Mme GROGNAC.

Non.

VALÈRE, à madame Grognac.
Calmez ce courroux.

Mme GROGNAC, à Valère.

Vous, calmez, s'il vous plaît, votre langue indiscrète,
Ennuyeux harangueur. C'est une affaire faite,
Monsieur sera mon gendre ; et pour me délivrer
Des importunités qui pourroient trop durer,
J'ai mandé tout exprès en ces lieux un notaire.

LE CHEVALIER.

Moi, je m'inscris en faux contre ce qu'il peut faire.

Mme GROGNAC.
(à Léandre.)

Mais où sommes-nous donc ? Vous, monsieur le distrait,
Vous êtes là debout planté comme un piquet.

VALÈRE.

Il ne répond point trop aux offres que vous faites.

Mme GROGNAC, à Valère.

Monsieur, guérissez-vous des soucis où vous êtes :
Quand il ne voudroit point encor se marier,
Je n'aurai point recours à votre Chevalier,
Un fat dont la conduite est tout impertinente.

VALÈRE, à part.

Et qui lui fait danser quelquefois la courante.

Mme GROGNAC.

Un petit libertin qui doit de tous côtés,
Un étourdi fieffé.

LE CHEVALIER, à madame Grognac.
Passons les qualités.

Cela ne rendra pas le contrat moins valide.

SCÈNE X.

VALÈRE, Mme GROGNAC, CLARICE, ISABELLE, LE CHEVALIER, LÉANDRE, LISETTE, CARLIN, en courrier.

LISETTE.
Place, place au courrier qui vient à toute bride.
CARLIN, à Léandre.
Ah ! monsieur, vous voilà. Quelle fatalité !
Votre oncle ici m'envoie.... ouf ! je suis éreinté !...
Pour vous dire.... Attendez....
CLARICE, à Carlin.
Tu nous fais bien attendre.
LÉANDRE, à Carlin.
N'as-tu point de sa part quelque lettre à me rendre ?
CARLIN.
Non ; depuis qu'il est mort le défunt n'écrit plus.
LE CHEVALIER, riant.
C'est Carlin.
CARLIN, au Chevalier.
Ah ! monsieur, vos ris sont superflus ;
De vos pleurs bien plutôt lâchez ici la bonde,
En apprenant le coup le plus fatal du monde,
Et qui fera trembler les pâles héritiers
Jusque dans l'avenir de nos neveux derniers.
CLARICE, à Carlin.
Dis-nous donc, si tu veux, cette action si noire.

CARLIN.

La volonté de l'homme est bien ambulatoire !
(à Léandre.)
A grand'peine au bon homme aviez-vous dit adieu,
Qu'il a fait appeler le notaire du lieu ;
Et n'écoutant alors qu'un aveugle caprice,
Bien informé d'ailleurs que vous aimiez Clarice,
Et que vous deveniez réfractaire à ses lois,
Refusant d'épouser celle dont il fit choix ;
Sans avoir, en mourant, égard à ma prière,
Il a testamenté tout d'une autre manière ;
Et l'avare défunt, descendant au cercueil,
Ne vous a pas laissé de quoi porter le deuil.

Mme GROGNAC.

Ah, juste ciel ! qu'entends-je ?

CARLIN.

O cruelle disgrâce !
Nous voilà pour jamais réduits à la besace.

Mme GROGNAC.

Le défunt a bien fait, et je l'en applaudis ;
Il devoit, à mon sens, encore faire pis.

CARLIN.

Hélas ! qu'auroit-il fait ?

Mme GROGNAC, à Carlin.

Ta plainte m'importune.
(à Léandre.)
Vous, monsieur, vous pouvez chercher ailleurs fortune ;
Votre hymen à présent ne me convient en rien :
Pour épouser ma fille il faut avoir du bien.

ACTE V, SCENE X.

VALÈRE, à madame Grognac.

Mon neveu ne craint point la disgrâce cruelle
D'un pareil testament. S'il épouse Isabelle,
Je lui donne à présent mon bien après ma mort.
En faveur de l'amour faites, vous, cet effort.

Mme GROGNAC.

Il est bien étourdi.

LE CHEVALIER.

Dans peu je me propose
De l'être encore plus : si je vaux quelque chose,
C'est par là que je vaux, et par ma belle humeur.

Mme GROGNAC, au Chevalier.

Euh! j'ai cette courante encore sur le cœur.

VALÈRE, à madame Grognac, lui présentant un contrat
tout dressé.

Signez donc ce papier.... Une plume, Lisette.

LISETTE, donnant une plume.

Voilà tout ce qu'il faut.

Mme GROGNAC, signant.

C'est une affaire faite;
Je signerai, pourvu que vous me promettiez
Qu'il deviendra plus sage, et que vous le signiez.

VALÈRE.

(à Léandre.)

D'accord. Vous, pour le prix d'une juste tendresse,
Soyez heureux, monsieur ; je vous donne ma nièce.

Mme GROGNAC, à Valère.

Comment donc! rêvez-vous, monsieur? êtes-vous fou
De donner votre nièce à qui n'a pas un sou?

VALÈRE, à madame Grognac.

Il ne faut pas ici plus long-temps vous séduire ;
Et vous me permettrez maintenant de vous dire
Que ce faux testament, madame, n'est qu'un jeu
Inventé par Carlin pour tirer votre aveu.

Mme GROGNAC, à Carlin.

Parle.

CARLIN, à part.

Le dénoûment est bien prêt à se faire.

Mme GROGNAC, à Carlin.

Ne nous as-tu pas dit que l'oncle, en sa colère,
A d'autres qu'à Léandre avoit laissé son bien ?

CARLIN.

Ma foi, je le croyois. Mais, puisqu'il n'en est rien,
Le ciel en soit loué !

Mme GROGNAC.

Je suis assassinée.

LISETTE, à madame Grognac.

Il ne faut point ici tant faire l'étonnée ;
C'est vous qui nous montrez à choisir un mari.
Quand votre époux, jadis grand gruyer de Berri,
Voulut vous enlever, vous le laissâtes faire :
Votre fille est encor plus sage que sa mère.

Mme GROGNAC, à Isabelle.

Coquine !

ISABELLE, à madame Grognac.

Écoutez-moi.

Mme GROGNAC, à Isabelle.

Taisez-vous, s'il vous plaît.

ACTE V, SCENE X.

LE CHEVALIER, à madame Grognac.

J'ai, si vous la grondez, un menuet tout prêt.

CARLIN, à madame Grognac.

Vous paîrez le dédit, parbleu.

VALÈRE, à madame Grognac.

De bonne grâce,
Puisque tout est signé, que la chose se fasse.
Pour apporter la paix et calmer votre esprit,
Je m'oblige pour vous à payer le dédit,
Et je donne de plus cette somme à ma nièce.

Mme GROGNAC.

Je suis au désespoir. C'est à moi qu'on s'adresse
(à Valère.)
Pour faire de ces tours! Vous saurez, en un mot,
Que je ne donnerai pas cela pour sa dot.
Fasse qui le voudra les frais du mariage ;
Vous l'avez commencé, finissez votre ouvrage :
Et je prétends, de plus, qu'en formant ces liens,
On les sépare encore et de corps et de biens.

(Elle sort.)

SCÈNE XI.

VALÈRE, LE CHEVALIER, LÉANDRE, CLARICE, ISABELLE, LISETTE, CARLIN.

VALÈRE.

RENTRONS, et sur-le-champ terminons cette affaire.

LE CHEVALIER, à Clarice et à Isabelle.

Allons, embrassez-vous, vous ne sauriez mieux faire,

Vous serez belles-sœurs. Mais, surtout, gardez-vous
De prendre à l'avenir le même rendez-vous.

ISABELLE.

Lorsque j'en donnerai, je serai plus secrète.

CLARICE.

Une autre fois aussi je serai plus discrète.

SCÈNE XII.

LÉANDRE, CARLIN.

LÉANDRE.

Toi, Carlin, à l'instant prépare ce qu'il faut
Pour aller voir mon oncle, et partir au plus tôt.

CARLIN.

Laissez votre oncle en paix. Quel diantre de langage!
Vous devez cette nuit faire un autre voyage;
Vous n'y songez donc plus? vous êtes marié.

LÉANDRE.

Tu m'en fais souvenir, je l'avois oublié.

SCÈNE XIII.

CARLIN, seul.

Ah, ciel! un jour de noce oublier une femme!
Cette erreur me paroît un peu digne de blâme;
Pour le lendemain, passe; et j'en vois aujourd'hui
Qui voudroient bien pouvoir l'oublier comme lui.

FIN DU DISTRAIT.

TABLE DES PIÈCES

CONTENUES DANS CE VOLUME.

―――――

Catalogue des Comédies de Regnard........ Page   1

Attendez-moi sous l'orme, comédie en un acte, avec un Divertissement........................   9

Avertissement sur *Attendez-moi sous l'orme*......... 11

La Sérénade, comédie en un acte, avec un Divertissement................................ 63

Avertissement sur *la Sérénade*................... 65

Le Bal, comédie en un acte, avec un Divertissement. 121

Avertissement sur *le Bal*...................... 123

Le Joueur, comédie en cinq actes............... 169

Avertissement sur *le Joueur*.................... 171

Le Distrait, comédie en cinq actes 319

Avertissement sur *le Distrait*.................. 321

FIN DU TOME SECOND.

www.ingramcontent.com/pod-product-compliance
Lightning Source LLC
Chambersburg PA
CBHW051822230426
43671CB00008B/801